차이나 인사이트
2018

차이나 인사이트 2018

초판 1쇄 발행_ 2017년 11월 1일
초판 3쇄 발행_ 2018년 2월 1일

지은이_ 유상철 외
펴낸이_ 이성수
편집_ 황영선, 이홍우, 박현지
마케팅_ 이현숙, 이경은
제작_ 박홍준

펴낸곳_ 올림
주소_ 서울시 종로구 새문안로 92 광화문오피시아 1810호
등록_ 2000년 3월 30일 제300-2000-192호(구:제20-183호)
전화_ 02-720-3131
팩스_ 02-6499-0898
이메일_ pom4u@naver.com
홈페이지_ http://cafe.naver.com/ollimbooks

값 18,000원
ISBN 978-89-93027-97-6 03320

* 이 책은 올림이 저작권자와의 계약에 따라 발행한 것이므로
  본사의 허락 없이는 어떠한 형태나 수단으로도 이 책의 내용을 이용하지 못합니다.
* 잘못된 책은 구입하신 서점에서 바꿔드립니다.

국내 최고 중국통이 파헤친 중국의 진면목

차이나 인사이트 2018

중앙일보 중국연구소 기획
유상철 외 지음

책을 펴내며

중국은 우리에게
어떤 이웃인가

중국의 모습이 거칠다. 남중국해에선 동남아 국가들과 충돌하고, 센카쿠(중국명 釣魚島) 열도에선 일본과 맞서고 있다. 양안(중국·대만) 해협 파고도 높고, 중국 다음 가는 인구 대국 인도와는 국경 문제로 부딪치고 있다. 우리와는 고고도미사일방어(THAAD·사드) 체계 배치 문제로 갈등을 빚는다. 이웃 나라 모두와 충돌하는 모양새다.

그런 한편으로 시진핑 중국 국가주석은 '중국꿈(中國夢)'을 외치며 '일대일로(육상·해상 실크로드 건설)' 국가 전략을 추진 중이다. "우리는 운명 공동체다"라는 말로 일대일로 연선(沿線)에 있는 국가들을 유혹한다. 도널드 트럼프 미국 대통령의 자국 우선주의 주장에 맞서선 "이젠 중국이 자유무역을 선도하겠다"며 세계에 러브콜을 보내고 있기도 하다.

중국의 모습은 이처럼 이중적이다. 안과 밖이 다르고, 주장과 속내가 또 다르다. 도대체 중국은 어디로 가는 걸까. 이 문제는 이제 한반도 정세, 한국 경제, 심지어 우리 개개인의 삶에까지 지대한 영향을 미치는 사안으로 발전했다. 우리가 두 눈 부릅뜨고 중국을 봐야 할 이유다.

현대 중국 철학을 대표하는 사상가 펑유란을 떠올린다. 그는 저서 『현대중국철학사』를 통해 "중국이 아편전쟁에 져 서방에 무릎을 꿇었던 19세기 중반 이후 중국의 모든 지도자들의 꿈은 하나였다"고 말한다. 중국의 화려했던 과거를 되찾자는 것이다. 쑨원과 장제스, 마오쩌둥, 덩샤오핑 등…생각이 달랐고 방법이 달랐지만, 그들이 궁극적으로 이루려는 꿈은 '중화민족의 부흥' 하나였다는 얘기다.

시진핑 시대의 중국 공산당은 이제 쑨원 이후 품어온 그 꿈을 공공연하게 말한다. '신중국 건국 100주년이 되는 2049년엔 미국을 능가하는 세계 최강국이 되겠다'는 꿈이다. 그게 바로 시진핑이 주창하는 '중국꿈'의 핵심이다. 이제 집권 2기를 시작한 시진핑은 '중화민족의 부흥'이라는 목표에 한층 더 가까워졌다고 믿을 것이다. 객관적인 사실이 그렇고 그렇지 않고는 중요하지 않다. 중국인들이 그렇게 믿고 있다는 게 중요하다.

일대일로는 대표적인 중화부흥 전략이다. 실크로드가 열린 건 한(漢)나라 때다. 그 길을 따라 교역이 가장 활발하게 이뤄진 시기는 당(唐)대였다. 강한성당(强漢盛唐, 강력한 한나라와 융성한 당나라)은 바로 중화민족의 가장 위대했던 시대를 일컫는 말이다. 일대일로는 바로 그 시기의 영광을 되살리자는 것이다. 중국의 국가 프로젝트가 펑유란의 책에 드러난 철학적 흐름과 정확하게 일치한다.

남중국해 문제도 좋은 예다. 중국은 깨어진 도자기 파편이나 사료의 한 자락을 꼬투리 삼아 "그 곳은 과거 우리 선조들이 개척한 바다이며 땅"이라고 집요하게 영유권을 주장한다. 현재 주장의 근거를 과거의 역사에서 찾는 것이다. 중국은 그렇게 과거에서 미래로 향하는 길을 개척해 왔고 또 그 과정에서 중화 DNA를 분출시켜 왔다.

사드 갈등도 다르지 않을 것이다. 거칠기 짝이 없는 중국의 압박은 무엇에서 기인하나. 과거 조선으로부터 받던 조공의 추억이 현대 들어 한국은 적어도 중국의 영향권을 벗어나서는 안 된다는 의식으로 발전한 결과에서 비롯되지 않았나. 오늘날 우리가 맞닥뜨린 현실은 그렇게 중국의 역사, 그리고 철학과 맞닿아 있다.

이제 우리는 중국의 부상이 가져오는 여러 사건의 조각조각에 매달리기보다는 그 사건들을 관통하는 근본적 흐름을 파악해야 한다. 중화민족 부흥이라는 중국의 꿈이 현실에서 어떻게 표현되고, 또 그것이 품고 있는 날카로운 칼은 누구를 겨냥하고 있는지를 잘 살펴야 한다. 그 바탕 위에서 중국이 왜 저러는지, 또 어디로 가려는지를 정확하게 짚어야만 비로소 우리의 대응 방법도 찾을 수 있기 때문이다.

중국은 늘 변한다. 친근한 얼굴로 다가왔다가 어느 순간 화난 모습을 보인다. 우리 경제에 축복일 것만 같다가도 갑작스레 재앙을 안기는 부담스러운 존재가 되기도 한다. 사드로 드러난 중국의 민낯에 실망했다는 이들이 적지 않다. 그러나 그 또한 중국의 일면일 뿐이다. 우리로선 시시각각 변하는 중국의 모습을 정신 똑바로 차리고 세밀하게 추적해야 한다. 그래야 막힌 길을 뚫고 새로운 길을 열 수 있을 것이다.

중앙일보 논설위원실에서 '차이나 인사이트' 시리즈를 기획한 건 2016년 초였다. 하루가 다른 중국의 변화를 쫓고 또 그 변화로 촉발되는 세상을 이해해야 우리의 나아갈 길을 모색할 수 있지 않겠느냐는 고민의 발로였다. 국내 여러 중국 전문가들을 필진으로 모셨다. 매주 전면(全面)으로 기획되던 시리즈가 벌써 70회를 넘었다.

그 편편을 모으고 다시 정리해 단행본으로 꾸미게 됐다. 이 자리를 빌어 중국에 관한 깊고도 오랜 통찰을 흔쾌히 귀한 글로 제공해

주신 국내 중국 전문가 여러분들에게 다시 한 번 감사의 뜻을 전한다. 이들이 전하는 '인사이트'는 한국의 미래 발전에 커다란 자양분이 될 것임을 믿어 의심하지 않는다.

2017년 10월

이하경

중앙일보 주필

차 례

책을 펴내며 중국은 우리에게 어떤 이웃인가 • 5

1 중국 공산당의 경쟁력은 어디에서 오는가
정치 & 사회

야당 견제 없는 중국 공산당이 무너지지 않는 이유는? • 19
강효백 경희대 법무대학원 중국법학과 교수

'100년 가게' 넘보는 중국 공산당은 어떻게 살아남았나 • 27
이희옥 성균관대 정외과 교수

중국 언론의 불편한 진실 • 34
이성현 세종연구소 연구위원

문화대혁명의 교훈 • 41
유상철 중앙일보 논설위원

중국의 노동자 파업, 우리가 주목해야 할 것은? • 49
이민자 서울디지털대 중국학과 교수

중국 공무원은 개혁 중 • 56
최형규 중앙일보/차이나랩 중국전문기자

2 짝퉁의 나라에서 혁신의 나라로
경제

선전은 어떻게 '짝퉁 본산'서 'ICT 성지'로 변했나 • 65
한우덕 중앙일보 중국연구소 소장 · 차이나랩 대표

가족만 빼고 모든 것을 공유한다? • 71
유희문 한양대 중국학과 교수

밭이 바뀌면 씨도 달라져야 • 76
박한진 KOTRA 타이베이 무역관장

중국의 과학 급성장에 어떻게 대비할 것인가 • 83
은종학 국민대 중국학부 교수

누가 누구를 속이는 걸까? • 91
류재윤 BDO 이현 회계 · 세무법인 고문

나이 스물에 사장이 못 되면 대장부가 아니다 • 100
조상래 플래텀 대표

남방 상인의 도가(道家) 실용주의가 중국 기업 혁신 이끈다 • 107
유희문 한양대 중국학과 교수

3 중국이라는 이웃
한중 관계

한중 사반세기, 차이 인정하며 이견 좁히는 '구동존이' 필요 • 117
신정승 전 주중 대사

시진핑 2기 출범의 의미는? • 123
유상철 중앙일보 논설위원

중국은 북한과 혈맹 아님을 행동으로 보여라 • 129
이성현 세종연구소 연구위원

바다의 평화 없이는 진정한 평화 없다 • 134
양희철 한국해양과학기술원 해양정책연구소장

중국의 '거친 입' 환구시보를 어떻게 봐야 하나 • 142
유상철 중앙일보 논설위원

중국의 한국 유학 열풍 • 151
민귀식 한양대 국제학대학원 중국학과 교수

한반도 유사시 가장 먼저 투입될 중국군은? • 159
황재호 한국외국어대 국제학부 교수

4 중국서 쉽게 돈 벌던 시대는 지났다
　　한중 비즈니스

중국서 쉽게 돈 벌던 시대는 지났다 • 169
한우덕 중앙일보 중국연구소 소장 · 차이나랩 대표

사드 갈등 이후 중국서 대박 내려면? • 176
박경하 엠케이차이나컨설팅 대표

중국서 실패하는 세 가지 이유와 성공의 세 가지 요체 • 183
류재윤 BDO 이현 회계 · 세무법인 고문

중국서 '관시' 잘 맺으려면? • 191
류재윤 BDO 이현 회계 · 세무법인 고문

5 세계로, 바다로
외교 & 안보

중국이 꿈꾸는 동아시아 질서는? • 201
이정남 고려대 아세아문제연구소 교수

중국 붕괴론은 왜 매번 빗나가고 다시 등장하는가 • 206
정종호 서울대 국제대학원 교수

트럼프의 '선택적' 중국 때리기 • 214
이동률 동덕여대 중어중국학과 교수

미·중 전략적 불신이 한중 관계 근간 흔든다 • 222
김한권 국립외교원 교수

대만, '신남향정책'으로 중국 의존도 줄인다 • 229
문흥호 한양대 국제학대학원 중국학과 교수

중국 군사력, 어떻게 대응할 것인가 • 236
김태호 한림국제대학원대학교 교수

6 중국이라는 나라
인문

중국 제대로 알려면 세 개 렌즈 있어야 • 245
이동철 용인대 중국학과 교수

중국의 중화주의 제국몽은 우리에게 어떤 의미인가 • 251
전인갑 서강대 사학과 교수

부처는 코끼리 타고 왔는데 예수는 대포 타고 중국 왔나 • 259
이유진 연세대 인문학연구원 연구원

사드가 드러낸 중국의 민낯 • 267
임대근 한국외국어대 글로벌문화콘텐츠학과 교수

국경 없는 신화, 중국 신화도 우리 창의력의 원천 • 274
김선자 연세대 중국연구원 전문연구원

중국에 이웃 나라는 협상의 대상이 아니다 • 281
전가림 호서대 교양학부 교수

중국의 인간관계는 평등하지 않다 • 289
이욱연 서강대 중국문화학과 교수

유럽은 분열하는데 중국은 분열하지 않는 이유는? • 296
강효백 경희대 법무대학원 중국법학과 교수

중국 굴기의 힘은 어디에서 나오나 • 303
구자억 서경대 인성교양대학장

중국 공산당은 중국 공자당이 될 것인가 • 311
조경란 연세대 국학연구원 교수

1
중국 공산당의 경쟁력은 어디에서 오는가

China Insight

— 정치 & 사회 —

야당 견제 없는 중국 공산당이 무너지지 않는 이유는?

부패는 제어장치가 제대로 작동할 수 없는 절대적인 권력에 불가피하게 따라다니는 하나의 악령이다. "권력은 부패하기 마련이며 절대 권력은 절대 부패한다"고 영국의 정치가이자 사상가였던 로드 액턴은 갈파했다. 절대 부패하면 절대로 망하지 않을 수 없는 게 세상 이치이기도 하다. 그런데 중국 공산당 일당이 절대적인 권력을 휘두르는 중화인민공화국은 왜 무너지지 않고 오히려 그 세(勢)를 확장하고 있는 것일까. 무슨 비결이 있나.

현대 우주이론에 따르면 우리가 인식하는 우주는 전체 우주의 4%(물질 0.4%, 에너지 3.6%)에 불과하다. 나머지는 신비한 암흑물질(23%)과 암흑에너지(73%)가 차지하고 있다. 이 암흑에너지는 기존 에너지 보존의 법칙을 따르지 않는다. 암흑에너지는 중력(重力)과 반대인 척력(斥力·두 물체가 서로 밀어내는 힘)으로 우주의 시공간을 팽창시키고 있다. 이 우주이론에 빗대어 중국의 현실을 설명할 수 있을 것 같다.

중국은 '모든 권력이 중국 공산당으로부터 나오는', 즉 공산당이 주인인 '당주(黨主)' 국가다. 언제든지 야당으로 전락할 수 있는 여느 민주국가의 집권당과는 차원이 완전히 다르다. 중국 공산당은 헌법상 영구 집권당이다. 헌법 위에 중국 공산당 당장(黨章)이 있고, 법률 위에 당규(黨規)가 있다. 국민의 심판에 의한 정권 교체는 꿈에서도 불가능하다. 이처럼 막강한 권력을 보유한 중국 공산당은 누가 견제하나. 자체 감독 시스템에 기댈 수밖에 없다. 그 존재가 바로 기율검사위원회(紀檢委)다.

그런데 이 기검위와 관련해 중국 헌법과 법률에서 단 한 개의 조문이나 단 한 글자로도 언급하고 있지 않다. 마치 우주의 암흑물질과도 같다. 이 기검위가 뿜어내는 암흑에너지가 바로 중국 공산당 일당제에 의한 절대 권력이 절대 부패로 흐르지 않게 막아 주는 비결이라면 비결이다.

2300년 역사의 총리급 감찰기관

'영웅은 천하를 제패하고 제도는 강산을 안정시킨다(英雄打天下 制度定江山)'. 예나 지금이나 중국의 권력자들은 법제를 부국강병과 체제 안정의 가장 유효한 도구로 간주했다. 그들은 이공계의 발명품이나 예술계의 창작품처럼 법제를 창조하길 즐겼다. 서양보다 1200년이나 앞선 공무원 시험인 과거제도나 역시 서구보다 400~500년은

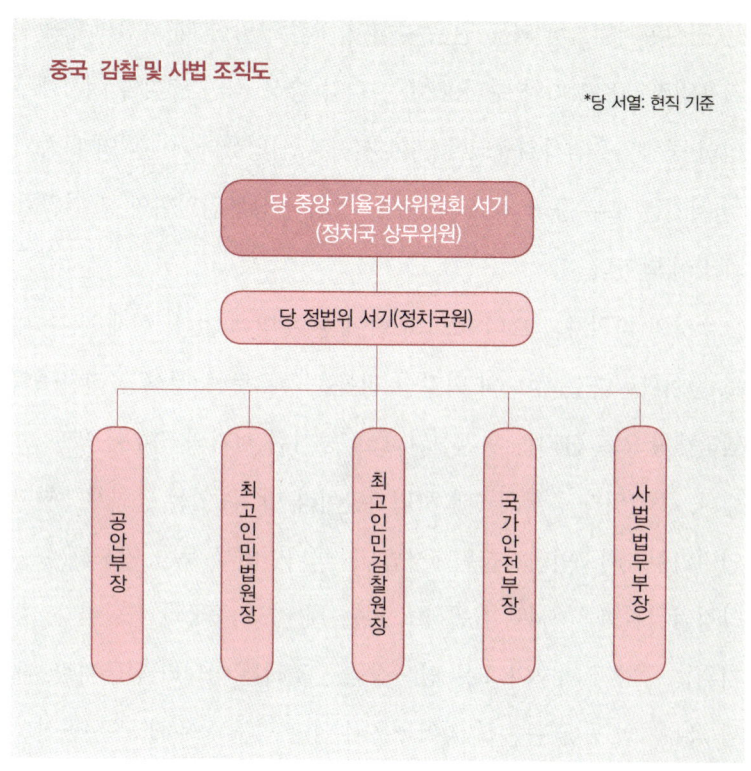

이른 지폐와 어음 등이 그런 예다. 감찰기관의 수장이 정승급인 감찰제도 역시 세계 최초로 중국의 첫 황제가 창설했다. 진시황은 기원전 221년 천하를 통일한 뒤 행정은 승상(丞相), 감찰은 어사대부(御使大夫), 군부는 태위(太衛·비상설 기관)에 맡겨 분담 통치하는 3정승제를 고안해냈다.

 이 같은 통치 방식은 조직의 명칭과 형식을 조금씩 달리했을 뿐 현대에까지 이어졌다. 인민복을 입은 공산왕조의 초대 황제 마오쩌둥(毛澤東) 역시 자신의 역사적 멘토인 진시황을 벤치마킹했다. 마오는 진시황처럼 당권과 군권은 자신이 직접 장악한 채 자신의 양팔인 저우언라이(周恩來)와 주더(朱德)는 각각 승상 격인 총리와 어사대부 격인 중앙기율검사위원회(中紀委) 서기로 임명했다. 이후 역대 중기위 서기는 모두 중국 최고 지도부인 정치국 상무위원회의 한 위원(총리급)이 맡았다.

수장의 지위가 높으니 조직의 힘이 셀 수밖에 없다. 현재 '나는 새도 떨어뜨린다'는 정도의 막강한 권력을 휘두르며 '부패 공직자들의 염라대왕'으로 불리는 왕치산(王岐山) 중기위 서기의 경우를 봐도 그렇다. 중기위가 중국의 5대 사법기관이라 할 수 있는 공안부 · 최고인민법원 · 최고인민검찰원 · 사법부 · 국가안전부 등을 영도하는 중앙정법위원회를 지휘, 감독하고 있는 게 바로 중국의 현실이다. 중기위는 중앙과 지방의 모든 당 · 정 · 군 조직뿐 아니라 언론기관, 대형 국유기업 등에 촘촘히 심어놓은 수십만 명을 동원해 모든 공산당원에 대한 감찰 업무를 수행하고 있다.

정보기관의 공직자 감찰 배제

중국의 정보기관인 국가안전부는 정말 '음지에서 일하며 양지를 지향하는' 것인지 그 지위와 권력이 의외로 낮다. 국가안전부는 중국의 오너 격인 공산당 소속이 아니라 청지기 격인 국무원 소속으로 돼 있다. 역대 국가안전부장의 당 직급이 25개 각 부 · 위원회 수장 중 제일 낮다. 소련의 KGB나 동독의 슈타지, 북한의 국가안전보위부 등 여타 공산주의 국가의 정보기관에 비해 존재감이 크게 떨어진다.

실제로 중국 국가안전부는 대만 관련 업무와 반체제 인사, 분리주의자 등과 연관된 정보 수집과 단속에만 집중하고 있는 것으로 파악된다. 정보기관에 고위 공직자의 사찰을 맡기면 부패가 근절되기는커녕 오히려 부패를 조장하는 등 국기(國紀) 문란의 엄청난 폐단만 초래한다는 사실을 일찌감치 깨달은 때문으로 보인다. 이는 동창(東廠)과 서창(西廠) 등 특무기관이 횡행하며 명(明)나라의 멸망을 재촉했던 역사에서 배운 교훈 덕분으로 추론된다.

중국의 투 트랙 반부패 시스템

고속철은 고속 철로에서, 일반 기차는 일반 철로에서 달리듯 중국은 부패 혐의 피의자의 신분에 따라 각기 다른 기관에서 처리하는 투 트랙 시스템을 운용한다. 부패 사건에 연루된 자가 공산당 당원이면 기율검사위원회가, 일반인일 경우엔 공안과 검찰에서 맡는다. 기검위는 출발역인 사건 접수에서 시작해 초동 조사→입건→사건 조사→검찰 송치→검찰의 공소를 거쳐 종착역인 법원의 판결에 이르는 죽음의 전 여정을 진두지휘한다.

중국의 탐관오리들이 가장 두려워하는 지옥 구간은 세 번째 역인 '입건'과 다섯 번째 역인 '검찰 송치' 사이에 자리한 '쌍규(雙規)' 처분이다. 쌍규란 말은 기검위가 피의자에 대해 '규정한 시간에 규정한 장소에서' 조사를 진행하는 데서 유래했다. 쌍규 처분이 내려지는 순간부터 피의자의 모든 직무가 정지되고 인신 자유가 박탈된다. 압수·압류·계좌추적과 동시에 피의자의 모든 재산이 동결된다. 쌍규 기간엔 일반인은 물론 가족과 변호사의 접견조차 제한된다. 쌍규 기간은 3~4개월에서 2년까지도 연장이 가능하다. 쌍규를 견뎌내는 혐의자는 거의 없다. 평생의 모든 죄를 털어놓게 된다. 사형당하기 전 스스로 생을 마감하거나 미쳐버리는 이 또한 부지기수라 한다.

기검위의 약점 세 가지

중국이 자동차라면 기검위는 브레이크다. 국가가 전복되는 사고를 사전에 차단하는 고성능 잠김 방지 브레이크 시스템(ABS)이긴 하지만 완전무결하다고 볼 수는 없다. 나름대로 취약점이 있다. 크게

한국 감사원	한국 감사원과 중국 기검위 비교	중국 기검위
있음	헌법 근거	없음
감사원법, 공공감사에 관한 법률	법률 근거	없음
대통령이 국회 동의 거쳐 임명	기관장 선임	중앙기검위원 중에서 선출
4년 1회 연임 가능	기관장 임기	5년, 연임 제한 없음
부총리급 이하	기관장 실제 권력	총리급 이상
국정원장, 법무장관은 물론, 검찰청장, 경찰청장, 민정수석보다 약함	사법 기관장과의 비교	5대 국가 사법기관의 감독기관인 당정법위원회 감독 감찰
5~11명	위원 수	130명
원장 제청으로 대통령이 임명	위원 임명	전국 당대표대회에서 선출
공직자 부정부패에 대한 제도적 장치로서의 기능 미약	총평	법적 근거 없으나 세계 최고의 막강한 감찰 권력 행사

세 가지다.

첫 번째는 시진핑(習近平) 정권이 유독 강조하는 '의법치국(依法治國)'의 '법'에 공산당 당장이나 당규도 포함되는가의 문제다. 아마 중국 내에선 그런 논리가 위대한 학설로 치켜세워질 수 있을지 몰라도 보편적인 문명국가에선 궤변일 뿐이다. 헌법과 법률에 전혀 근거가 없는 기검위는 엄밀히 말해 법외단체 또는 비선조직체에 불과하다. 이는 미국과 함께 주요 2개국(G2) 시대를 열려는 중국의 위상에는 전혀 어울리지 않는다.

두 번째는 당장과 당규가 국법을 대체하기엔 법으로서의 자격이나 안정성, 투명성, 공개성 등 모든 면에서 취약하다는 점이다. 당장과 당규는 최고 권력자가 언제든지 바꿀 수 있는 것이다.

세 번째는 권력은 견제받아야 하고 경쟁은 엄격한 룰에 따라야 하는데 기검위엔 권력이 과도하게 집중돼 있다는 문제다. 기검위가 부패하면 속수무책이다. 한 방에 훅 간다. 거인 중국을 돌연사시키는 원흉이 될 수 있다.

우리는 감사원 살려 부패 잡아야

현재 중국의 급속한 부상 배경엔 정책을 구체적으로 법제화하고 이를 강력히 실천하는 지도부의 의지가 자리하고 있다. 3대 권력기관인 감찰기관과 사법기관, 정보기관에 각각 공직자 부패, 민형사 업무, 정보 업무를 맡겨 전담케 하는 통치 시스템은 우리도 참조할 점이 있다.

중국의 기검위는 무명유실(無名有實)한데 우리 감사원은 유명무실

(有名無實)하다. 기검위가 정체불명의 흑기사라면 감사원은 잠자는 숲속의 공주다. 헌법에도 없는 기검위가 막강 권력을 휘두르는 데 반해 헌법에 엄청난 권한이 부여된 우리 감사원은 존재감이 거의 없다.

이제는 감사원을 활성화할 때다. 헌법정신에 걸맞게 감사원에 권력형 부패를 척결할 수 있는 준사법권을 부여하고 감사원장은 국무총리에 준하는 지위와 권한을 갖추도록 하는 등 국가의 감찰기관인 감사원을 적극 활용할 필요가 있다고 하겠다.

◆**강효백** 경희대 법무대학원 중국법학과 교수◆
대만 국립정치대학에서 법학 박사학위를 받았다. 주중 한국대사관에서 12년 동안 외교관으로 근무했다. '학문은 세상의 모든 마침표를 물음표로 바꾸는 데서 시작한다'는 좌우명을 갖고 있다. 『중국의 슈퍼리치』 등 중국 관련 18권의 저서가 있다.

'100년 가게' 넘보는 중국 공산당은 어떻게 살아남았나

최근 중국 정치를 연구하는 필자를 우리 기업인이 많이 찾는다. 이들의 최대 관심사는 2021년 창당 100년을 맞는 중국 공산당의 장수 비결이다. 아무리 100세 시대라지만 사람이나 기업 모두 100년을 한결같이 지속하기란 쉽지 않은 일이다. 그런데 독일 인구보다 많은 8800만 가까운 세계 최다의 당원을 보유한 중국 공산당은 도대체 어떤 비결이 있기에 그 생명력을 유지하고 있는 걸까. 그 답을 찾아봤다.

서방은 중국 공산당의 일당제 지배에 회의적이다. 삼권분립을 통한 견제와 균형, 다당제 도입만이 공산당 체제의 대안이 될 것이라고 말한다. 그러나 중국이 서구식 정당제를 선택할 가능성은 현재로선 없다. 중국은 당 개혁만으로도 위기를 돌파할 수 있다고 믿는다. 시진핑 중국 국가주석도 중국이 이미 군주입헌제, 의회제, 다당제, 대통령제 등을 두루 시도해 봤지만 실행할 수 없었다고 밝힌 바 있다.

중국 공산당의 미래에 대해선 갑론을박이 나올 수 있다. 그러나 특유의 수축과 적응(atrophy and adaptation) 능력을 발휘하며 한동안 유지될 것으로 보인다. 사실 중국 공산당이 아래로부터의 지지 없이 강제만을 일삼았다면 옛 소련이나 동구권의 전철을 밟았을 가능성이 크다. 이는 중국 공산당의 내구력에 다른 원천이 있다는 것을 말해준다. 크게 여덟 가지다.

우선 위기의식이다. 중국 공산당은 항상 긴장감을 유지한다. 당이 국민으로부터 멀어지면 한낱 '진흙 속의 거인'이 되고 만다는 걸 중국 현대사를 통해 경험했기 때문이다. 당 조직이 관료화 움직임을 보일 때마다 개혁의 칼을 빼 든다. 시진핑의 '파리든 호랑이든 다 때려잡자'는 반(反)부패 운동이나 사치바람 등 4대 악풍을 타도하자는 캠페인은 '인심의 향배가 당의 생사존망과 직결돼 있다'는 위기의식의 소산이다. 이런 위기감의 배경엔 중국 왕조의 흥망성쇠 주기율을 터득한 결과가 깔려 있다. 왕조의 평균 수명은 200년이고 왕조 성립 후 50~60년이 지나면 정체와 쇠퇴를 거듭했는데, 현재 중국이 그 시기에 놓여 있다고 보는 것이다.

둘째는 끊임없이 공부한다는 점이다. 당의 모든 간부는 직급에 상관없이 평생 공부를 해야 한다. 짧게는 수주에서 길게는 1년까지 다양한 교육 프로그램이 있다. 중앙에서 현(縣)급 지방에 이르기까지 곳곳에 설치된 3000여 개의 각급 당교(黨校)가 중심이다. 여기서 당 간부들은 주기적으로 중요 정책에서 세계 정세에 이르는 다양한 문제를 치열하게 토론하고 학습한다. 간부로서의 자세를 다지고 새로운 시대 환경에 대한 이해를 높일 수 있는 기회다. 시진핑의 '시작합시다(那就開始吧)'라는 한마디로 시작되는 정치국 집단학습은 중국 최고 지도부의 공부 모임이기도 하다. 2002년 후진타오 집권 시기부터 시작된 정치국 집단학습은 연 8~9회 개최되며 2016년 초까지 이미 107회를 넘었다.

셋째는 현실에 뿌리를 내리고 있다는 점이다. 중국에는 '당이 결정하면 전국인민대표대회가 박수를 치고 정치협상회의는 만세를 부른다'는 속어가 있다. 이처럼 당은 중국의 길을 설계한다. 그러나 실현 가능한 지표를 제시하고 이를 달성함으로써 정책적 신뢰와 통치의 정당성을 확보해 왔다는 점이 중요하다. 중국의 당 대회 보고서를 보면 북한과 같은 '휘황한 설계도' 대신 중국이 처한 대내외 환경을 있는 그대로 솔직하게 표현한 부분이 많다. 실례로 당 지도부는 지금까지 스스로를 G2 국가라 부르는 법이 없다. 개발도상국 가운데 큰 나라일 뿐이라고 말한다. 2002년 2월 왕이(王毅) 중국 외교부장이 미국 국제전략문제연구소(CSIS)에서 행한 연설에서 중국은 1인당 국내총생산이 세계 80위권 밖에 있는 국가에 불과하다고 밝힌 점도 단순한 외교적 수사는 아니다. 이런 솔직한 현실 인식은 공산당의 정책 거품을 제거하는 데 기여한다.

넷째는 유연성이다. 중국은 전통적으로 모든 문화를 하나로 녹여내는 거대한 용광로와 같다. 중국 사회주의도 '휘어지기는 하지만 부러지지 않는다'는 속성을 가진다. 2002년 당 강령에는 공산당이 기존의 노동자·농민과 함께 지식인과 자본가도 대표한다는 내용이 포함됐다. 이는 중국 공산당이 더 이상 과거의 혁명정당에 머물지 않고

대중정당으로 전환한다는 선언이다.

중국은 자본주의를 흡수하는 데도 놀라운 신축성을 보여줬다. 필요한 자본주의 수단은 모두 받아들였다. 상(商)나라의 후예답게 선전과 상하이에 주식시장을 열었고, 덩샤오핑(鄧小平)은 사회주의와 자본주의를 구별하는 기준은 생산력을 높이고 국민 생활에 도움이 되는가에 달려 있을 뿐이라고 밝혔다. 이런 유연성은 혁신을 불러오는 공간을 제공한다. 중국 공산당은 혁신만이 개혁개방 과정의 마찰을 줄일 수 있다고 본다. 장쩌민이 2002년 당 대회에서 90분에 걸친 고

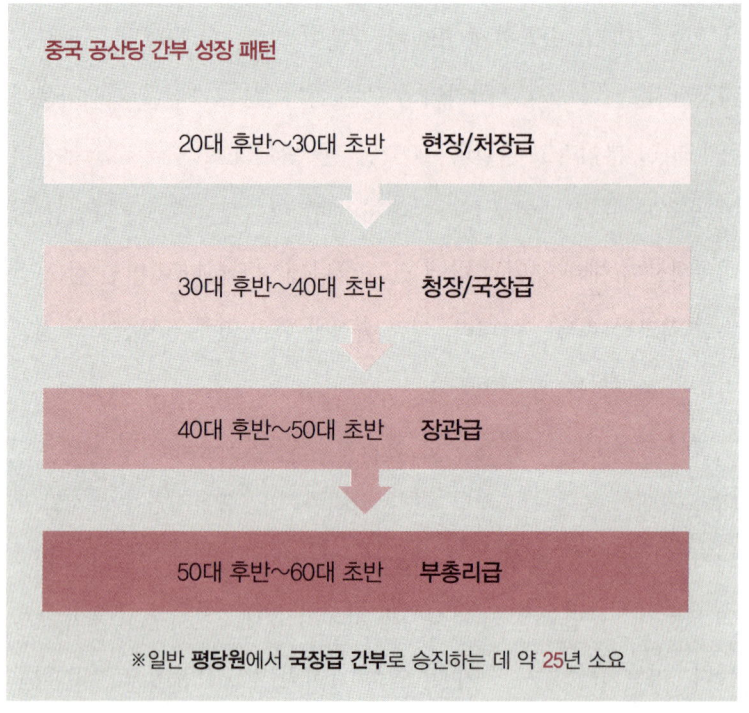

별 연설을 하면서 혁신은 민족을 진보하게 하는 영혼이라며 새로운 신(新)을 90번이나 강조한 배경이다.

다섯째는 차세대 양성이다. 중국 공산당은 좋은 간부는 자신의 치열한 노력과 함께 당 조직의 양성 시스템 속에서 배양된다는 확신을 가지고 있다. 예컨대 정치국 상무위원급 지도자는 적어도 20년 이상의 양성 과정을 거쳐 배출된다. 그 과정에서 두세 개 성(省)의 당 업무를 관장한다. 한 성의 인구가 수천만 명에 이르는 점을 고려하면 사실상 웬만한 나라 몇 개를 운영하는 것과 같다.

시진핑은 푸젠(福建)성과 저장(浙江)성, 상하이 당서기를 거쳤고 리커창(李克强) 총리도 허난(河南)성과 랴오닝(遼寧)성 당서기를 지냈다. 차세대 지도부의 핵심으로 거론되는 후춘화(胡春華) 광둥(廣東)성 당서기와 천민얼 충칭(重慶)시 당서기도 정치력을 검증받는 중이다. 당의 고위 간부가 어떻게 선발되는가는 베일에 싸여 있지만 적어도 누가 선발될 것인가를 예측하기는 수월하다. 우리와 같은 낙하산 인사가 적은 이유가 여기에 있다.

여섯째는 현장을 중시한다는 점이다. 일찍이 마오쩌둥이 '조사 없이는 발언권도 없다'고 밝힌 이래 역대 지도자 모두 현장의 중요성을 간파하고 있다. 사회주의 시장경제의 도입은 1990년대 덩샤오핑이 선전 등 남부 지역을 시찰하며 언급한 내용을 정리한 결과였다.

시진핑도 2016년 1월 초 서부 지역 현지 조사를 통해 공급 분야 개혁 등의 중요 메시지를 현장에서 발신했다. 이제 중국에서 대형 사건이 터지면 당정 지도부가 즉각 헬리콥터를 타고 사건 현장으로 이동하는 것은 자연스러운 일로 정착됐다. 어떤 경우는 한 지역을 집중적으로 방문해 자신의 정치적 의제를 관철하기도 한다. 시진핑은 지난 5년 동안 벽지인 허난성 란카오(蘭考)현을 세 번이나 방문해 현장의 의견을 청취하면서 빈곤 퇴치 바람을 일으켰다.

일곱째는 연속성을 선호한다는 점이다. 새 술은 새 부대에 담는 우리의 정치 풍토와 달리 중국 공산당은 우선 전임자의 낡은 부대에 자신의 새 술을 붓고 시간이 지날수록 자기 색깔을 강화하는 전략을 사용한다. 1981년 중국 공산당이 채택한 역사 결의는 문화대혁명을 비판하고 새 지도부의 개혁개방 정책의 정당성을 확보하기 위한 것이었다. 그러나 문혁에 가장 책임이 컸던 마오쩌둥에 대해 '공(功)은 70%, 과(過)는 30%'로 정리했다. 역사는 청산 대상이 아니라 극복의 대상이란 걸 학습해온 결과다.

지금도 헌법과 당 강령에는 마르크스-레닌주의, 마오쩌둥 사상이 남아 있다. 비록 강조점을 달리하고 해석을 달리하지만 정통성과 합법성의 근거를 무너뜨리지는 않는다. 중국 정치의 호흡이 긴 이유가 여기에 있다. 중국의 고위 간부 중 새 지도부가 꾸려졌음에도 불구하고 같은 직책에서 같은 일을 하는 사람을 쉽게 찾을 수 있다. 왕후닝(王滬寧) 당 중앙정책연구실 주임은 장쩌민 시기부터 3대째 그 자리를 유지하고 있다.

끝으로 당원들이 미래 비전을 공유한다는 점이다. 흔히 중국 간부는 위의 지시에 따라 한목소리만 낸다는 핀잔을 받는다. 그러나 위에서 비전을 만들면 여러 층위에서 이를 회람하고, 또 기층 현장의 여론을 수렴해 위로 보내는 절차를 거친다. 이 과정에서 부분적으로 당내 민주주의를 실험하고 있다. 또 이런 비전을 만들기 위해 정치국 상무위원이 담당하고 있는 당 중앙정책연구실을 비롯해 수많은 전략기구를 둔다.

　물론 중국 공산당이 뛰어난 수축과 적응 능력을 보여주고 있지만 근본적 위기는 참여와 경쟁, 효율, 소통, 책임성, 반응성 등 민주주의의 부족에 있다. 그러나 중국 공산당의 100년 내구력에는 유연성과 학습, 현장 등의 요소가 잘 결합돼 나타난다. 지배구조의 변화 없이도 내부 혁신을 통해 100년 조직을 만들고자 하는 우리 기업에 시사하는 바가 크다.

◆ **이희옥** 성균관대 정외과 교수 겸 성균중국연구소장 ◆
한국외국어대에서 정치학 박사학위를 받았고 중국의 정치변동, 중국의 한반도정책, 국가대전략 등이 주요한 연구 관심사이다. 「중국의 국가대전략연구」, 「중국의 새로운 민주주의 탐색」, 「중국의 새로운 사회주의 탐색」 등의 저서가 있다.

중국 언론의 불편한 진실

우리가 중국을 이해하는 가장 큰 창구는 어딜까. 중국 언론이다. 많은 한국인이 중국 미디어가 전하는 소식을 통해 중국에 관한 정보를 얻는다. 그런데 중국 언론에 대한 이해가 부족하면 어떤 일이 벌어질까. 오해의 증폭이다. 고고도미사일방어(THAAD·사드) 체계가 한중 관계에 큰 파동을 낳았다는 점을 감안하면 중국 매체를 올바르게 분석하는 능력이 그 어느 때보다 중요하다.

중국 외교부는 얼마 전 북한의 신형 중거리탄도미사일(IRBM) 발사에 대해 논평하면서 중국은 한반도 문제 해결을 위해 '아낌없는 노력을 기울였다(不懈努力)'고 했다. 중국이 북한에 대해 충분한 압력을 넣지 않고 있다는 도널드 트럼프 미국 대통령의 공개적인 중국 비판을 상기하면 체감 주파수가 다소 맞지 않는 발언이다.

역대 중국 지도자의 언론 중요성 언급

마오쩌둥	"여론은 전쟁에서 진영과 같다. 무산계급이 점령하지 않으면 유산계급이 점령한다."
덩샤오핑	"신문 여론이 당을 단결시키고 안정시킬 수 있어야 한다."
장쩌민	"언론인은 반드시 당과 입장을 일치시켜야 한다."
후진타오	"당이 언론을 관리해야 하는 건 당의 장기적 경험에서 터득한 중요한 원칙이다."
시진핑	"신문 여론 공작은 당의 영도 방침을 견지해야 한다."

한술 더 떠 겅솽(耿爽) 중국 외교부 대변인은 북핵 해결을 위한 중국의 노력이 국제사회로부터 광범위한 '인정과 찬양(認可和讚譽)'을 받고 있다고 말했다. 그것도 대변인 특유의 엄숙한 표정을 지으며 말하니 듣는 사람이 오히려 '유체이탈감'이 든다.

북한 문제와 관련해 한국 언론이 가장 많이 인용하는 중국의 환구시보(環球時報)는 어떤가. 전문가들은 이 신문이 중국 정부의 생각을 '대변'하는지 아닌지를 두고 갑론을박을 벌이곤 한다.

논문에 주석이 달리듯이 중국 언론은 주석이 필요하다. 그렇지 않으면 중국이 한국의 사드 배치 계획에 대한 보복으로 다양한 '금한령(禁韓令)' 조치를 취하고 있음에도 불구하고 중국 외교부가 한사코 "한류금지령(限韓令)에 대해서 들어본 적이 없다"고 딱 잘라 말하는 것을 이해할 수 없다.

중국에는 언론의 자유가 없다는 것이 보편적 인식인데 중국 외교부가 매번 '중국은 착실하게 언론 자유를 보장하고 있다'고 하는 말을 들으면 이해하기 힘들다. 왜 이런 일이 생기나. 중국의 '언론관'이 한국과 많이 다르기 때문이다.

중국식 저널리즘: '사실'보다 '진실'

2008년 중국 쓰촨(四川)성에서 대지진이 발생해 8만 명 넘게 사망했을 때 외부에 공개되지 않은 사실 하나가 있다. 구조 작업 초기에 투입된 인민해방군 낙하산부대원 가운데 적지 않은 희생자가 발생한 것이다.

중국 기자들이 이 사실에 대한 보도 여부를 고민하고 있을 때 공산당 지도부는 소위 '대국의식(大局意識)'을 근거로 '보도 금지' 조치를 내렸다. 중국에서 대국의식이란 저널리즘을 전공하는 학생들이 배우는 '기자 윤리'에 해당한다.

'전체 형국을 고려하는 의식'을 갖고 보도해야 한다는 뜻이다. 많은 지진 피해 희생자가 발생해 국가적으로 침통한 상황인데 구조 작업을 위해 투입한 인원들마저 죽었다는 사실이 알려지면 국민 사기가 더욱 저하된다는 논리에서다.

국가적 재난 상황을 맞아 일종의 '선의의 거짓말(white lie)'을 장려한 것이다. '대국의식'을 결정하는 가장 중요한 준거는 '국가 이익'이다. 즉 '눈앞의 사실'보다는 통합적이고 장기적인 국익의 안목에서, 그리고 사회 안정을 감안해 보도해야 한다는 것이다. 이런 논리하에선 언론이 체제 옹호를 위한 도구로 전락할 수 있다.

이 같은 논리를 따르는 '중국식 저널리즘'은 객관적 '사실(fact)' 추구를 이상적 목표로 삼는 '서방식 저널리즘 이데올로기'와는 크게 다르다. '사실' 자체가 꼭 중요한 기준이 되는 게 아니다.

중국 저널리즘은 '사실'보다는 '진실(truth)'을 전달하는 걸 언론의 사명으로 삼는다. 여기서 주의할 점이 있다. 중국 공산당 체제에서 '진실'은 우리가 생각하는 진실이 아니라 소위 '사회주의 진실'이라는 점이다.

중요한 건 이 진실을 결정하는 주체가 바로 '당(黨)'이라는 사실이다. "언론 매체의 가장 중요한 직능은 정보를 전달하는 것으로, 진실·정확·전면(全面)·객관성을 통해서다". 이는 중국 공산당의 언론 교육 문건에 나오는 내용으로 '진실'이 맨 처음, '객관'이 맨 뒤에 언급되고 있다는 점이 눈에 띈다.

'무오류'의 공산당이 '진실'을 결정

그런데 중국 공산당 체제 내부의 논리로 보면, 당은 오류를 범하지 않으며 그런 무오류의 공산당이 진실을 결정하고, 기자의 역할은 '당이 결정한 진실'을 국민에게 전달하는 것이다. 이게 바로 중국 공산당 체제의 언론관이다.

따라서 이 같은 중국 공산당 체제의 언론관을 깨닫지 못하고 외국인 시각에서 중국 매체의 보도를 이해하려고 하면 오해가 발생할 수밖에 없는 것이다. 예컨대 원자바오(溫家寶) 전 총리는 서방 언론과의 인터뷰에서 종종 '민주'를 강조하곤 했다.

서방에선 이에 '중국도 민주(democracy)를 원하고 있다'고 해석한 경우가 있었다. 그러나 원자바오가 말한 민주는 서방식 민주가 아니라 '중국 공산당 영도하의 민주'란 뜻이었다. 즉 '민주'가 무엇인가 또한 중국 공산당이 결정한다는 이야기다.

사회주의도 '중국 특색의 사회주의'라는 호칭을 쓰는 중국에서 '민주'가 무엇이냐에 대한 해석권과 집행권 또한 공산당이 가진다는 것이다. 이처럼 보편적으로 쓰는 단어조차도 중국 특색의 체제란 논리에서는 전혀 다른 뜻을 갖는다. 중국은 공산당의 정권 유지를 위해 다양한 체제 논리를 개발했으며, 언론도 이런 체제 유지 수단의 하나란 점을 분명히 인식해야 한다.

자본주의 사회보다 언론을 더 '중시'

흔히 '중국엔 언론의 자유가 없다'고 생각해 중국 정부가 언론을 소홀히 한다고 여기면 큰 오산이다. 중국 공산당은 지상 최대 과제인 공산당 집권 유지를 위해 언론을 활용한 체제 논리를 개발했으며, 언론을 자본주의 사회보다 더 중요시한다.

중국 공산당 기관지 인민일보의 총편집(總編輯·한국의 편집인에 해당)은 장관급의 고위직 인사가 맡는다. 언론 관리에 실패하면 정권이 치명타를 맞을 수 있기 때문이다. 특히 중국 당국은 소련 붕괴의 주요 원인 중 하나가 언론 통제 실패에서 비롯된 민심 이반으로 보고 극도로 경계한다.

미국 등 서방 국가들이 종종 중국의 언론 자유 침해 상황을 비판할 때마다 중국 정부도 이에 지지 않고 자국 외교부를 통해 "중국은 언론 자유를 보장하고 있다"고 매번 반박하는 이유다. 물론 이 말이 중국에도 서방과 같은 언론 자유가 있다는 뜻은 아니다.

중국의 언론 담당 고위 인사

- 공산당 이데올로기 담당: 당 서열 5위 류윈산 정치국 상무위원
- 공산당 선전부 담당: 당 선전부장으로 부총리급인 류치바오 정치국 위원
- 칭화대 신문학원 원장: 장관급인 국가신문출판총서 책임자 역임한 류빈제
- 인민대 신문학원 원장: 장관급인 국무원신문판공실 주임 역임한 자오치정

중국 정부의 언론 대변인은 '사실'을 말하는 것이 아니라 공식적으로 정해진 '진실'을 말하는 것이다. 여기서 진실은 오류가 없는 공산당이 결정하는 '사회주의 진실'이며, 이런 것이 바로 중국 내부의 체제 논리다. 중국 대변인이 체제 유지를 위한 '정치적 발언(political statement)'을 하는 것으로 이해해야 한다. 이를 서방 국가가 다시 반박하면 중국은 또 이에 질세라 "서방 국가가 중국에 편견을 갖고 있다"고 응수한다.

중국 공산당은 이 같은 '언론관'을 '마르크스주의 언론관(馬克思主義新聞觀)'이라 해서 각 대학의 신문방송학과에서 가르치고 있다. 특히 공산당 산하 언론사, 즉 당보(黨報)에 근무하는 기자들은 공산당의 강령과 원칙을 준수하고 공산당 정신에 따라 기사 편집을 하도록 강요받는다. 이는 현재 중국 언론학을 상징하는 키워드다.

중국의 사드 여론전

사드 사태 과정에서도 그랬다. 중국은 한국을 상대로 대대적인 '여론전'을 펼쳤다. 관영 매체를 동원해 '전쟁 상황을 가정한 사드 괴멸론' 등 일종의 심리전도 벌였다. 때론 막말까지 서슴지 않는 모습을

보면서 대국으로서의 중국의 '국격(國格)'까지 의심하게 된다.

중국 언론은 왜 이리 거친가. 이는 중국이 북한과 마찬가지로 '여론전'에 임하면서 이를 실제 '전투'처럼 치열하게 생각하는 사회주의 전통의 잔재를 여전히 지니고 있기 때문이다.

마오쩌둥은 언론을 '전쟁터(陣地)'라고 했다. 중국은 그 정도의 각오로 '진실'을 사수할 결심이 돼 있다. 이 같은 중국의 도전에 우리는 어떻게 응전해야 하나. 우리의 가까운 이웃이면서도 상당히 이질적인 언론 생태계를 갖고 있는 중국 언론에 대한 정확한 이해가 그 첫걸음이 돼야 할 것이다.

◆ 이성현 세종연구소 연구위원 ◆
미국 그리넬대 학사, 하버드대 석사, 그리고 중국 칭화대에서 박사학위(정치 커뮤니케이션)를 받았다. 미 스탠퍼드대 아태연구소 팬텍펠로를 거쳐 현재 세종연구소 연구위원으로 중국과 미·중 관계를 연구하고 있다. 중앙SUNDAY에 '써니 리'라는 필명으로 중국 관련 칼럼을 집필한 바 있다.

문화대혁명의 교훈

 살다 보면 잊고픈 기억이 있게 마련이다. 국가도 그렇다. 다시는 떠올리기 싫은 부끄러운 역사가 있다. 중국의 경우 '10년 대동란(十年浩劫)'으로 불리는 '문화대혁명(文化大革命·문혁)'이 그런 예다. 2016년 5월 16일은 문혁 발생 50주년이 되는 날이다. 현재 중국에선 문혁의 긍정적 측면을 재평가해야 한다는 주장과 더 철저한 반성이 요구된다는 목소리가 충돌하고 있다. 문혁은 오늘의 중국에 무엇인가. 또 우리에게 던지는 시사점은 무엇인가.

 '동네마다 따로 널찍한 식당이 있으며 식당엔 30가구씩 배정돼 이곳에서 공동으로 식사를 한다'. 영국인 토머스 모어가 500년 전 펴낸 『유토피아』에 나오는 한 구절이다. 사유재산 없이 누구나 평등한 사회에서 마을 주민이 함께 밥을 먹는 장면을 그렸다. 상상 속 이상 사회인 유토피아에서나 가능할 법한 일이지만 중국에선 현실이 됐다. 마오쩌둥에 의해서다. 1958년 농촌에 건설된 인민공사(人民公社) 안에서 중국인은 공동으로 생산하고 공동으로 소비한다는 구호 아래 밥 먹는 것 또한 공공식당에서 공동으로 해결했다.

하지만 이는 '먹는 걸 하늘로 삼는 백성(民以食爲天)'의 천성에 맞을 리 없다. 특히 개인의 농지와 가축을 인민공사의 소유로 귀속시키니 농민은 그만 의욕을 잃고 말았다. 농업 생산이 급격히 떨어진 가운데 1959년부터는 3년 연속 홍수와 한발이 덮쳐 4500만 명 가까이가 굶어 죽었다. 참극이 발생하면 누군가 책임을 져야 한다. 1962년 류사오치(劉少奇) 국가주석은 "천재(天災)가 3할이면 인재(人災)는 7할"이라며 당내 1인자 마오에게 화살을 돌렸다. 마오는 자아비판을 하는 망신을 당했다. 권력도 1선에서 2선으로 밀렸다. 그런데 류가 깨닫지 못한 게 있었다. 황제에겐 죽음 외엔 은퇴란 없다는 사실이다. 당시 마오는 건국 이후 계속된 우상화 정책으로 인해 이미 '당의 황제(黨皇帝)'가 돼 있었다.

"중국은 역사상의 전례(典例)에 빗대어 현실 정치를 은유적으로 비판하는 영사문화(影寫文化)의 전통이 깊다"고 전인갑 서강대 교수는 말한다. 그래서인가. 1965년 11월 상하이에서 발행되는 문회보(文匯報)에 '신편 역사극 해서파관(海瑞罷官)을 평한다'는 글이 실렸다. 명(明)대 충신 해서가 황제에게 간언했다가 파면당한 이야기를 마오는 류에 대한 반격의 실마리로 삼았다. 마오는 1959년 여산(廬山)회의 때 사신(私信)을 보내 대약진운동의 문제점을 지적한 펑더화이(彭德懷)가 '해서'라면 자신은 '나쁜 황제'냐고 따졌다. 마오는 펑을 류사오치의 배후로 봤다고 한다. 배후부터 치는 건 중국의 오랜 투쟁 전술이다.

 마오는 권력 회복을 위한 싸움의 꼬투리를 역사극이란 문화 부문에서 잡았다. 그러면서 문화계에 뿌리내린 반(反)사회주의적인 독초(毒草)를 뽑아내자고 목청을 높였다. 1966년 5월 16일 중국 공산당 중앙정치국 확대회의에서 마침내 문혁의 이론과 노선, 방침을 확정한 '5·16 통지'가 발표됐다. 문혁의 시작이다. 이후 마오가 사망할 때까지 '광란의 10년 문혁 세월'이 이어졌다. 한국전쟁의 영웅으로 추앙받던 펑더화이는 두 달간 100여 차례가 넘는 비판 투쟁에 끌려 나가 얻어맞은 끝에 반신불수가 됐지만 진통제 주사 한 번 맞지 못하고 사망했으며, 류사오치는 국가주석의 신분임에도 거듭된 구타로 치아가 7개만 남은 채 숨을 거뒀다.

 그러나 이런 폭력보다 중국인에게 더 큰 상처를 안긴 건 자식이 부모를 고발하고 학생이 스승을 때리는 등 인간성의 상실에 있었다. '류사오치의 추악한 영혼을 보라'는 대자보를 붙인 건 류의 딸이었다. 중국의 문학가 바진(巴金)이 "자신의 추악함을 직시할 수 없는 민족에겐 희망이 없다"는 말을 하게 된 배경이다. 자본주의 회복을 꾀하는 주자파(走資派)로 몰린 관료와 자산계급으로 분류된 지식인 등 150만 명이 박해를 받아 한을 품고 죽었고, 공묘(孔廟) 등 전통 문물이 파괴됐으며 국가 경제는 거덜 났다.

 2016년은 그런 문혁이 시작된 지 50년이 되는 해이자 문혁이 끝난 지 40주년이 되는 해이기도 하다. 그러나 문혁의 그림자는 아직도 중국 사회를 짓누르고 있다. 특히 인터넷을 무대로 문혁 재평가파와 반성파 간의 논쟁이 뜨겁다.

　중국의 일부 좌파 인사들은 문혁이 반관료주의, 반부패의 긍정적 가치가 있었다고 주장한다. 또 문혁 기간 수소폭탄 개발 등 여러 성과가 있었는데, 이런 긍정적 측면이 고의로 은폐돼 왔다고 말한다. 그러나 이보다는 문혁에 대한 반성이 부족하다는 목소리가 더 크다. 이들은 문혁의 진상이 제대로 밝혀지지 않았으며 문혁과 같은 참극이 다시 일어날 수 있다고 말한다. 홍색(紅色) 가요 부르기를 강요하며 공포정치를 펼친 보시라이(薄熙來) 전 충칭(重慶)시 당 서기의 행보에서 문혁의 잔상을 읽을 수 있다는 것이다.

　주목할 건 재평가를 주장하는 쪽이나 반성파 모두 비난의 화살을 국가로 돌리고 있다는 점이다. 중국 당국이 여론을 떠보는 리트머스지로 자주 활용하는 환구시보(環球時報)가 등장하는 게 이 무렵이다. 문혁은 워낙 민감한 사안이라 중국 내에선 논의 자체가 터부시된다. 일반 매체는 문혁의 회고담 정도를 싣는 데 그친다. 그러나 환구시보는 2015년 말부터 이제까지 세 차례나 사설을 게재하며 문혁에 대한 중국 여론을 유도하고 있다.

　환구시보의 메시지는 일관되어 있다. 문혁에 대한 평가와 반성은 덩샤오핑이 주도해 개최한 1981년의 '건국 이래 당의 약간의 역사 문제에 관한 결의'에 의해 다 끝났으니 더 이상 거론하지 말라는 것이

---

*문혁(文革): '무산 계급 문화대혁명'. 1966~76년 마오쩌둥이 주도한 극좌 사회주의 운동
**4인방(四人幇): 문혁 기간 권력 휘두른 장칭, 왕훙원, 장춘차오, 야오원위안 등 4인
***비림비공운동(批林批孔運動): 린뱌오와 공자 비판

문혁의 시작과 종말

배경

- 1962년 1월
  류사오치, 마오쩌둥의 대약진운동 실패 비판
- 65년 11월
  문회보에 역사극 '해서파관' 비판 글 게재

문혁 1단계: 1966년 5월~69년 4월

- 초점: 권력 탈취
- 66년 5월 16일: 당 중앙 5·16 통지 발표로 문혁* 시작
- 중앙문화혁명소조와 홍위병 결성
- 67년 1월 린뱌오 휘하 인민해방군 개입
- 지식인은 반동학술권위, 관료는 주자파(走資派)로 매도

문혁 2단계: 69년 4월~73년 8월

- 초점: 이상사회 건설
- 69년 4월 9차 당대회 개최
- 69년 11월 류사오치 사망
- 71년 9월 린뱌오 비행기 추락사
- 장칭 주도의 4인방★★ 득세

문혁 3단계: 73년 8월~76년 10월

- 초점: 이상과 현실 사이 괴리 조정
- 73년 8월 10차 당대회 개최
- 74년 1월 '비림비공운동★★★' 전개
- 76년 9월 마오쩌둥 사망
- 76년 10월 4인방 체포로 문혁 종식

평가

- 81년 6월 '역사 결의' 통과
- 문혁을 엄중한 재난 가져온 내란으로 규정
- 마오쩌둥 평가는 '공(功)7과 과(過)3'

다. 당시 내려진 결론은 문혁은 '영도자의 잘못으로 당과 국가, 인민에게 엄중한 재난을 가져온 내란'이란 것이었다. 장칭(江靑) 등 4인방(四人幇)을 처벌하고 박해당한 이들의 명예를 회복했으며, 특히 개혁·개방을 추진해 '주자파를 타도하자'던 문혁의 주장과는 정면으로 배치되는 국가 건설의 길을 걸음으로써 문혁을 완전하게 청산했다는 것이다. 지금 문혁을 끄집어내는 건 현 정부에 대한 일부 인민의 불만을 선동하려는 정치적 책략이란 주장이다.

중국 여론이 환구시보의 사설대로 움직일지는 미지수다. 현재 중요한 건 '옛일은 잊지 않고 훗날의 스승으로 삼아야 한다(前事不忘 後事之師)'는 말처럼 문혁의 교훈을 되새기는 일일 것이다. 환구시보는 문혁의 교훈으로 '사회문제는 인내심을 갖고 풀어야지 극렬한 정치 운동을 통해 풀면 안 된다'는 점을 꼽는다. '분노를 터뜨린다고 문제가 해결되는 건 아니다'란 이야기다.

딩쉐량(丁學良) 홍콩과기대 교수는 문혁이란 비극을 통해 중국은 다섯 가지 감사해야 할 교훈을 얻었다고 말한다. "우선 윤리도덕을 포함한 전통문화를 부정할 수 없다는 것이다. 자식이 부모를 공개 비판하는 사회는 더 이상 인간 세계가 아니다. 두 번째는 자본주의 제거는 경제 자살이란 점이다. 세 번째는 상호 비난과 투쟁은 정치적 집단 자살이다. 네 번째는 중국은 세계 문명의 주류와 떨어져 살 수 없으며, 끝으로 지도자의 권력이 무제한으로 쓰여선 안 된다는 점이다."

마오쩌둥을 도와 문혁의 이론적 기초를 제공했던 왕리(王力) 또한 문혁이 남긴 최대 교훈으로 '권력의 남용'을 꼽았다. 그런 까닭인가. 집권 이후 계속해서 '1인 권력'을 다져가던 시진핑(習近平) 국가주석의 행보가 문혁 50주년 이후 조정에 들어간 모양새다. 중국 공산당 선전부가 얼마 전 중국 언론에 "시진핑 관련 보도를 할 때 '시다다(習大大·시진핑 삼촌 정도의 애칭)'란 표현을 금지한다"는 지시를 내렸다고 홍콩 언론은 전한다. 시진핑에 대한 개인 숭배 분위기를 자제시키기 위한 조치다.

그런가 하면 시진핑 자신이 최근 "설령 지식인의 의견이 정확하지 않더라도 꼬투리를 잡거나 몽둥이질을 하거나 딱지를 붙여서는 안 된다"는 지시를 내려 지식인의 반대 목소리를 포용하라는 주문을 했다. 누명을 씌워 몽둥이 세례를 퍼붓는 건 문혁 때 '마오를 지키는 붉은 병사'란 뜻의 홍위병(紅衛兵)들이 관료와 지식인을 모욕하고 박해하기 위해 '고깔을 씌운 채 조리돌림'한 대표적 악행이다.

홍위병(紅衛兵)

- 1966년 5월 칭화대 부속중 학생, 소련 '청년 근위군' 모방해 홍위병 조직
- 붉은 완장에 『마오쩌둥 어록』 들고 '당과 마오쩌둥 보위하자'고 외쳐
- 66년 7월 '반항엔 이유가 있다(造反有理)'와 '반대할수록 좋다(越反越好)'는 대자보 게재
- 66년 8월 '구사상·구문화·구풍속·구습관' 부수자는 사구(四舊)타파운동 전개
- 66년 8~11월 마오쩌둥, 8차례 걸쳐 1100만 홍위병 접견
- 66년 12월~68년 8월 조반파, 보수파, 극좌파 홍위병 등으로 분화되며 내전 돌입
- 68년 9월~70년 8월 '농촌으로 내려가 배우라(上山下鄕)'는 지침 따라 홍위병 운동 종결

시진핑의 중국은 문혁이 조명받는 걸 반기지 않는다. 마오의 잘못이 부각되면 자연히 당의 위상이 떨어지기 때문이다. 시진핑은 과거의 상처보다는 영광에 초점을 맞추고 싶어 한다.

그런 문혁이 우리에겐 어떤 의미가 있나. 진념 전 경제부총리는 마오쩌둥을 한국 경제발전의 공신으로 꼽는다고 한다. '마오가 문혁으로 중국의 개혁개방을 늦추지 않았더라면 우리는 경제성장의 기회를 잡기 어려웠을 것'이란 뜻에서다. 한국전쟁의 특수 효과를 일본이 누렸다면, 중국 문혁의 지체(遲滯) 효과를 한국이 챙긴 측면이 있다는 이야기다.

'타산지석(他山之石) 가이공옥(可以攻玉)'란 말이 있다. 남의 산에 나는 거친 숫돌이라도 내 옥을 다듬는 데는 도움이 된다는 뜻이다. 문혁의 비극은 개인 숭배가 부른 화(禍)에 다름 아니다. 제왕적 대통령, 제왕적 총수 등과 같은 말이 우리 사회에서 사라져야 할 이유다.

◆**유상철** 중앙일보 논설위원◆
서울대 영문과 학사, 서강대 공공정책대학원 중국학과 석사, 한양대 국제학대학원 국제학(중국학) 박사. 중앙일보 홍콩특파원과 베이징특파원, 중앙일보 중국연구소 초대 소장 역임. 저서로 『바람난 노처녀 중국』이 있으며 역서로 『열 가지 외교 이야기』, 『저우언라이 평전』 등 다수가 있다.

중국의 노동자 파업, 우리가 주목해야 할 것은?

세계 경제가 침체에 빠지며 각국의 구조조정 바람이 무섭다. 우리는 조선업계가 비상이다. 중국도 고통스럽다. 석탄과 철강 분야에서만 180만 명을 해고하는 등 감원 태풍이 분다. 이에 노동자는 파업과 시위로 맞선다. 주목할 건 시위 양상이 달라졌다는 점이다. 보다 조직적으로 전개돼 중국 공산당에 위협이 되고 있다는 이야기가 나올 정도다. 이는 파업의 주역이 달라진 데 기인한다. '신세대 농민공(農民工)'으로 불리는 이들에 의해서다.

"전진! 전진! 전진! 우리의 대오는 태양을 향한다…우리는 공농(工農)의 자제, 우리는 인민의 무장, 두려움 없이 절대 굴복하지 않고…." 이는 중국의 조선족 작곡가 정율성이 1939년 작곡한 '팔로군행진곡(八路軍行進曲)'의 가사 일부다. 1965년부터는 중국인민해방군

군가가 됐다. 한데 현재는 중국의 노동자 시위 현장에서 곧잘 들을 수 있다. 파업에 나선 노동자들이 투쟁의 노래로 애창하고 있기 때문이다.

2011년 중국에서 벌어진 노동자의 파업이나 시위 건수는 185건. 이틀에 한 번꼴이었다. 그러던 게 불과 4년 만인 2015년엔 무려 15배 가까운 2726건으로 껑충 뛰었다. 이젠 하루에 7~8건의 시위가 터진다. 2016년에도 그 증가세는 멈출 줄 몰랐다. 2016년 5월 1일 노동절까지 이미 1000건을 돌파했다. 최근 몇 년간 계속된 경기 둔화에 이어 2015년 말부터 중국 당국의 대대적인 기업 구조조정 작업이 전개되고 있기 때문이다.

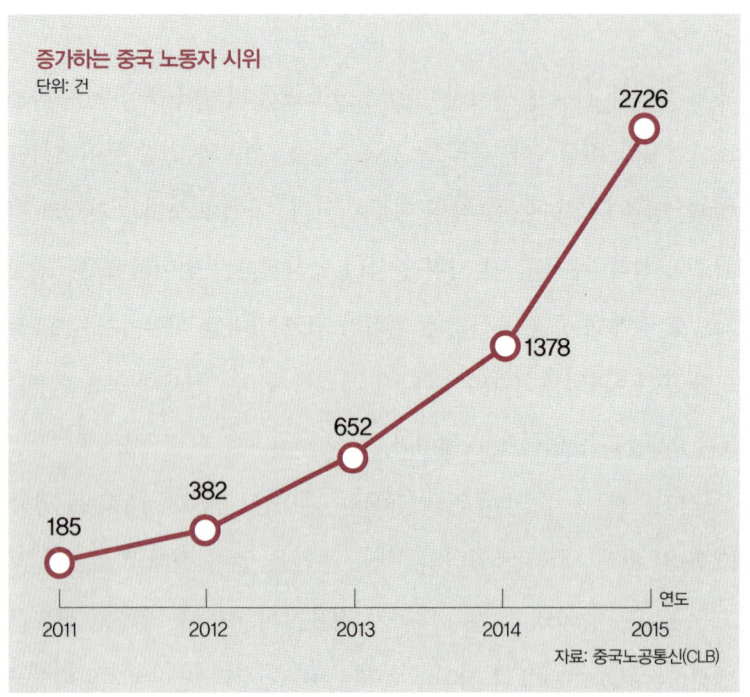

"룽메이(龍煤)그룹 산하 광부들의 월급이 밀리거나 수입이 감소한 일이 없다." 2016년 3월, 헤이룽장(黑龍江)성 성장으로 차세대 중국 리더 그룹에 포함돼 있다는 루하오(陸昊)가 중국 양회(兩會·전인대, 정협 회의) 기간 열린 한 세미나에서 한 발언이다. 울고 싶은데 뺨을 때린 격이라고나 할까. 룽메이 소속 탄광 광부들이 들고일어났다. "지난 6개월간 월급을 제대로 받지 못했다"고 절규하는 시위대는 '살고 싶다. 밥 좀 먹자'는 플래카드를 들고 거리로 나섰다.

중국 정부의 고민이 깊어진다. 리커창 총리는 2016년 초 대표적인 공급 과잉 업종인 철강에서 50만, 석탄에서 130만 등 모두 180만 명의 일자리를 정리하겠다고 밝힌 바 있다. 경기 하락에 따른 수요 감소와 공급 과잉이 문제다. 그러나 이는 구조조정의 시작에 불과하다는 지적이 많다. 앞으로 2~3년 안에 중국에서 약 500만~600만 명의 노동자가 일자리를 잃을 것으로 예상되고 있다.

그러나 중국 당국이 직면한 문제는 구조조정의 어려움도 어려움이지만 이에 반발하는 노동자의 파업과 시위가 과거와 다른 양상을 보이며 공산당의 집권을 위협할 우려마저 낳는다는 데 있다.

과거 중국의 노동자 시위는 산발적이었다. 이에 대한 정부의 대응은 우선 시위대의 합리적인 요구를 들어주는 식으로 달래는 것이었다. 이어 시위가 수그러지면 시위 주동자를 붙잡아 처벌한다. 또 다른 시위 발생을 막기 위한 것이다. "체불임금 지급을 요구하는 심정은 이해할 수 있으나 나라에는 법이 있으니 법을 위반한 것에 대해서는 엄벌을 받아야 한다." 2016년 3월 쓰촨(四川)성에서 시위를 주도한 노동자 8명을 처벌하면서 중국 당국이 한 말이다.

하지만 최근 시위, 특히 외자기업에서 전개되는 시위는 다르다. 정교해졌다. 중국 정부가 껄끄러워하는 정치성은 되도록 배제한 채 임금이나 복지 등 기본권 보장에 집중하는 모양새를 취한다. 공동체 생활 및 문화적 네트워크를 중심으로 연대의식을 키우고 노동운동을 지원하는 NGO의 도움을 받아 법적인 권리 쟁취에 나선다. 1930년대 미국 탄광 노동자들의 파업을 다룬 다큐멘터리 영화를 보며 '학습'하기도 한다. 향후 중국 공산당에 반대하는 정치 세력과 연결되면 중국에 격변을 가져올 수 있다. 이런 변화가 가능한 건 중국 노동자의 주축인 농민공(農民工) 자체가 변했기 때문이다.

농민공은 농민(農民)과 노동자(工人)를 합성한 신조어다. 농민으로 분류되지만 도시에서 노동한다. 1980년대 후반부터 주목받기 시작해 현재는 약 2억 770만 명으로 도시 노동자의 50% 이상을 차지한다. 1세대 농민공은 빈곤한 농촌에서 탈출해 도시에서 노동으로 돈을 번 뒤 귀향하는 게 꿈이었다. 그러나 2000년대 들어 이들의 자제인 '신세대 농민공'이 등장하며 변화가 생겼다.

신세대 농민공 또는 '농민공 2세'로 불리는 이들은 80년대 출생인 바링허우(80後)와 90년대 태어난 주링허우(90後)로 구성된다. 신세대

중국 호구제도 개혁 과정

1995~2000년(관리 위주)		2001~2015년(호구 개방)
・외지인 임시거주증 제도 시행(1995) ・자녀 호구는 부모 중 유리한 쪽 선택 가능(1998)	중앙정부	・2003년 임시거주증 제도 폐지 ・2014년 7월 주민증 제도 전국적 시행

농민공 수는 현재 전체 농민공의 47%로 절반에 가깝다. 노동시장과 소비시장 모두에서 새로운 주역으로 부상했다는 이야기를 듣는다. 이들은 농민공 1세대에 비해 교육 수준이 높고 자아의식과 권리의식 또한 강하다. 또 도시 문화에 익숙해 돈을 벌면 귀향하겠다는 게 아니라 도시에서 호구(戶口)를 얻어 시민으로 정착하기를 갈망한다.

그러나 이들이 처한 여건은 차갑기만 하다. 학업의 경우를 예로 보자. 전체 농민공 자녀의 70%가 도시에서 부모와 함께 생활한다. 그런데 과거 농민공 자녀의 호구는 부모처럼 역시 농업호구이기 때문에 도시에 있는 학교 진학이 불가능했다. 2004년 9월이 돼서야 도시의 공립학교 입학이 가능해졌다. 베이징의 경우엔 학비도 통일했다.

그렇지만 이 같은 제도적 통합에도 불구하고 문화적 차별이 사라진 건 아니다. 상하이의 경우 농민공 자제는 현지 학생과 같은 공립학교에 다닐지라도 이들과는 완전히 분리돼 수업을 받는다. 반이 다르거나 심지어 출입하는 교문 또한 다르고 교복 또한 다르다. 수업 시간표도 다르기에 쉬는 시간에 같이 놀 기회가 없다.

"농민공 자녀들이 어떻게 공부하는지 모른다. 운동장에서조차 그들과 놀아 본 적이 없다." 한 상하이 학생의 말이다. 이에 반해 "다른 사람이 없다면 너는 현지 학생이 사용하는 운동장에서 놀 수 있는가"라는 질문을 받은 농민공 자녀는 "아뇨. 선생님이 우리는 그곳에서 놀면 안 된다고 했어요"라고 답했다. 그럼 누가 상하이 학생이고 누가 외지 학생인지 구별할 수 있겠느냐고 재차 묻자 이 학생은 "그건 쉽지요. 우리 얼굴은 검고 그들은 하얗죠"라고 말했다. 또 농민공 자녀는 아직 대도시에서 공부할 수는 있어도 상급학교 진학에 필요한 고입시험이나 대입시험은 대부분 농촌의 호적 소재지에서만 가능한 상황이다.

이 같은 설움을 가슴에 담고 있는 신세대 농민공이 중국 당국의 농민공 권익 보호 정책을 최대한 활용하며 이제는 세력화되는 양상이다. 2008년 통과된 '신노동계약법'이 계기가 됐다. 이 법에 따라 농민공 채용 시 계약을 체결해야 하고 임금 및 단체 협약, 노동조합의 권리 등이 강화됐다. 따라서 농민공도 노동법의 보호를 받는 노동자로서 임금체불이나 고용안정을 위해 국유기업 노동자처럼 노동조합을 결성해 합법적으로 집단행동을 할 가능성이 열린 것이다.

그 결과 농민공의 이미지 또한 '도시의 불법 체류자'에서 '합법적 도시 노동자'로 변화하기 시작했다. 이때부터 신세대 농민공은 도시 노동자로서의 정체성을 갖고 세력화하고 있다. 파업이나 시위 등 집단행동을 통해 임금 인상과 노동 환경 개선 등을 요구하고 있는 것이다. 실제로 중국의 노동분쟁은 2007년 35만 건에서 2008년 신노동계약법 제정 이후 69만 건으로 거의 두 배나 증가했다.

우리가 주목해야 할 것은 신세대 농민공에 의한 파업이나 시위가 특히 외자기업에서 많이 발생하고 있다는 점이다. 2010년 5월 광둥(廣東)성 포산(佛山)시에 위치한 난하이 혼다자동차 부품공장 근로자들이 2주간 임금 인상을 요구하며 파업을 벌이다 회사 측이 24%가량의 임금을 인상하자 조업을 재개했는데, 이는 외자기업에서 일하는 농민공 2세의 연대파업이 성공한 대표적 사례로 꼽힌다.

이어 2014년엔 광둥성 둥관(東莞)시에 있는 위위안(裕元) 신발공장에서 2주간 파업이 벌어졌으며 이를 주도한 사람들 역시 공장 노동자의 대부분을 차지하는 농민공 2세였다. 위위안 신발공장은 세계 최대 운동화 제조업체인 대만 바오청(寶成)그룹 소속으로 나이키·아디다스·리복 등 국제적 브랜드의 하청업체다.

중국 정부가 자국 기업 노동자의 파업은 엄격히 규제하면서 외자기업 파업에는 소극적으로 대응하는 것도 외자기업에 파업이 확산되는 배경이기도 하다. 그 여파로 중국 전역에서 신세대 농민공이 주도하는 임금 인상과 노동분쟁의 파도가 확산되고 있는 것이다.

우리 기업이 유념해야 할 건 이제 저임금, 장시간 노동이라는 장점을 보고 중국에 진출하는 시대는 저물고 있다는 점이다. 따라서 한국 기업의 중국 진출 전략도 저렴한 노동력 이용 대신 중국 시장 개척으로 바뀌어야 한다. 또한 중국 내 우리 기업에서 근무하는 농민공 2세의 파업을 줄이고 노사 갈등을 원만히 해결하기 위해선 풍부한 법 지식과 현명한 노무 관리로 무장하는 게 필수다. 특히 이들의 정서를 이해할 필요가 있겠다.

◆**이민자** 서울디지털대 중국학과 교수◆
1997년 서강대 정외과에서 「중국 경제개혁과 농민공」을 주제로 박사학위 취득. 저서로 『중국 인터넷과 정치개혁』, 『중국 호구제도와 인구이동』 등이 있으며, 중국 농민공과 사회변화, 중국 인터넷과 사회·정치변화 관련 다수 논문이 있음. 현재 중국 인터넷과 민족주의를 연구함.

중국 공무원은 개혁 중

중국 공무원의 권력은 천하무적이다. 부서 간 견제 시스템이 없어 무소불위(無所不爲)의 힘을 발휘한다. 여기에 비판 언론도 없으니 금상첨화(錦上添花)다. 그런데 보수는 세계 최저 수준이다. 부패가 끼어들기 쉬운 구조다. 이런 중국 공직사회가 시진핑 국가주석이 주도하는 '반(反)부패' 폭풍을 맞고 있다. 부패 권력을 대민 서비스 권력으로 바꾸려는 개혁의 일환이다.

중국인 천(陳)모가 2012년 기자에게 털어놓은 얘기다.

"몇 년 전 아버지를 도와 허베이(河北)성 탕산(唐山)에서 아파트 1000여 가구를 짓고 있었다. 착공 1주일도 안 돼 관할 파출소 공안 한 명이 찾아와 봉투를 내밀었다. 안에는 파출소 직원들이 한 달간 쓴 각종 영수증이 가득했다. 2만 위안(약 350만 원) 정도였다. 며칠 후에는 시청 환경·공상 당국과 소방서·세무소·군부대 관계자까지 식사하자는 연락이 왔다. 아버지는 단 한 번도 그들의 요구를 거절하지 않았다. 후에 아버지는 '아파트 분양으로 번 돈의 40%가 뇌물로 사라졌다'며 탄식했다." 천은 현재 홍콩의 한 언론사에서 공직비리 취재를 담당하고 있다.

왜 이런 슈퍼 갑질이 가능할까. 공무원들의 현장 권력 때문이다. 지방정부의 경우 수천 개씩의 주요 인허가권을 쥐고 있다. 여기에 예산 집행과 감독은 기본이고 처벌권까지 행사한다. 서방 국가와 달리 삼권분립이 안 돼 정부 부처 간 견제도 없다. 오죽하면 중국인들 사이에 힘 있는 공무원 권력은 살인만 빼고 뭐든 가능하다는 말이 돌까.

권한은 막강한데 보수는 지나치게 낮다. 2015년 1월 중국 정부가 이례적으로 시진핑 국가주석의 연봉을 공개했는데 13만 6620위안(약 2400만 원)에 불과했다. 월급이 1만 1385위안(약 200만원)이라는 얘기다. 이는 싱가포르 리셴룽(李顯龍) 총리와 버락 오바마 미국 대통령 각각의 2015년 연봉 218만 달러(약 25억 원)와 40만 달러에 비해 터무니없이 낮은 액수다.

중국 공무원 월급은 기본급과 각종 수당 및 보너스 등으로 구성된다. 매년 60위안씩 올라가는 근속수당(工齡), 300위안의 월 장려금 외에도 교통비·난방비·차량지원비 등 10여 가지 수당이 있다. 베이징시에 근무하는 리샹(李相)은 2015년 중국 언론과의 인터뷰에서 "3년 전 대학원을 졸업하고 공무원이 됐는데 월급은 4600위안이다. 방 월세 2200위안을 빼고 나면 남은 돈 2200위안으로 근근이 생활한다. 집 마련이나 저축은 생각도 못한다"고 한탄했다. 일반 공무원의 경

중국 공무원 직급 및 보수

직급	영도(領導) 직무	비(非)영도 직무	주요 직책	기본금(3년차 기준)
1급	국가급 정직(正職)	—	국가 주석, 총리, 전인대상무위원장, 정협주석, 군사위주석, 정치국 상무위원	3340위안(약 59만원)
2~4	국가급 부직(副職)	—	국가부주석, 부총리, 국무위원, 정치국위원, 중앙서기처서기, 군사위부주석, 성장(대장), 최고인민법원장, 최고검찰원 검찰장	2562~3060
4~8	성·부(省部)급 정직	—	성 서기, 성장, 직할시장, 부성장(省長), 특별행정구 행정장관, 발개위 주임, 대국영기업 총경리, 중장, 상장	1778~2562
6~10	성·부급 부직	—	각 부서 부부장(차관), 국무원 신하 기관 국장, 부성장, 부직할시장, 직할시 신하 개발구 서기, 중장, 소장	1508~2122
8~13	청·국(廳局)급 정직	순시원	일반 시 서기, 시장, 성 신하 기관 청장, 소장, 중앙 부처 사장(司長), 대교(大校)·소장과 대령 사이)	1172~1778
10~15	청·국급 부직	부순시원	일반 시 부서기, 부시장, 성 성임위 부부장, 중앙부처 부사장(副司長), 부성급(副省級) 도시의 구청장, 성 신하 현징(縣長), 대교	986~1508
12~18	현·처(縣處)급 정직	연구원	현 시 부서기, 현장, 일반 시 국장, 상교(上校)·대령	764~1276
14~20	현·처급 부직	부연구원	현급 시 부서기, 성과 직할시 신하 청(廳)의 부처장, 상교, 중교(中校)·소령	641~1076
16~22	과(鄕科)급 정직	주임 과원	향: 진(鎭) 서기, 향장, 진장, 현 신하 각 국장, 중교, 소교(小校)·소령	535~908
17~24	과급 부직	부주임 과원	향: 진 부서기, 부향장, 부진장, 부진장, 상위(上尉)·대위	446~833
18~26	과·소(股所)급 정직	과원	향: 진 신하 부문의 계장급 직원, 상위, 중위	374~764
19~27	과·소급 부직	계(係)원	향: 진 신하 부문의 일반 직원, 중위, 소위	374~700

우 60세에 퇴직하면 퇴직 당시 월급의 80%를 평생 연금으로 지급받지만 월급이 워낙 적어 여유 있는 노후생활은 어렵다고 하소연한다.

중국 공무원들은 보수가 적다는 이유로 판공비, 즉 삼공비(三公費)를 펑펑 썼다. 삼공비란 해외출장비와 차량지원비·접대비를 뜻한다. 시 주석 취임(2013년 3월) 전 중국 공무원들의 해외 출장이 잦고 외부인 접대를 호화롭게 한 이유다.

공직 부패가 만연하자 시 주석은 2013년 초 "호랑이(고위직 부패)든 파리(하위직 부패)든 다 때려잡는다"며 대대적인 반부패 드라이브를 걸었다. 지금까지 10만 명 넘는 공직자가 처벌을 받았지만 아직도 매월 수백 명의 부패 공직자가 적발되고 있다.

반부패는 당 기율위원회가 주도하고 있다. 국가 위에 군림하는 당의 규율을 들이대 청렴한 공직 기풍을 만들겠다는 것이다. 스인홍(時殷弘) 런민(人民)대 교수는 "기율위는 감시와 감독은 물론 처벌권까지 갖고 있다는 점에서 서방 정당의 기율위와 다르다. 이는 다당제하의 야당과 사법부 역할을 하는 것으로 중국식 민주주의의 특징이라 할 수 있다"고 설명했다.

삼공비 낭비와 공무원 사치 풍조 근절 등을 위해 공직자윤리규정인 8항(八項) 규정도 제정됐다. 이후 중앙부처 삼공비는 2010년 94억 위안에서 2016년 71억 위안으로 무려 24% 줄었다. 요즘 중국 공무원들이 내·외국인과 식사할 때 최대한 간소하게 하고 마오타이 등 고급 술은 꿈도 꾸지 못하는 이유다. 간부들의 해외 출장도 특별한 경우를 제외하곤 1년에 한 번으로 제한됐다.

권력과 수입의 비대칭에서 오는 부패 유혹을 막기 위해 중국 인력

자원사회보장부(인사부)는 단계적으로 공무원 처우를 개선할 계획이다. 이미 2016년 공무원 월급을 10%가량 인상하고 다양한 복지를 도입하기로 했다. 그러나 준공무원을 합해 3700만 명에 달하는 공직자들의 보수를 기업체 수준으로 끌어올리려면 십수 년이 걸릴 것으로 전망된다.

중국의 공무원 조직 편제는 권력만큼이나 방대하다. 크게 조직과 부문의 책임자를 뜻하는 영도(領導) 직무와 일반 직원인 비영도(非領導) 직무로 나뉜다. 직급은 1급에서 27급까지 세분된다. 행정 단위 부서는 무려 800만 개나 된다.

공무원의 신분은 확실하게 보장된다. 공무원법은 부패 등 범죄 행위나 해당(害黨) 행위가 아니고는 해직이나 파면할 수 없도록 규정하고 있다. 사직도 마음대로 안 된다. 매년 시행하는 업무평가 시험에서 2년 연속 불합격하는 등 다섯 가지 조항에 해당할 경우에만 신청이 가능하다. 후진타오 전 주석이 2003년 취임 후 공직자의 철밥통을 깨기 위해 직책을 받지 못한 무능력자퇴출제도를 도입했다. 1년간 시행했는데 퇴출자가 10명도 안 돼 이를 폐지했다.

교육은 공무원 경쟁력 제고의 핵심 동력이다. 국가 최고 지도부인 당 정치국이 매월 외부 강사를 초청해 집단 학습을 하며 솔선수범하고 있다. 시 주석 취임 후 30여 차례나 정치국 집단 학습을 했다. 부패가 심각한데도 국가 리더십이 흔들리지 않는 것은 다양한 재교육을 통해 공직사회를 끊임없이 정화하고 경쟁력을 키우기 때문이라는 분석도 있다.

재교육은 중앙당교와 국가행정학원, 국방대학, 인터넷 등 4개 축으로 이뤄진다. 핵심 당 간부를 육성하는 중앙당교는 당의 사상과 철학, 중국 특색의 사회주의 이론과 지도 이념을 집중 교육한다. 현재 당 엘리트 간부 700명이 공부하고 있다.

국가행정학원은 행정 능력 제고를 담당한다. 공공행정학과 행정법학, 지도과학 등 10개 과목이 개설돼 있다. 성과 각 부처 지도자 과정, 청과 국 단위 간부 과정, 기업 경영자 과정, 청년 간부 과정, 해외 공무원 연수 과정, 석·박사 과정 등이 있다. 기수마다 800여 명이 입교해 교육을 받는다.

국방대학은 엘리트 군 지휘관 양성이 목표다. 베이징의 경우 기수마다 2000여 명의 중·고급 장교가 교육을 받는다. 군사이론과 국방연구 등 10개 과목을 가르친다.

인터넷 강의도 보편화돼 있다. 각 부처는 물론 국가행정학원이 운영하는 국가공무원교육망(國家公務員培訓網) 등 수천 개의 공직자 인터넷 교육 사이트가 개설돼 있다.

이 밖에도 간부들은 과즈(掛職)라는 순환근무제를 통해 현장 업무를 숙지하고 단련하는 과정을 거친다. 특히 국가 지도부는 다양한 지방 행정 경험이 거의 필수다. 시 주석의 경우 푸젠(福建)성과 상하이 등 5개 지역에서, 리커창(李克强) 총리는 허난(河南)성 등 3개 지역에서 각각 현장 경험을 쌓았다.

중국의 국가 개혁에 맞춰 한국인들의 공무원 대처법도 달라져야 한다는 목소리가 높다. 뇌물 제공은 물론이고 고가의 선물이나 접대는 절대 금물이다. 골프도 조심해야 한다. 2016년 2월 말 한국을 방문한 우다웨이(武大偉) 외교부 한반도사무특별대표(6자회담 수석대표)에게 한국 지인들이 골프 회동을 제의하자 우 대표는 손사래를 쳤다. 요즘 중국에선 공무원이 골프를 치다 걸리면 해당 골프장까지 문을 닫아야 하는 상황이다.

2015년 말 상하이에 투자자문회사를 설립한 이모(55) 씨는 회사 설립증을 받고 담당 공무원에게 "저녁이나 하자"고 제의했다가 혼이 났다. 그 공무원이 "다시 한 번 그런 (접대) 얘기를 하면 불이익을 주겠다"는 경고를 해서다. 과거에는 상상도 못할 일이다. 이제 법과 합리, 투명성으로 중국 공무원들을 대해야 한다는 얘기다. 한 전직 고위 외교관은 "어떤 문제든 개인 의견을 묻는 것도 주의해야 한다"고 충고했다. 당의 정책에 이의가 없느냐는 의미로 해석될 수 있기 때문에 공무원들이 민감하게 반응한다는 것이다. 왕위카이(汪玉凱) 국가행정학원 교수는 "시 주석의 공무원 개혁은 그들의 제왕적 권력을 대(對)인민 서비스 권력으로 환원시키는 작업이다. 어렵지만 반드시 가야 하는 길"이라고 분석했다.

◆**최형규** 중앙일보/차이나랩 중국전문기자◆
중앙일보 사회부, 산업부, 국제부 기자 거쳐 홍콩(2005~2010년), 베이징(2012~2016년) 특파원을 지냄. 현재 중앙일보 차이나랩에서 중국전문기자로 일하고 있음. 한자성어가 말하는 철학적 사유에 빠져 한국 외국어대 중국어과에 입학함. 이후에는 변검 같은 그들의 끝없는 진화에 관심이 많아 중국과의 인연을 놓지 못함. 지금은 시진핑의 일대일로 종착점이 궁금해 인민대학에서 박사 과정 중.

2
짝퉁의 나라에서 혁신의 나라로

China Insight

— 경제 —

선전은 어떻게 '짝퉁 본산'서 'ICT 성지'로 변했나

"중국 인터넷, BAT 시대가 저물고 TMD 시대가 시작되다."

최근 중국 인터넷 업계에 나도는 말이다. TMD는 인공지능 (AI) 기반의 콘텐트 제공 회사인 터우탸오(Toutiao·今日頭條), 최대 O2O(Online to Offline) 사이트인 메이퇀(Meituan·美團·大衆点評), 인터넷 자동차 콜서비스 회사인 디디(Didi·滴滴出行) 등을 일컫는다. 이들이 바이두·알리바바·텐센트(BAT) 등을 밀치고 업계 주역으로 등장하고 있다는 얘기다.

터우탸오 얘기를 해 보자. 요즘 중국 광고업계는 터우탸오가 등장한 후 판도가 바뀌고 있다. "최대 광고매체인 중국중앙방송(CCTV)의 광고가 예년보다 30%가량 줄었는데, 그 포션을 가져간 회사가 바로 터우탸오다"라는 말이 나온다. 휴대전화에서 이 회사 앱을 다운받아

설치해 보면 그 경쟁력을 금방 알 수 있다. 내가 원하는 정보를 골라 그것 위주로 소식을 전해준다.

"물론 악성 콘텐트를 걸러내는 일에 사람 손이 들어갑니다. 그러나 사용자의 검색을 바탕으로 최적의 콘텐트를 찾아내고 보내주는 건 100% AI가 합니다. 우리는 콘텐트 회사가 아니라 기술개발 업체입니다."

세계 주요 IT클러스터 경쟁력 순위

1	도쿄 요코하마	일본
2	선전 – 홍콩	중국
3	산호세 – 샌프란시스코	미국
4	서울	한국
5	오사카 – 고베 – 교토	일본
6	샌디에이고	미국
7	베이징	중국
8	보스턴 – 캐임브리지	미국
9	나고야	일본
10	파리	프랑스
11	뉴욕	미국
12	프랑크푸르트 – 만하임	독일
13	휴스턴	미국
14	슈투트가르트	독일
15	시애틀	미국
16	쾰른 – 뒤셀도르프	독일
17	시카고	미국
18	에인트호번	독일
19	상하이	중국
20	뮌헨	독일

출처: GII(글로벌 혁신 지수) 2017 보고서

베이징 터우탸오 본사에서 만난 이 회사 코파운더 장난(張楠·27)의 설명이다. 사용자의 성향을 파악하는 데 5초 이내, 관련 기사를 송출하는 데 10초 정도 걸린다는 게 그의 설명이다. 우리나라 네이버가 일부 뉴스에 대해 AI를 막 적용하기 시작했다는 점을 감안하면 대단한 위력이다. 그는 "사이트를 방문하는 하루 방문객 수는 6600만 명, 그들은 하루 평균 76분을 사이트에 머문다"고 말했다. 2012년 3월 설립된 터우탸오는 현재 2000여 명의 직원을 거느린 업체로 성장했다.

메이퇀은 지난 2~3년 진행된 'O2O 전쟁'의 승자다. 한때 5000개가 넘던 이 분야의 경쟁 업체들을 모두 평정했다. 그 넓은 중국 대륙의 지역별 맛집, 여행 정보 등을 제공한다. 2015년 소비자들의 평가로 음식점 순위를 정하는 다중뎬핑(大衆点評)을 손에 넣으면서 이 분야에서 영향력을 키워가고 있는 중이다.

디디 역시 자동차 콜 업계에서 벌어지던 치열한 전쟁의 승리자다. 콰이디(2015년), 우버(2016년)를 차례로 인수하며 업계를 제패했다. 시장의 유일한 강자인 이들에게 투자금이 몰려들면서 'BAT를 능가할 무서운 기업'으로 자리 잡고 있는 것이다.

그래서 자연스럽게 제기되는 질문이 바로 "중국은 과연 혁신이 가능한 나라인가"라는 것이다. '중국 혁신'의 속성에 대한 물음이기도 하다.

가만히 생각해 보자. BAT는 과연 무슨 혁신을 이뤘나? 검색엔진을 처음 개발한 것도 아니요, 전자상거래란 시스템을 만든 것도 아니다. 그들이 새로 개발한 기술이나 서비스는 없다. 혁신 2세대라는

TMD 역시 마찬가지다. AI를 선도하는 건 미국이요, 자동차 인터넷 콜 서비스는 우버가 시작했던 것이다. 그럼에도 중국을 혁신의 나라라고 할 수 있을까? 이 문제에 대한 컨실팅 회사 매킨지의 해석은 주목할 만하다.

"중국 혁신의 핵심은 새로운 기술이나 서비스의 창출이 아닌 기존 기술·서비스의 '상업화(Commercialization)'에 있다. 대규모 시장이 받쳐주고 있기에 가능한 얘기다."

중국은 기술과 시장을 결합하는 데 천부적인 소질을 보이고 있다는 게 매킨지의 해석이다. '기술과 시장의 결합', 그게 중국 혁신의 첫 번째 속성이라는 지적이다.

두 번째 속성은 기술과 생산력의 결합이다. 지금 중국 혁신을 이끌고 있는 도시는 선전이다. 화웨이, 텐센트, 드론 제작업체 DJI 등 혁신 기업이 둥지를 틀고 있는 곳이다. 'IT제품에 관한 한 없는 게 없다'는 화창베이(華强北)도 그곳에 있다.

"선전은 1980년대 이후 중국 최고의 제조업 생산단지였습니다. 그러나 과거 이곳에는 '아이디어'가 없었습니다. '산자이(山寨)', 즉 '짝퉁의 도시'라는 악명을 얻었던 거지요. 그러나 지금은 다릅니다. 선전으로 아이디어가 몰려들고 있습니다. '짝퉁의 본산이 ICT의 성지'로 둔갑하고 있는 거지요."(최문용 네이버랩스 선전대표처 총경리)

선전의 크고 작은 공장들은 다양한 규모의 시제품을 만들어 줄 수 있다. 아이디어를 제시하면 1주일 안에 시제품이 뚝딱 만들어진다. 10개를 만들어 주는 화창베이의 '창업가'가 있고, '글로벌 다이궁(代工·대리 생산)'이라는 별명을 가진 폭스콘은 한 달에 100만 개도 공급

할 수 있다.

선전의 하이테크 단지인 난산(南山)에 자리 잡은 액셀러레이터 잉단(硬蛋)에 들어가니 전시장에 낯익은 로봇이 하나 눈에 들어온다. 조기교육 로봇이다. 어린이들에게 동화를 읽어주고, 그림책도 보여주고, 수학도 가르쳐준다. 2016년 중국 혁신 브랜드로 꼽혔던 제품이다.

"로봇 제작회사인 융이다(勇藝達)는 평범한 '다이궁' 완구 생산업체였습니다. 저희 지원을 받아 완구에 인공지능 기술을 주입해 완전히 딴 회사가 됐지요. 지금은 미국·인도·사우디 등 세계 각지로 수출도 합니다."

천징인(陳靜茵) 전시관 관장의 설명이다. 기술과 생산력의 결합이 평범한 다이궁 업체를 '제4차 산업혁명 기업'으로 거듭나게 한 것이다.

세 번째 속성은 IT와 정책의 결합이다. 흔히 혁신은 민간 부문의 일로 여기기 쉽다. 그러나 중국은 정부도 혁신 대열에 참여한다. '인터넷 플러스', '중국제조 2025' 등 정책을 수립하는 것으로 끝나지 않는다. 정부와 민간이 '짝짜꿍'하면서 혁신을 이끌어간다.

전기자동차 업체 BYD를 보자. 이 회사 역시 출발은 '다이궁' 비즈니스였다. 지금도 삼성 스마트폰의 커버를 BYD가 만든다. 그렇게 축적한 제조 기술을 바탕으로 사업 영역을 배터리로 넓혔고, 결국 전기자동차에 이르게 된 것이다.

정부의 도움이 결정적이었다. 선전 시내를 운행하는 버스의 60%는 전기차다. 3년 후 100%로 늘린다는 게 선전 시정부의 방침이다. 물론 전량 BYD가 공급한다. 가솔린 엔진에서는 뒤졌지만, 전기자동차에서는 미국을 넘어서야 한다는 중국 정부의 정책이 모두 BYD에 투사되고 있다.

　화웨이가 오늘의 글로벌 회사로 성장한 데 정부의 직간접 자금 지원이 결정적이었다는 건 공공연한 비밀이다. 그렇게 IT는 정부와 결합돼 시장을 만들고, 파이를 키워간다. 탄탄한 시장과 무궁한 생산력, 그리고 정부 정책이 IT와 결합되면서 지금 중국에서는 '중국식 혁신'이 벌어지고 있는 중이다. 애초부터 청년들의 혁신적 아이디어로 무에서 유를 일구어낸 실리콘밸리와는 근본적으로 다른 혁신 DNA다.

◆**한우덕** 중앙일보 중국연구소 소장 · 차이나랩 대표◆
상하이 화동사범대학 박사(경제학). 베이징 · 상하이 특파원을 역임했다. 중국의 경제발전, 한중 산업협력, 글로벌 경제에서의 중국의 역할 등에 관심이 많다. 중앙일보와 네이버가 공동 설립한 차이나랩 대표를 겸직하고 있다. 저서로 『우리가 아는 중국은 없다』, 『중국의 13억 경제학』, 『뉴차이나 그들의 속도로 가라』, 『중국증시 콘서트』 등이 있다.

가족만 빼고
모든 것을 공유한다?

2017년 중국 경제에서 우리가 주목해야 할 단 한 가지를 꼽는다면? 폭발적이란 표현이 어울릴 '공유경제' 열풍일 것이다. 자전거와 우산은 물론 구찌 같은 명품 핸드백도 공유해 쓰는 중국의 공유경제 서비스 이용자 수는 2016년 6억 명을 돌파했다. 중국 정부는 현재 국내총생산(GDP)의 4%를 차지하는 공유경제 규모가 2020년 10%를 넘어 2025년엔 20%까지 늘어날 것으로 전망한다. 이제 중국 시장은 공유경제란 프리즘을 통해 봐야 할 것이다.

앞으로 중국 출장 갈 때는 굳이 위안화 환전을 하지 않아도 된다. 공항에 내려 택시를 잡을 경우 현금이 아닌 알리페이나 위챗페이로 결제가 가능한 차량공유 서비스 '디디추싱(滴滴出行·중국판 우버)'을 부르면 된다. 가까운 약속 장소는 거리 어디에서나 볼 수 있는 공유

자전거로 이동한 뒤 자전거를 아무 데나 세워두면 돼 편리하다.

갑자기 현금이 필요하다고? 그렇다면 지나가는 택시를 붙잡아 운전기사의 스마트폰에 QR코드를 이용해 송금하고 그 액수만큼의 현금을 받는 방법이 있다. 여름철 소나기라도 내리면 공유 우산을 사용하자. 잠은? 일회용 침구와 가재도구 등을 갖추고 QR코드를 스캔하면 문이 열리는 공유 숙박시설을 이용할 수도 있을 것이다.

미국에서 싹이 튼 공유경제가 중국에서 활짝 꽃을 피우고 있다. 공유경제란 제품을 소유하는 게 아니라 여럿이 나눠 쓰는 협업 소비의 개념이다. 그래서 중국에선 펀샹(分享)경제라 말한다. 중국국가정보센터가 발표한 '2017 중국 공유경제 발전보고서'에 따르면 2016년 중국의 공유경제 시장 규모는 3조4520억 위안(약 580조원)에 달했다. 전년 대비 103%나 성장했다. 공유경제 서비스 이용자 수도 6억 명 이상으로 전년 대비 1억 명 이상이 늘었다.

투자금도 빨아들이고 있다. 지난해 중국 스타트업 업계가 유치한 투자금 310억 달러의 대부분이 공유경제로 들어갔다. '공유' 간판만 붙으면 '묻지마' 투자가 벌어질 정도다. 공유경제 관련 부문에서 일하는 인력만 우리 인구에 맞먹는 약 5000만 명에 달한다. 리커창 중국 총리가 "공유경제 서비스가 국가의 핵심 성장 전략이다"라고 선언한 배경이다.

중국은 어떻게 '공유경제의 천국'이 되고 있는 걸까. 크게 세 가지 요인을 봐야 한다. 첫째는 모바일 플랫폼의 편리성이다. 현재의 공유경제 서비스는 주로 임대와 협업 소비가 핵심인데, 모바일 플랫폼이 급속한 소비 확산에 불을 지폈다. 스마트폰 결제 방식의 편리성으로 인해 중국에선 신용카드 단계를 뛰어넘어 다양한 모바일 금융 서비스가 창출되고 있다. 물품의 공동 구입과 협업 소비, 여행과 오락, 주거와 식사, 차량 이용 등이 모두 스마트폰 앱으로 쉽게 해결된다. 최근 2~3년 사이에 급격히 이루어진 일로, 알리바바의 마윈(馬雲)과 텐센트의 마화텅(馬化騰) 등 두 명의 정보기술(IT) 거두가 이 같은 변화를 이끌고 있다.

공유 서비스를 확산시킨 둘째 요인은 중국인의 문화적 코드에서 찾을 수 있다. 우리는 서비스에서 친절과 예의를 따지지만 중국인은 실용성과 편의성을 우선한다. 불친절할지라도 중국은 실용적 편의성에서만큼은 한국에 훨씬 앞서 있다. 고가의 자동차도 브랜드보다는 기능의 편의성을 중시한다. 지역적인 문화 차별성도 존재한다. 북방에선 공동 구매를 통해 절약할 수 있는 상업적 서비스가 선호된다면 남방에선 개인적인 즐거움을 주는 소비문화가 더 확산되는 추세다. 창의성 있는 공유 서비스 모델이 남방에서 다양하게 실험되는 배경이다. 공유 농구공, 미니 노래방, 공유 우산 등이 그런 예다.

중국 공유경제의 발전을 북돋아 주는 셋째 요인은 중국 개혁의 순차적 적응성과 제도적 보완성이다. 중국의 개혁은 항상 지역별로 순차적으로 진행된다. 또 제도적으론 안 되는 것만 정하고 나머지는 허용하는 네거티브 시스템을 적용한다. 그래서 '선허용, 후규제'라는 특징이 나온다. 문제가 생기면 나중에 행정지도로 단속하면 된다는 생각이다. 이러니 창의성이 발휘될 수밖에 없다. "중국 정부의 장점은 일단 어떤 비즈니스도 가능하게 해 준다"는 말이 나온다.

중국 공유경제의 확산은 대륙의 모습을 송두리째 바꾸고 있다. 우선 중국의 관시(關係) 생태계가 변하고 있다. 이제까지의 상호 신뢰에 기반을 둔 인적 비즈니스 네트워크가 모바일 플랫폼의 네트워크로 바뀌고 있다. 중국인의 일상적 소비생활에도 지각 변동이 일고 있다. 마화텅 회장은 "자원 방치는 낭비다. 사용하되 구입하지 않는다"는 새로운 소비 개념을 만들어내고 있다. 서구에서 발전한 '기프트 이코노미'가 중국에선 모바일 선물의 '홍바오(紅包) 이코노미'로 변했듯이 중국 특색의 소비 비즈니스로 진화하고 있다.

중국의 공유경제 붐은 또 중국 정부가 추진하는 산업 구조조정의 전환점이 될 수 있다. 생산에만 치우친 사회주의 공급경제 모델에 다양한 소비가 중요하다는 점을 일깨워주기 때문이다. 그런가 하면 공유경제는 기업의 사회적 가치도 변화시킨다. 주주 중심과 이익 중심의 기업 가치가 이해관계자 중심과 타인을 배려하는 커뮤니티 중심의 기업 가치로 거듭날 수 있는 까닭이다.

물론 우려의 목소리도 나온다. 자전거 도둑으로 인해 중국의 공유자전거 업체 두 곳이 문을 닫았고, 거리에 뿌려진 공유 우산 30만 개가 사라지는 등 문제 또한 적지 않다. 그러나 '가족 빼고 다 공유된다'는 말이 나올 정도로 시장에서 뜨거운 반응을 얻는 공유경제 바람은 예사롭지 않다. 2017년 7월 초 국가발전개혁위원회 등 8개 부처가 합동으로 공유경제를 발전시키기 위한 의견을 낸 것은 중국이 이제 생산 관계의 변화보다는 소비 관계의 변화에서 성장을 이끌어 내겠다는 의지를 선언한 것으로 읽힌다.

아룬 순다라라잔 뉴욕대 교수는 공유경제가 사물인터넷·빅데이터·인공지능의 발전 등과 맞물려 새로운 경제 혁신을 가져올 것으로 전망한다. 이미 핀테크 강국이 된 중국이 현재 발 빠르게 만들어 가고 있는 '중국식 공유경제'가 중국의 모습을 크게 바꾸리라는 데는 이견이 없다. 반면 우리는 서울과 부산 등 각 자치단체에서 나눔카·물품공유센터 등 공유경제 서비스를 실험 중으로 이제 걸음마 단계다. 아직 관련법도 마련되지 않았다. 중국의 공유경제 비즈니스와의 협력 네트워크를 어떻게 확대하느냐에 따라 우리의 중국 시장 진출의 미래가 달려 있다고 해도 과언은 아닐 것이다.

◆**유희문** 한양대 중국학과 교수◆
한국동북아경제학회 회장과 중국시장포럼 회장(대한상의)을 역임했다. 대만 국립정치대와 미국 스탠퍼드대 후버연구소에서 중국 경제를 연구했고, 중국 런민(人民)대와 베이징(北京)대 경제학과 초빙교수로 강의하기도 했다.

밭이 바뀌면
씨도 달라져야

0과 1이 디지털 세상을 만든다면 변화와 불변은 유기체를 움직인다. 국가는 유기체로 변화와 불변의 법칙이 어우러진다. 중국 경제는 럭비공에 비유된다. 어디로 튈지 모른다. 이럴 때 예측 가능성을 높이는 방법이 있다. 중국의 상황 인식과 정책에서 과연 무엇이 변하고 또 변하지 않는지 그 요인을 따져 보는 것이다. 이게 왜 필요한가. 중국 경제의 정책 기조와 키워드, 중점 시책 등이 모두 변화와 불변 요인에 그 기반을 두고 있기 때문이다.

불변: 안정 속 발전과 정책시(政策市) 특성

2017년 현재 중국 경제의 불변 요인을 보자. 2012년 이래 6년째 지속되고 있는 정책 기조인 온중구진(穩中求進)을 첫손가락으로 꼽을 수 있다. 안정 속에 발전을 추구하겠다는 것이다. 양적 성장 일변도에서 벗어나 질적인 발전을 이루고자 하는 것으로, 한두 해의 단기 조정으론 변신할 수 없다는 판단이 깔려 있다.

이를 위해 정책의 무게중심은 적극적 재정정책과 안정적 통화정책에 두어진다. 적극적 재정정책은 한마디로 정부가 재정을 계속 풀겠다는 의미다. 또 안정적 통화정책은 정책의 강도가 중성(neutral) 내지는 긴축 기조가 될 것임을 뜻한다.

시장 측면에서의 불변 요인은 정책시(政策市) 특성이다. 정책시란 시장이 국가 정책의 방향에 따라 크게 움직이는 걸 말한다. 중국은 주식시장과 부동산시장이 그 전형이지만 내수 소비시장도 여기에 포

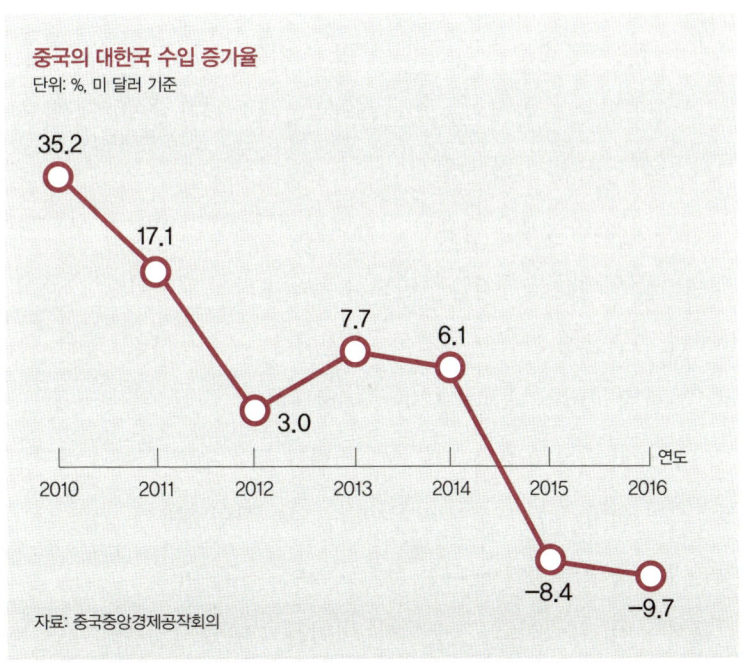

함된다.

최근 중국이 추진하는 내수시장 관련 정책시의 한 사례는 시장 활성화를 위해 과거엔 보조금을 지급하던 것을 지금은 중산층 확대로 가고 있다는 것이다. 중산층 소비는 첨단형, 가격 고려형, 정보 중심형 등으로 세분화되면서 고급화와 다양화가 진행되고 있다. 그 결과 단기 진작의 효과는 줄어들지 몰라도 시장 저변은 보다 넓게 커지는 추세다.

변화: 정책조합과 미세조정

그렇다면 변하는 건 무언가. 우선 개별 경제정책 분야에서 달라지는 점이 눈에 띈다. '삼거일강일보(三去一降一補)'를 중점 시책으로 올렸다. '삼거'는 세 가지를 없애겠다는 것으로 과잉생산 해소, 부동산 재고 감축, 부채 축소를 뜻한다. '일강'은 기업 비용 줄이기를, '일보'는 경제의 취약 부문 보완을 말한다. 이 밖에도 사람 중심의 신형 도시화 건설 등이 주요 과제다.

산업정책 영역에선 국유기업 개혁이 핵심이다. 안정적 국가 경제 관리를 위해선 국유기업을 반드시 손봐야 하기 때문이다. 그중 국유자산 증권화가 관심의 초점이 될 것이다. 군수·석유·철로·전력·통신 등 업종에서 판도 변화가 예상된다.

외부 변화 가운데 으뜸은 도널드 트럼프 정권 출범에 따른 미국으로부터의 압력이다. 트럼프가 무역과 환율, 산업정책 등 거의 모든 영역에서 '중국 때리기'에 나설 것으로 보이기 때문이다.

문제는 미·중 갈등의 불똥이다. 아이폰 최대 조립업체인 대만 폭스콘이 좋은 예다. 중국 내 최대 고용 기업(약 120만 명)인 폭스콘은 트럼프 당선 후 미국 투자 계획을 발표했지만 중국이 촉각을 곤두세우자 현재 이러지도 저러지도 못하는 난감한 상황에 처해 있다. 이런 사정은 한국 기업도 예외가 아니다.

결국 2017년 중국 경제는 정책조합(policy mix)과 미세조정(fine tuning)이 강화되는 한 해가 될 것이다. 한 가지 정책만으론 약발을 기대하기 어려워 여러 정책을 섞어서 내놓을 것이기 때문이다. 그리고 정책 범위는 일률 적용에서 선별 적용으로 바뀌어 갈 것이다.

2018년 중국 경제

2018년은 시진핑 2기가 시작되는 해이다. 2017년 10월 당대회를 치르기 위해 진행했던 각종 경제 응급조치를 해제해야 할 필요성이 있을 것이다. 그걸 감안하고 보자. 거시경제와 시장으로 구분해 볼 필요가 있다. 거시경제는 불확실하고 불안하지만 시장엔 새롭고 큰 기회가 많다. 학자는 거시경제를 논하지만 기업은 시장을 챙긴다. 우리 기업은 2017년을 중국 시장 전략의 대전환기로 삼아야 할 것이다.

경제 성장의 3요소인 소비와 투자, 수출을 살펴보자. 우선 소비는 소비재 판매 증가 속도가 다소 주춤할 전망이다. 취업 부진과 임금 상승 속도 하락 등으로 민간소비 증가율이 큰 폭으로 늘기는 어렵기 때문이다. 자동차 판매도 상승폭이 줄어들 수 있다. 정부의 강력한 부동산 가격 억제 정책에 따라 신규 건설이 주춤해지면서 가구류와 건축 및 장식품 소비의 동반 하락세도 예상된다.

투자는 어떨까. 부동산 투자는 감소하겠지만 제조업 투자는 개선될 전망이다. SOC 투자는 종래 철도와 도로 등 기반 분야에서 수리·교육·문화 등 이른바 민생 SOC 쪽으로 무게중심을 옮겨 가고 있다. 이와 관련해 특히 주목해야 할 부분이 민관협력프로젝트(PPP) 분야다. 각 지방정부의 PPP가 올해 대거 시행될 예정이어서 우리 기업의 적극적 참여가 요구된다.

교역은 수출은 하락하고 수입은 증가하는 추세 속에서 무역수지 흑자 폭이 줄어들 전망이다. 수입은 1차 상품 가격의 상승세와 관련이 있는데 원유와 철강, 비철금속, 원자재가 여기에 해당한다. 2017년은 미국의 단기적인 경기 상승으로 연초엔 중국의 대미 수출이 늘어나겠지만 하반기엔 미국의 보호무역주의가 어떤 형식으로든 영향을 미치며 수출 증가에 불안 요인으로 작용할 것이다.

밭이 바뀌면 씨도 달라져야

고대 그리스 철학자 헤라클레이토스는 만물은 끊임없이 변한다고 했다. 20세기의 대표적 석학 대니얼 벨도 "모든 것이 변하는데 단 한 가지 변하지 않는 것은 변하지 않는 것은 없다는 사실"이란 명언을 남겼다.

변화는 동서고금의 진리다. 21세기의 변화 가운데 중국만큼 빠르고 극적인 곳도 드물다. 최근 중국의 변화는 밭이 바뀌었음을 실감하게 한다. 밭이 바뀌었으면 우리가 뿌리는 씨앗 또한 달라져야 한다.

이제까지 우리의 중국 시장 진출 전략은 우리가 잘하는 것을 앞세운 선택과 집중의 전략이었다. 우리가 중국보다 현저하게 앞선 상황에선 이 전략이 유효하다. 그러나 지금은 상황이 완전히 변했다.

중국은 과거 수입에 의존하던 것을 이제는 스스로 만들고 있다. '세계의 제조공장'이란 이미지는 사라지고 '세계의 경쟁 무대'로 탈바꿈 중이다. 이 같은 변화에 맞춰 우리가 해야 할 것은 무언가. 바로 중국이 필요로 하는 것을 공급하는 전략을 마련해야 한다.

중국 진출 유망 분야를 말할 때 흔히 산업별로 나열하곤 한다. 그러나 이젠 경제모델별로 분류하고 여기에 세부 산업 영역을 대입하는 방법이 훨씬 더 효과적이다. 유망 요인에 대해선 단순히 정책 중점 혹은 시장 확대를 생각하곤 했는데 그것은 과거 양적인 성장 시대에나 통했던 것이다. 지금처럼 중국이 질적인 발전 단계에 들어선 상황에서는 새로운 접근 방식이 필요하다. 중국의 경제산업정책 흐름에 기반을 두고 진출 기회 분야를 검토해야 한다. 이에 따라 아래와 같은 문제들을 챙겨 볼 수 있을 것이다.

'산업 보조금을 받을 수 있는가?', '실제로 시장 진입 조건이 완화되고 있는가?', '핵심 기술 비즈니스모델인가?', '안전·환경 표준 강화 분야인가?', '수입 제한 조치는 완화되고 있는가?' 등.

중국 진출 유망 분야를 경제모델별로 구분하면 7개가 있다. 혁신형 경제구조 분야에선 신흥 산업과 하이테크 서비스의 투자 공간이 커지고 있는데 바이오, 신소재, 첨단장비 제조업, 인터넷 등이 여기에 해당한다. 집약형 산업 분야는 전통 제조업과 서비스업의 업그레이드 분야에 기회가 많다. 협조형 광역 분야는 중국의 도시화와 광역성시를 연결하는 SOC 분야 수요가 많은데 대부분의 영역에서 정부 보조금을 받을 수 있고 시장 진입 조건이 완화되고 있다.

주목할 건 중국 지방정부별로 최근 추진 중인 PPP 중 상당수가 민생 직결 분야에서 나온다는 점이다. 앞으로 우리 기업이 중국의 균형 발전에 기여하면서 사업 기회도 확대할 수 있는 대표적 분야다. 이는 세계적인 회계법인 KPMG가 중국 산업의 기회 여건을 분석한 방법에 중국 정부의 정책을 대입해 도출한 것이다. 이 표를 보다 더 세부적으로 작성해 나간다면 우리 기업에 무척이나 유용한 산업전략지도를 그릴 수 있다.

최근 한중 중앙정부 간 관계가 냉각기를 맞고 있다. 이럴 때일수록 기업 협력을 강화해야 하며 그 협력의 중심 무대는 지방이 돼야 한다. 한중 지방정부 간 협력을 본격화하고 양국 기업이 공통분모를 찾는 데 온 노력을 집중해야 할 시기다.

◆박한진 KOTRA 타이베이 무역관장◆
중국 상하이 푸단(復旦)대학교에서 다국적기업 현지화 전략 연구로 기업관리학 박사학위를 받았다. 미국 존스홉킨스 국제관계대학원 방문학자, 일본 아시아경제연구소 객원연구원 등을 지냈다. 지은 책으로 『프레너미: 미국인가 중국인가』(공저) 등이 있다.

중국의 과학 급성장에 어떻게 대비할 것인가

이세돌과 알파고의 바둑 대결 이후 인공지능에 대한 관심이 뜨겁다. 그렇다면 인공지능 연구의 강국은 어디일까. 세계적인 학술정보 데이터베이스인 웹 오브 사이언스(Web of Science)에 따르면 이 분야 논문을 가장 많이 낸 나라는 미국도 영국도 아닌 중국이었다. 중국은 4050건(전체의 31.2%)으로 미국(15.4%)보다 두 배가량 많았다. 한국 비중은 2.9%로 15위에 그쳤다. 중국은 과학 연구 분야에서도 우리를 압도한다는 얘기다.

중국 경제가 불안하다. 과잉 생산, 기업 부채, 부동산 버블 등 경제를 옥죄는 요소는 많다. 일각에서는 '중국 경제 위기론'이 제기되기도 한다. 그러나 그게 다는 아니다. 많은 중국 기업에서 내부 역량(capabilities)이 강화되고 있음을 주목해야 한다.

항공기 · 고속철 이미 추월당해

항공기 제조 분야를 보자. 중국이 독자적으로 상업용 비행기를 만들겠다고 나선 건 2006년이었다. 보잉 · 에어버스 등 세계 메이저 업체들은 '그 복잡한 기술을 중국이 어찌…'라고 코웃음 쳤다. "기껏해야 '짝퉁' 비행기 만들다 말겠지"라는 비아냥도 나왔다. 그러나 중국이 개발한 민간항공기 C919는 상하이 푸둥(浦東)의 중궈상페이(中國商飛) 공장에서 조립 작업을 끝내고, 시험 비행 단계로 접어들었다.

고속철도도 그랬다. 2000년대 중반 독자 개발에 나섰을 때만 해도 업계 전문가들은 '시기상조'라고 입을 모았다. 독일 지멘스, 프랑스 알톰스, 일본의 가와사키 등은 핵심 기술을 감추며 중국 기업들을 농락했다. 그러나 중국은 지금 전 세계 고속철도의 절반이 넘는 약 2만km의 노선을 깐, 이 분야 최고 기술 강국이 됐다. 우주개발 분야에서는 이미 달 탐사선을 보내기도 했다.

인터넷 모바일 분야도 주목할 만하다. 젊은이들 사이에 불고 있는 창업 붐은 실리콘밸리를 능가할 기세다. 정부는 '대중창업 만중창신(大衆創業 萬衆創新)'이라는 슬로건으로 생태계를 조성하고 있고, 젊은이들은 그에 호응한다. 거시경제의 둔화 속에서도 미시적으로 들어가 보면 기업의 혁신 역량은 높아지고 있음을 보여준다.

과학의 힘이다. 37만 7000여 개에 이르는 '규모 이상의 기업(매출 약 35억 6000만 원 이상의 기업)'들은 수익률 하락 속에서도 2013~2015년 연구개발(R&D) 인력을 40% 이상 늘렸다. R&D에 쏟아부은 예산도 같은 기간 50% 이상 증가했다.

이러한 증가가 외자기업에 의해 이루어진 것은 아닐까. 장비 구입

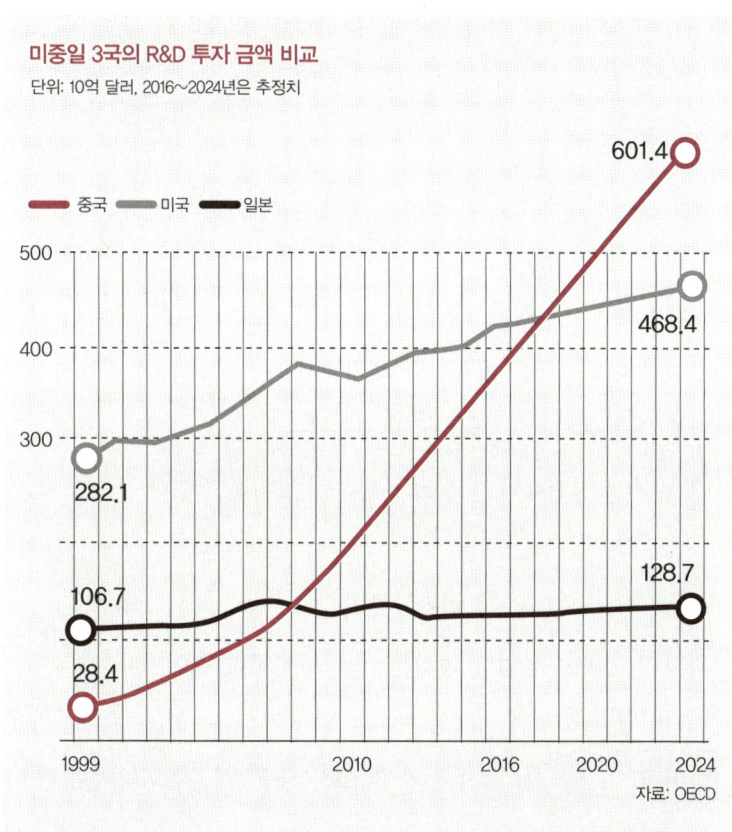

에 큰돈이 들었기 때문은 아닐까. 그런 의문이 들 만도 하지만 아니다. 기업 형태별로는 사영기업이 외자기업·국유기업보다 활발하게 R&D에 투자했다. 투자 대상으로는 장비·설비 구입(33.9% 증가)보다는 연구 인력에게 지급되는 급여(77.0% 증가)에 집중됐다. 대규모 R&D 인력을 투입해 다수의 신제품을 동시다발적으로 개발하는 '인해전술' 방식이다. 중국 내 형성된 방대한 이공계 인재풀이 있기에 가능한 얘기다. 중국 기업들의 R&D 수준은 인프라를 갖춰 가는 초기 단계를 벗어나 혁신 역량을 상업화하고, 더 심화하는 경지에 이른 것으로 평가된다.

물론 R&D 증대가 기업 역량 강화의 전부는 아니다. 기업가정신, 조직의 규율과 효율성, 시장의 변화에 대한 적응성 등을 종합적으로 평가해야 한다. 그렇다 하더라도 최근의 R&D 동향은 '중국이 낮은 생산원가로 모방품을 만들거나 해외에서 개발된 제품을 주문자상표부착생산(OEM)하는 단계에서 벗어나 자주창신(自主創新·독자적인 혁신)의 단계로 진입했다'는 점을 분명하게 보여주고 있다.

미국과 견줄 중국의 과학 역량

과학적 성과의 상업화 여건은 어느 나라보다 뛰어나다. 중국에는 아이디어만 가져오면 시제품을 뚝딱 만들어 줄 수 있는 두터운 제조 기반이 있다. 전국에 퍼진 '산자이(山寨·짝퉁)' 제조업체들이 창업 아이디어맨들과 연합하고 있다. 다국적기업에서 경험을 쌓은 젊은이들은 거부를 꿈꾸며 창업 대열에 뛰어든다. 소비자들은 전통적인 소비 패턴에 고착되지 않고 새로운 스타일의 소비생활을 즐긴다. 세계 시장점유율 1위 상품 수가 가장 많고, 또 가장 빨리 늘어나고 있다는 게 이를 증명한다. 세계 1등 상품 수는 2009년 1239개에서 2014년에는 1610개로 늘었다.

중국은 과학 연구의 전 분야에서 약진하고 있다. 웹 오브 사이언스에 등재된 국제 과학논문(2015년 총 146만 편)의 저자들을 국가별로 분류해 보면 중국은 2002년 전체 논문의 4.5%에 그쳤지만 2015년엔

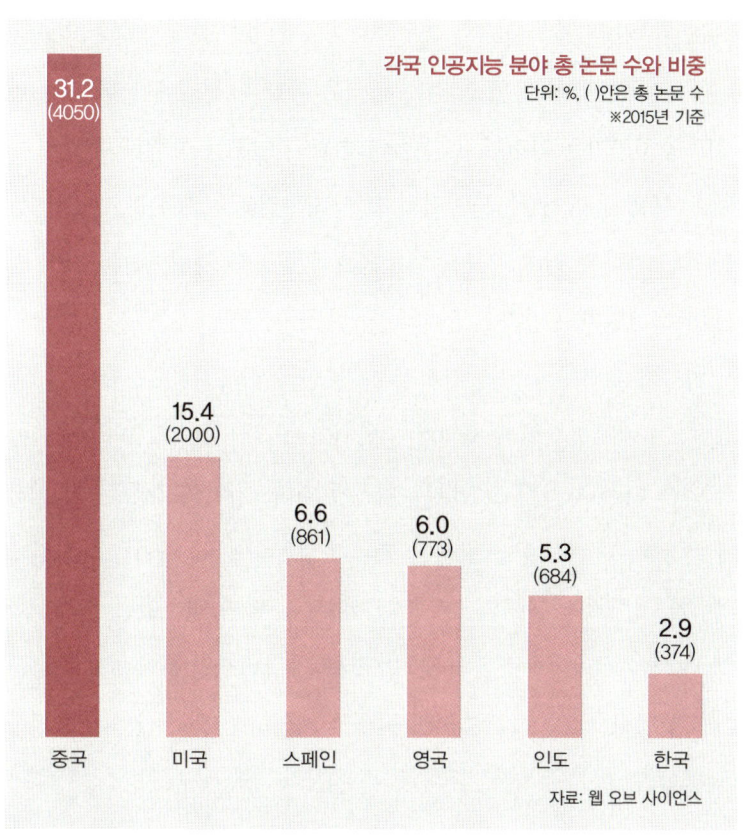

18.7%로 늘었다. 미국에 이은 세계 2위의 과학 대국이다. 같은 기간 미국이 33.0%에서 26.1%로 줄어든 것과 대비된다. 수학 분야에서는 2위인 중국(18.8%)이 미국(20.0%)을 바짝 추격하는 양상이다. 3위인 독일(6.9%)과 상당한 거리를 두고 선두권을 달리고 있다. 반면 한국은 세계 비중 2.7%로 이란에 이어 14위에 그친다. '과학으로 중국의 추격을 따돌린다'는 우리나라 학계의 일부 주장은 공허한 메아리처럼 들린다.

한국의 선택은

'중국이 아직 하지 않고 있는 영역을 우리가 선점해야 한다'는 생각도 공허하기는 마찬가지다. 한국의 과학 연구는 중국과 매우 유사하다. 특화 분야가 중국과 겹치고, 양적·질적으로 뒤지고 있는 상황이다. 과학을 통해 중국을 따돌리거나 중국과 차별화하는 것이 점점 더 어려워지고 있다.

'거시적 둔화와 미시적 강화'는 모두 한국에 묵직한 도전을 제기한다. 중국 거시경제의 성장세가 둔화되고 있다는 것은 그만큼 중국에서 먹을 떡이 사라지고 있다는 얘기가 된다. 기업의 강화는 더 심각한 문제다. 내부 역량을 강화한 중국 기업들이 한국 기업들을 강하게 위협할 것이기 때문이다. 한국 대기업의 주된 영역이었던 철강·화학·기계·선박·디스플레이·반도체 등 장비산업 분야에서 중국은 이미 상당한 실력을 키웠다. 자칫 한국 기업들이 중국 산업에 빨려들 수도 있다.

'디자이뉴어십' 무장해야 생존

자본재 제품의 경쟁력은 기능과 효율이 결정한다. 과시적 소비, 개성, 유행 등이 함께 작동하는 소비재 산업과는 다르다. 그만큼 기업의 연구개발과 과학기술 역량 강화가 중요하다.

중국과 중첩되는 영역에서의 경쟁은 피할 수 없다. 우리 역시 중국이 그랬던 것처럼 미시 수준의 기업 역량 강화에 나서야 한다. 하지만 그것이 전부여서는 안 된다. 강함이 아니라 유연함을, 경쟁이 아닌 협력과 네트워킹을 추구할 줄도 알아야 한다.

싱가포르는 참조할 만한 가치가 있다. 1인당 국내총생산(GDP · 2014년 구매력 평가 기준 8만 3000달러)으로 세계 3위인 싱가포르는 국가 창립 이래 '아시아의 제1세계'라는 국가 이미지 구축을 위해 중국보다는 서구와의 교류 협력에 주력해 왔다.

하지만 최근 들어서는 중국과의 과학 연구 및 산업화 협력을 위한 채널 구축에 매우 적극적으로 나서고 있다. 싱가포르국립대, 남양이공대, 싱가포르경영대 등 3대 국립대학에 이어 싱가포르기술디자인대학(SUTD)을 제4의 국립대학으로 설립해 디자인을 새로운 성장 동력으로 삼고 있다.

디자인은 제품의 외양을 미적으로 개선하는 것에 국한되지 않는다. 그것은 럭셔리, 프리미엄과 동의어도 아니다. 디자인의 본질은 우리 사회경제 속의 잠재적 니즈(needs)를 인간적 · 감성적 언어로 해석하고 스토리를 담은 솔루션으로 구현한다. 그런 의미에서 디자인은 차가운 과학기술 지식과는 구별되면서도 그와 결합을 통해 시너지를 낼 수 있는 '소프트 팩터(soft factor · 연성 요소)'를 담고 있다.

한국은 그런 소프트 팩터를 혁신 과정에 더 많이 녹여 넣어야 한다. 디자인 전공자뿐만 아니라 각계의 경제 주체들이 '디자이뉴어십(designeurship = design + entrepreneurship)'을 발휘할 수 있도록 해야 한다. '디자인의 가치를 아는 기업가정신'이라야 미래가 있다는 이야기다. 기능성과 효율성이 지배하는 자본재 산업, 전통 과학에만 의존하는 '하드 이노베이션(hard innovation)'으로는 중국을 당할 수 없다.

한국은 '소프트 이노베이션(soft innovation)'의 길을 더 넓게 열어야 한다. 디자인, 패션, 엔터테인먼트 등의 창의(創意)산업에서 승부를 걸어야 한다. 그럴 때라야 비로소 소비재와 서비스 분야에서의 대(對)중국 비교우위를 지킬 수 있다.

◆**은종학** 국민대 중국학부 교수◆
서울대 경제학사 및 경제학석사. 중국 칭화대학 경영학 박사. 주 연구 분야는 중국의 기업, 과학기술, 혁신. 국내외에 다수의 논문과 공저 『현대 중국의 지식생산 구조』, 『Developing National Systems of Innovation』, 『Power and Sustainability of the Chinese State』 등을 출간했다.

누가 누구를 속이는 걸까?

최근 중국 친구로부터 불평을 많이 듣는다. 한국 상인에게 속았다는 것이다. 그 반대 이야기 또한 많다. 중국 상인에게 당해 분통이 터진다는 것이다. 한국 기업의 중국 주재원으로 20년 근무하며 중국인과 수많은 협상을 했던 필자가 보기에 '속임'엔 두 종류가 있다. 하나는 어디에나 있는 사기꾼의 사기 행각이다. 다른 하나는 이문화(異文化)에 대한 이해 부족이 '속았다'로 연결되는 경우다. 어떻게 해야 중국에서 속지 않을까.

"절대적 합리성 같은 건 존재하지 않는다. 자기 문화권의 합리성은 다른 문화권의 합리성과는 다르다." 네덜란드 심리학자 호프스테드의 명언이다. 이는 중국이 가까운 이웃이긴 하지만 우리와는 다른 문화와 잣대를 갖고 있음을 일깨워준다. 중국 비즈니스 현장에서 중국 상인이 의도하지는 않았지만 우리가 중국인 특유의 문화를 제대로 이해하지 못해 결과적으로는 맥없이 속게 되는 상황을 어떻게 하면 피할 수 있을까.

중국 특유의 문화부터 이해해야

함축과 은유로 점철된 중국인 특유의 화법(話法)과 타인에게 무관심한 것으로 비치는 중국인의 실리주의, 그리고 중국인이 때론 목숨보다 소중하게 생각하는 체면 중시 사상 등 이 세 가지만 제대로 알

중국 비즈니스에 필요한 금언

事不關己 高高挂起(사불관기 고고괘기)
나와 상관없는 일은 절대 관여하지 않는다

借財不借路(차재불차로)
돈은 빌려줘도 길은 알려주지 않는다

吃一塹 長一智(흘일참 장일지)
한 번 손해 볼 때마다 지혜 하나가 더 쌓인다

滴水之恩 涌泉相報(적수지은 용천상보)
물 한 방울 은혜라도 넘치는 샘물로 보답하라

放長線 釣大魚(방장선 조대어)
낚싯줄을 길게 늘여야 큰 물고기를 낚을 수 있다

沒事吃飯 有事辦事(몰사흘반 유사판사)
일이 없으면 함께 밥을 먹고 일이 있으면 같이 일을 한다

不看僧面看佛面(불간승면간불면)
스님 얼굴은 안 봐줘도 부처님 체면은 봐줘야 한다

情大于法 有法不依(정대우법 유법불의)
감정이 법보다 크며 법이 있어도 의존하지 않는다

有錢能使鬼推磨(유전능사귀추마)
돈만 있다면 귀신에게 맷돌을 돌리게 할 수 있다

아도 많은 경우 '속았다'는 말은 하지 않게 될 것이다.

　우선 중국인 특유의 화법을 보자. 중국에서 한국 회사를 떠나는 현지 중국 직원들은 조용히 떠나는 경우가 별로 없다. 대부분 회사 또는 상사의 약속 불이행을 이유로 들며 "나를 속였다"고 분노한다. 한국인 상사가 "당신이 중국인이지만 열심히 일하면 월급도 올려주고 사장이 될 수도 있다"고 '우리 식'의 일반적인 격려를 한 것을 진정한 '약속'으로 받아들이는 바람에 생기는 일이다. 반대로 중국인은 이미 할 말을 다했는데 우리가 못 알아듣는 경우도 많다. 중국인은 '화살을 당기기만 할 뿐 시위를 놓치는 않는다(引而不發)'는 중국식 화법을 많이 구사한다. 특히 이런 표현이 고사성어 등과 함께 어우러지면 더 어려워진다. 미·중 정상회담에서 있었다는 이야기 하나가 전설처럼 전해진다.

　최고 지도자가 '제멋대로 행동한다'는 말을 하고자 했다. 이를 중

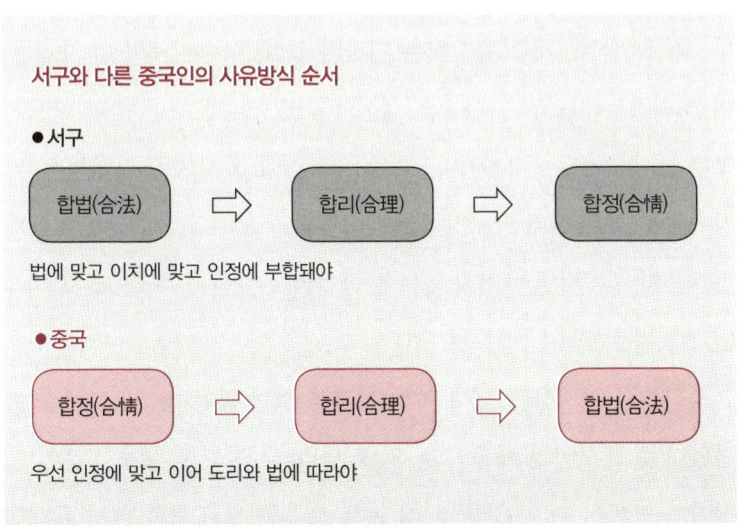

서구와 다른 중국인의 사유방식 순서

● 서구
합법(合法) ⇨ 합리(合理) ⇨ 합정(合情)
법에 맞고 이치에 맞고 인정에 부합돼야

● 중국
합정(合情) ⇨ 합리(合理) ⇨ 합법(合法)
우선 인정에 맞고 이어 도리와 법에 따라야

국식으로 에둘러서 '스님이 우산을 쓴다(和尙打傘)'고 했다. 그러면 상대방이 '머리카락도 없고 하늘도 없다(無髮無天)'고 말을 받으며 '제멋대로군'이라는 의미로 이해해야 한다. 왜냐하면 스님(和尙)은 원래 머리카락이 없는데(無髮) 우산을 썼으니(打傘) 하늘도 가려졌다, 즉 하늘도 없는 것(無天)이 되기 때문이다. 나아가 머리 발(髮)과 법 법(法)은 중국어 발음이 같다. 머리카락이 없다(無髮)는 곧 무법(無法)의 의미다. 그래서 '스님이 우산을 쓴다'는 말에 대한 대구(對句)는 '법도 없고 하늘도 없는(無法無天) 무뢰한'이 돼야 하는 것이다. 당시 통역이 이런 중국식 표현을 몰라 아주 황당한 대화가 오갔다고 한다.

문제는 중요한 대화일수록 중국의 함축적 화법이 더 많아지고 오해의 소지 또한 높아진다는 점이다. 따라서 중국 비즈니스에서 의도하지 않은 속임을 당하지 않으려면 중국인의 '말'보다는 '말귀'를 알아듣는 게 중요하다. 맥락(context)을 잘 이해해야 하는 것이다.

두 번째는 남의 일엔 무관심한 중국인의 실리주의를 잘 알아야 한다. 중국 언론에 자주 등장하는 기사가 있다. 사람이 뺑소니 차에 치여 쓰러졌는데도 길 가는 사람들이 바라만 볼 뿐 누구 하나 나서지 않는 걸 한탄하는 내용이다. 이는 중국인이 흔히 이야기하는 '나와 상관없는 일은 절대 나서지 않는다(事不關己 高高掛起)'의 전형적 행태다. 내 일이 아니면 나서지 않는 중국인의 무관심이 우리에겐 고의적인 거짓말로 비치는 경우가 많다.

중국에서 남자들은 절대 녹색 모자를 쓰지 않는다. '내 아내가 바람났다'는 표시이기 때문이다. 당(唐)나라 때 이웃 남자와 정분이 난 여자가 남편이 먼 길을 떠날 때 녹색 모자를 씌워 보낸 데서 유래했

중국 사업에서 넘어야 할 3대 관문

중국인의 산
태산만큼 높은 자존심
유구한 역사에 대한 자긍심
세상의 중심이란 중화사상 이해해야

중국인의 성
중원의 지배자는 바뀌어도
중화 문화의 틀은 불변
서구 기준 아닌 중국 잣대 직시해야

중국인의 강
백 길 사람 속은 알아도
한 길 중국인 속은 몰라
중국인 마음의 깊이 헤아려야

다는 설과 원(元)나라 때 홍등가의 '기둥서방'이 녹색 모자를 쓴 데서 나왔다는 설 등이 있다.

그런데 이런 사실을 전혀 모르고 녹색 모자를 쓰고 다니다 웃음거리가 된 한국인 사업가가 있었다. 그것도 많은 사람이 참석하는 큰 행사에서 하루 종일 녹색 모자를 쓰고 다니는 실수를 범했는데도 그를 보좌해야 할 중국인 직원조차 녹색 모자의 의미를 알려주지 않았다. 중국인 직원이 나와는 상관없는 일로 치부했기 때문이다.

그렇다면 이런 실수를 피하기 위해선 그 중국인의 '상관없는 일'을 '상관 있는 일'로 바꾸는 지혜가 필요하다. 어떻게 해야 하나. 중국인과 친구가 되면 된다. 모르는 사람이 가득한 강호(江湖)에서 살아남기 위해 중국인은 예부터 마음을 주고받는 사이의 친구를 가장 중요시했다.

중국 친구는 어떻게 사귀는 게 좋나. 여러 방법 중에서도 필자는 '무조건 식사 자리에 참석하라'는 말씀을 드리고 싶다. 중국인은 만나서 같이 밥 먹기를 좋아한다. 그리고 그 자리에서 많은 이야기를 나눈다. "일이 없으면 밥이나 먹고 일이 있으면 일을 하자(沒事吃飯有事辦事)"는 중국인이 흔히 하는 말이다. 식사 자리는 단순히 음식을 나누는 자리가 아니다. 서로의 정을 확인하고 사업을 도모하는 자리인 것이다.

세 번째는 체면에 대한 중국식 고려를 잘 이해해야 한다는 점이다. 사업을 위해 중국을 다녀간 사람들의 공통점 중 하나는 모두들 '귀인을 만났다'는 사실이다. "누구를 통해 어떤 이를 소개받았는데 이 사람이 무소불위의 능력을 가지고 있다"며 흥분한다. 한데 사업은 풀리기는커녕 시간이 지날수록 더욱 꼬여만 간다. 왜 그럴까.

'누구'를 만났다는 데 함정이 있다. 중국을 방문한 우리 사업가에게 중국의 거물급 인사가 나타나 사업을 논의 중인 중국 파트너를 가리켜 "이 사람은 나의 둘도 없는 친구" 또는 "내 조카"라는 식으로 친분을 확인해 준다. 물론 사실일 가능성도 있다. 그러나 많은 경우 이 중국의 '귀인'은 중국 파트너의 부탁을 받고 그의 체면을 세워 주기 위해 동원된 사람이다. 이때 중국 파트너가 우리를 속인 것일까. 그렇게만 볼 일은 아니다.

중국인은 체면을 고려해 손님 접대는 후해야만 한다고 생각한다. 접대 시 손님을 위해 자신의 역량과 인맥을 자랑하는 건 자신의 체면과도 상관이 있다. 그래서 중국의 거물급 인사에게 부탁을 하게 되고 이 거물급 인사는 부탁한 이의 체면을 위해 대수롭지 않은 역할을 해 주는 것이다.

다른 사례를 보자. 필자가 몸담고 있던 회사와 중국 파트너 회사 간의 중요한 미팅을 앞두고 회의에 참석하는 중국인 중역에 관한 신상을 본사에 보고할 필요가 있었다. 이때 필자와 함께 일하던 중국인 직원이 기본 보고서를 작성했는데 중국인 중역이 다리에 장애가 있다는 사실을 빠뜨렸다. 그래서 중국인 직원에게 왜 이 사실을 누락시켰는가를 물었더니 돌아온 답은 "중국인 중역의 장애는 그의 장점이 아니므로 그의 체면을 생각해서 보고하지 않았다"는 것이었다. 나름 중국식 배려였던 셈이다.

중국에서는 체면을 중시한다. 이에 반해 우리 기업은 합리적이며 객관적인 정보를 중시한다. 중국인의 눈으로 보면 한국을 비롯한 외국 기업은 사실만 중시하고 감정을 가벼이 보는 조직으로 비칠 수도 있는 것이다. 중국인과의 거래에서 공개적인 상황에서의 대화나 면담 내용을 액면 그대로 믿는다면 지혜롭지 못할 뿐만 아니라 심지어 심각한 오해를 불러일으킬 수도 있다. 내 체면을 고려하는 동시에 상대방의 체면이 손상되지 않도록 신경을 쓰기 때문에 공개적인 자리에서의 발언은 실속이 있기보다는 체면치레인 경우가 많기 때문이다.

'속으로는 알지만 공개적으로는 절대 이야기하지 않는다(心照不宣)'거나 '틀리다는 것을 알아도 말을 적게 하는 것이 좋다(明知不對 少說爲佳)' 등은 중국인이 공개적인 자리에서 당연히 취하는 행동이다. 자연히 중국인은 "회의에선 말을 하지 않고 회의가 끝난 뒤 마구 지껄인다(會上不說 會後亂說)"는 말을 듣게 된다.

이러니 중국 사업을 하다 보면 "지난번 만났을 때 문제없다는 말을 철석같이 믿었는데…", "그때는 아무 말도 안 하더니만 뒤에 가서 딴소리한다" 등과 같은 말을 하게 되는 것이다. 이런 경우 "중국인이 속였다"고 하기보다는 "중국인이 내가 알아듣게끔 분명하게 말해 주지 않았다"고 말하는 편이 맞을 것이다. 알아듣는 건 어찌 보면 듣는 이의 몫이다. 특히 우리가 '갑'이 아닌 경우엔 더 그렇다.

한중 관계에서 '속이는 사람'은 없는데 '속는 사람'만 생기는 이상한 현상을 없애려면 중국인의 말과 행동을 우리 식으로 해석하는 잘못을 범하지 말아야 한다. 중국인과 대화할 때는 중국의 문화를 고려한 화법과 상황을 이해하도록 하자. 그러기 위한 첫걸음은 기꺼이 현장에 발을 담가 보는 것이리라. "봄이 되어 강물이 따스해졌는가는 그 물가에 사는 오리가 가장 먼저 안다(春江水暖鴨先知)"고 하지 않았던가.

◆**류재윤** BDO 이현 회계·세무법인 고문◆
서울대 중문과를 나와 중국 칭화대 경영학 석사와 베이징대 사회학 박사학위를 받았다. 1994년부터 19년간 삼성의 베이징 주재원으로 일하며 중국 측과 수많은 협상을 했고 또 다양한 임무를 수행해 풍부한 중국 현장 경험과 중국 인맥을 쌓았다.

나이 스물에 사장이 못 되면
대장부가 아니다

한국에선 많은 젊은이가 좋은 직장 취직을 꿈꾼다. 중국에선? 너도 나도 창업해 '라오반(老板·사장)'이 되려 한다. 남이 장군이 '남아 스물에 나라를 평정하지 못하면 훗날 그 누가 대장부라 일컬으리오'라고 읊은 반면 요즘 중국의 청춘 사이에선 '나이 스물에 사장이 되지 못하면 그 누가 대장부라 부를까'라는 말이 유행 중이다. 그만큼 창업 열기가 뜨겁다. 창업의 밑천으론 모두 다 혁신을 외친다. 어떤 힘이 중국을 창업 국가로 만들고 있나.

왕양(汪洋·62)은 중국 부총리다. 그러나 중국 청년들 사이에서 주목받는 왕양(汪洋)은 따로 있다. 1990년생 왕양이다. 그는 체중계 제조업체 '윈마이(雲麥)'의 창업주다. 2015년 스마트 체중계 50만 대를 팔아 샤오미(小米) 체중계를 제치고 시장 점유율 1위를 차지했다.

왕양은 중학 시절 게임에 빠져 20만 회원의 게임 커뮤니티를 운영했지만 학교로부터는 자퇴를 권고받았다. 부모의 설득으로 다시 학업에 매진한 그는 대학생이 돼선 PC용 소프트웨어 상점을 차려 재미를 보기도 했다. 그런 그가 인생 세 번째 창업에 나선 건 24세 때인 2014년.

창업 아이템으론 집집마다 하나씩 있는 체중계를 택했다. 전통 산업에 인터넷을 접목하자는 '인터넷 플러스' 열풍을 타고 체중계를 가족 건강을 챙기는 '스마트 매개체'로 만들겠다는 계획을 세웠다. 성공하려면 혁신이 필요한 법. 그의 체중계는 중국 최초로 중국인이 무게를 잴 때 익숙한 근(斤·1근=500g)을 기준 단위로 채택했다.

또 스마트폰 앱과 연동시켰다. 비만 상태를 알려주는 신체질량지수(BMI)와 골격량, 신체 나이 등 8가지 데이터가 스마트폰 앱에 표시되며 식단 조절과 운동법까지 알려준다. 놀라운 건 가격. 프리미엄 모델인 '윈마이 하오칭(好輕)'이 199위안(약 3만 5000원)이고 79위안짜리 체중계도 출시했다.

그런 윈마이에 중국 벤처업계는 2015년 4000만 위안을 투자했다. 향후 10조 위안을 웃돌 중국 헬스케어 시장에서 윈마이가 체중계의 성공을 바탕으로 독자적인 건강 생태계를 구축할 경우 현재 1억 2500만 위안인 기업 가치가 얼마로 뛸지는 상상할 수 없기 때문이다.

현재 중국엔 90년생 왕양처럼 창업을 꿈꾸는 수많은 청춘이 넘실댄다. 대륙에 창업 열풍의 불을 지핀 건 리커창(李克强) 총리다. 2015년 봄 중국의 연례 정치 행사인 양회(兩會·전인대, 정협회의) 때 '대중창업 만인혁신(大衆創業 萬衆創新)'을 외치면서다. 혁신과 함께하는

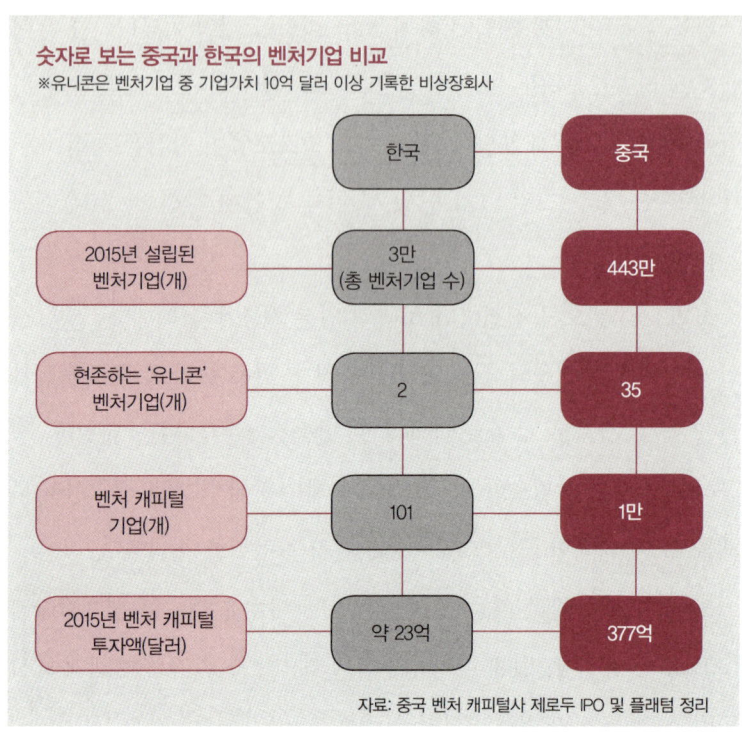

창업이 중국의 성장 동력임을 강조한 것으로 제2, 제3의 ABT(알리바바, 바이두, 텐센트)가 나와야 중국 경제가 살 수 있다는 이야기였다.

이후 중국의 창업 열기는 수치가 보여준다. 중국 국가공상행정관리총국에 따르면 2015년 중국의 신설 법인은 443만 9000개를 기록해 사상 최고치를 경신했다. 5년 전 94만 개에 비해 4배 이상 늘었다. 하루 평균 1만 2000개 이상의 창업이 발생한 셈이다. 우리 전체 벤처기업 총수의 약 150배 가까운 숫자다.

중국을 창업의 나라로 만드는 힘은 크게 두 가지다. 첫 번째는 중국 정부의 든든한 지원이다. 세 방면에서의 도움이 두드러진다. 먼저 창업을 잘할 수 있게끔 탄탄한 인프라를 구축한다. 중국 청년 창업의 상징과도 같은 곳인 베이징의 중관춘(中關村)을 비롯해 성(省)마다 혁신 산업단지를 만들고 있는 게 바로 그것이다.

중관춘엔 40여 개 대학과 200여 개의 국가 과학연구소, 122개의 국가지정 연구센터가 밀집해 중국 전체 창업 투자의 3분의 1이 이뤄지고 있다. 중국 정부는 이곳에 창업과 관련한 기금 마련, 해외 진출 지원, 혁신거리 조성, 창업 지원 서비스 플랫폼 구축 등의 지원을 아끼지 않고 있다.

또 중국 정부는 광둥성 선전이나 쓰촨(四川)성 청두(成都) 등과 같은 2선 도시에 소프트웨어 파크나 하이테크 파크 등으로 불리는 산업단지 구축에 열을 올리고 있다. 이들 산업단지는 창업(創業)과 창신(創新·혁신)의 쌍창(雙創)기지로 일컬어지며 2018년까지 중국 전역에 28개가 만들어져 정보통신기술(ICT) 중심의 창업을 적극 지원하게 된다. 중관춘이 소프트웨어 중심이라면 선전은 하드웨어 스타트업(창업)이 가장 주목하는 곳이다.

중국 정부의 두 번째 지원은 인재에 대한 투자다. 이미 2011년부터 우수 유학 인재를 유치하기 위해 '천인(千人)계획'을 마련했다. 천인계획 대상자로 선정되면 창업 초기 자본금뿐만 아니라 생활 전반에 이르는 모든 비용을 지원받을 수 있다. 연구 착수자금으로 200만 ~400만 위안이 지급되고 중국의 톱 9 대학과 동급의 연봉이 주어진다. 천인계획은 더 나은 배움을 위해 중국을 떠났던 인재들이 다시 고국으로 돌아오고 싶도록 만드는 물질적·정서적 지원책이기도 하다.

세 번째 지원은 투자자가 마음 놓고 신생 벤처기업에 투자할 수 있도록 하는 것이다. 투자자의 창업 투자 실패를 정부가 보상하는 프로그램이 그것이다. 상하이 시정부가 2016년 2월부터 에인절투자 활성화를 위한 보상 프로그램을 시행하는 게 대표적 예다. 이에 따르면 에인절투자가가 벤처기업에 투자했다가 실패해 투자액을 회수하지 못하게 될 경우 최대 600만 위안의 보상금을 돌려받을 수 있다.

중국 창업의 힘은 민간 영역에 의해 뒷받침되는 측면도 크다. 현재의 창업 열풍이 비록 정부 주도로 펼쳐지고 있긴 하지만 알리바바나 바이두, 텐센트 같은 민간기업이 스타트업 생태계 조성을 위한 적극적 투자를 진행해 창업 열기를 달구고 있다.

한 예로 알리바바의 자회사 알리윈은 다른 30여 개 투자회사와 공동으로 100억 위안 규모의 창업자금 지원 플랫폼을 구축하기로 했다. 또 텐센트와 레노버 등도 창업센터 개설, 기금 조성 등을 통해 신생 벤처기업 지원에 나서고 있다. 이미 대기업으로 발돋움한 정보통신기술(ICT) 기업들이 차세대 성장 동력 발굴을 위해 유망 스타트업을 상대로 대대적인 투자를 하는 선순환적 창업 문화가 형성된 셈이다.

중국 정부가 중국의 청년 세대를 창업의 길로 이끌기 위해 국력을 쏟아붓는 이유는 무얼까. 중국은 30년 가까운 고도 성장기를 마치고 이제는 '신창타이(新常態·중국판 뉴노멀)'라 불리는 중속 성장의 시대에 진입해 있다. 중국 경제 활성화를 위해선 혁신을 무기로 하는 창업이 많이 이뤄져야 한다고 판단하기 때문이다.

이와 함께 취업난 해소 목적도 크다. 중국엔 매년 750여 만 명의 신규 인력이 발생한다. 현재 중국 대졸 인력의 절반가량인 300여 만 명 이상이 일자리를 찾지 못하고 있다. 청년실업률은 2014년 10.5%

에서 2015년엔 15%를 넘어섰다. 방치할 경우 심각한 사회문제가 될 수 있다.

중국 청년은 또 단순히 일자리 자체가 아니라 양질의 일자리에 대해 강한 욕구를 드러내고 있다. 「중국 대졸자 취업 연간 보고서(2014)」에 따르면 '현재 연봉에 만족하지 않는다'는 응답자가 56%에 달했다. 이처럼 불만족스러운 현재 상황을 타개하기 위한 돌파구로서 창업이 선호되고 있는 것이다.

중국에 일고 있는 창업 열기는 결코 남의 나라 일만은 아니다. 중국에서 사상 최대의 창업 붐이 조성되는 건 한국 신생 벤처기업에도 좋은 기회다. 중국 ICT기업의 성공 사례를 이어 가려는 창업 열기가 향후 5~6년은 지속될 전망으로 중국 창업 생태계를 활용해 더 큰 시장을 상대로 사업을 펼칠 수 있는 여건이 마련되는 중이기 때문이다.

한 예로 청두시에는 7만m^2 규모의 '중·한 혁신창업보육파크'가 2016년 6월 문을 열었다. 이 보육파크는 2015년 10월 말 서울에서 열린 한중 정상회담에서 리커창 총리의 발언이 시발점이 됐다. 당시 리 총리는 "중국의 '대중창업 만인혁신' 전략과 한국의 '창조경제' 전략은 모두 청년의 창의력을 유도하는 것을 목표로 한다는 점에서 연결될 수 있다"고 말했다.

물론 중국 진출 시 고려 사항이 있다. 중국은 한국보다 경쟁이 치열하고 통신 환경과 사용자 습관이 다른 시장이기에 선행 조사가 필요하다. 또 중국 시장은 물론 중국 문화에 대한 충분한 이해도 요구된다. 그래야 제대로 된 전략이 나온다.

'이익으로 사귐은 이익으로 인해 흩어지고(以利相交 利盡則散) 힘으로 사귐은 힘에 따라 기울기 마련이며(以勢相交 勢去則傾) 오로지 마음으로 사귀어야만 오래 지속될 수 있다(惟以心相交 方成其久遠)'는 말이 있듯이 충분한 이해가 선행돼야 작은 성과라도 얻을 수 있는 곳이 바로 중국이기 때문이다.

◆**조상래** 플래텀 대표◆
스타트업 미디어이자 중화권 네트워크 플래텀의 대표. 아시아 스타트업 얼라이언스 발기인으로 삼성전자S/W센터 기술자문위원을 역임했다. 한중 비즈니스 교류에 이바지한 공로로 2015년 미래부 장관상을 받았다.

남방 상인의 도가(道家) 실용주의가 중국 기업 혁신 이끈다

　중국 경험이 풍부한 기업인은 '중국 시장'이란 말을 쓰지 않는다. 광활한 대륙을 뭉뚱그려 '중국 시장'으로 부르는 건 적절치 않기 때문이다. 중국인의 체형이 남과 북에 따라 큰 차이가 나듯 중국의 상인정신 또한 남과 북이 판이하다. 남측엔 도가 실용주의 정신이 넘치지만 북쪽은 유가 자본주의 정신이 지배한다. 중국 장사는 중국 남과 북 상인의 피에 각기 다르게 흐르는 문화코드를 제대로 읽고 이를 활용하는 데서 출발해야 한다.
　2015년 연말 중국 북부의 헤이룽장(黑龍江)성에서 석탄 국유기업 룽메이(龍煤)그룹의 광부들이 대규모 시위에 나섰다. 임금체불은 물론 탄광 폐쇄 과정에서 3만 명이나 감원한 구조조정에 항의하기 위해서였다.

문화코드 제대로 읽어 중국 시장 공략 묘책 찾아야

엇비슷한 시기 중국 남방의 광둥(廣東)성에선 민간 유통업자들이 알리바바 마윈(馬云) 회장의 초상 앞에서 절을 올리며 대박을 기원했다. 이들은 광군제(11월 11일·솔로데이)에 중국 최대의 매출을 경신했다.

이는 현재 중국의 대표적 북방 국유기업과 남방 민간기업이 처해 있는 각기 다른 현실을 극명하게 보여준다. 비효율적 경영으로 적자 투성이가 된 북방 국유기업은 구조조정의 타깃이 된 반면 남방 민간 기업은 혁신을 바탕으로 눈부시게 성장하고 있는 것이다.

그 차이는 어디에서 오나. 여러 원인 중 중국의 기업문화를 주목할 필요가 있다. 중국의 기업문화는 전통문화에 뿌리를 두고 있으며 이는 크게 남과 북으로 구분된다. 남북의 지리적 여건에 따라 가치체계와 신앙, 의식구조, 사고방식 등이 다르게 나타나며 중국 상인의 정신 또한 다른 양태를 띠는 것이다.

중국의 남과 북은 크게 친링(秦嶺)산맥과 화이허(淮河)에 의해 나뉜다. 이 선을 두고 북방의 밀농사와 남방의 쌀농사로 구분된다. 지형과 기후 차이로 인해 '남방의 귤을 북방에 심으면 탱자가 된다'는 속담도 나왔다. 중국 북부엔 너른 평원이 펼쳐지고 남부에는 구릉 및 수로가 많다. 방향을 이야기할 때 북방 사람은 평야에서 쉽게 찾을 수 있는 동서남북(東西南北)을 들먹이고 남방 사람은 엉킨 수로를 풀며 나아가기 위한 전후좌우(前後左右)의 개념을 즐겨 사용한다.

얼굴 생김새도 북방은 사각형이 많은데 남방은 둥근 모양이 대세다. 문학은 또 어떤가. 남방에서는 수사가 많은 초사(楚辭)가 발전한 데 반해 북방은 사실적인 시경(詩經)이 주된 흐름이다. 중국식 오페

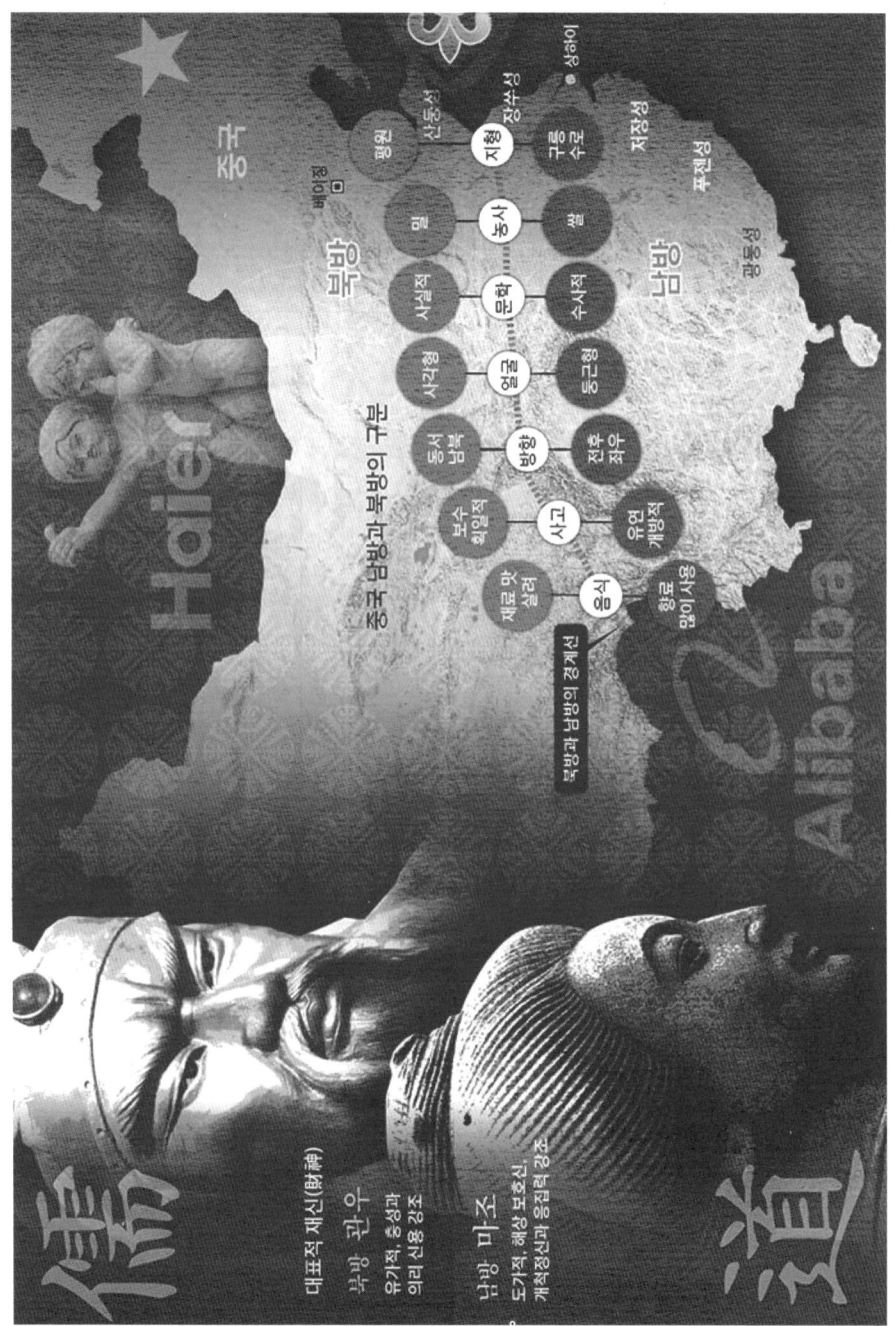

라라 불리는 남방의 희곡은 부드럽고 우아한 반면 북방의 경극은 활기차고 생동감이 넘친다.

음식의 경우도 남방 요리는 달고 다양한 향료를 많이 사용하지만 북방은 대체로 짜며 음식 고유의 재료가 가진 맛을 살리는 데 주안점을 둔다. 사고방식은 북방이 비교적 획일적이라면 남방은 유연하고 개방적이다.

이 같은 북방과 남방의 문화적 차이는 중국 남과 북의 상인정신에 지대한 영향을 미친다. 중국의 전통적 상업문화는 유가 자본주의와 도가 실용주의의 성격을 갖고 있다.

유가는 인(仁)을 강조하고 정적인 산을 좋아한다. 인자(仁者)는 요산(樂山)이라 하지 않았나. 전통을 따르며 보수적 성향이 강하다.

도가는 '최고의 선은 물과 같다(上善若水)'며 유연성이 크고 동적인 물을 좋아한다. 그래서 자유롭고 창의성도 발휘되기 쉽다. 변화에 능하며 실용적이다. 유가는 체면과 단체의식, 신의의 행동규범을 중시하며 북방 상업문화의 중심을 이룬다. 반면 도가는 변화와 자율성을 강조하며 남방의 상인문화를 주도한다.

도덕과 사회질서를 강조하는 인예(仁禮)의 유가문화는 기업 혁신과는 거리가 있다. 그런 까닭인지 북방지역 국유기업엔 왜곡된 유가사상과 계획경제 시대의 경직된 사고방식이 남아 있다.

상대적으로 남방 민간기업의 혁신과 창의성에는 도가사상이 깃들어 있다. 물 따라 바람 따라 흘러가듯 자연에 순응하는(順其自然) 노장(老莊)사상이 창업에 순기능을 발휘한다. 그런 이유로 중국의 혁신 실험은 남방에서 주로 이뤄진다.

특히 남방의 열린 도시 선전은 중국 젊은이의 정보통신기술 창업 도시로 변모한 지 오래다. 중국 최대 정보통신기술 기업인 화웨이(華爲)가 여기서 탄생했으며 혁신적인 핀테크, 사물인터넷, 전기자동차 실험도 주로 남방에서 진행된다. 최근 중국의 혁신적 기업인들은 보수적 유가 덕목에 도가의 창의성을 접목해 나름의 중국식 시장경제를 만들어 가려 하고 있다.

한편 중국에서 지역을 중심으로 비즈니스를 고려할 때 지연과 혈연으로 뭉쳐 상부상조하는 상인 집단인 상방(商幇)을 주목하지 않을 수 없다. 현재 중국에서는 시장경제가 발달한 연해 지역의 주요 상방으로 산둥상인과 장쑤상인, 저장상인, 푸젠상인, 광둥상인 등 5대 상인을 들 수 있다.

산둥상인은 춘추시대 노(魯)나라의 후예로 유가문화가 특징이다. 관상(官商) 결합의 색채가 농후하고 신용과 의리를 중시한다. 중국 최대 가전업체인 하이얼 전자가 대표적이다. 장루이민(張瑞敏) 회장은 당과 정부의 정책을 준수하고 고객과의 신용 및 품질 관리를 중시한다.

장쑤상인은 풍요로운 '생선과 쌀의 고향(魚米之鄕)' 출신으로 안정되고 독립적인 경영을 선호한다. 이에 반해 산이 많은 척박한 자연환경의 저장상인은 개척정신이 강하다. 산업자본과 금융자본의 결합으로 성공한 저장성의 닝보(寧波) 모델은 기업가정신을 보여주는 대표적 케이스다. 중국 경제수도인 상하이(上海)에서도 닝보 출신을 무시하지 못한다. 노자의 『도덕경』을 즐겨 읽는 알리바바의 마윈 또한 저장성 항저우(杭州) 출신이다. 저장상인은 사업 기회가 생기면 친구와 친척부터 먼저 찾는다.

푸젠상인은 '중국의 유대인'으로 불리는 객가(客家) 상업문화의 특징을 갖고 있다. 모험과 애향심, 결속력과 해외 진출이 두드러진다. 대만의 거상 왕융칭(王永慶)이나 싱가포르의 후원후(胡文虎) 등이 다 푸젠 출신이다. 일찍 개방된 광둥상인은 포용성과 창의성을 갖춘 실용주의적 상업정신을 보여준다. 재물신을 섬기고 모방에 능하다. 그래서 짝퉁 상품이 많다.

이와 함께 중국 남과 북의 상인정신을 이해하기 위해선 민간신앙과 사당을 뺄 수 없다. 북방 유가의 덕목을 보여주는 신으론 관우(關羽)가 으뜸이고 남방 도가의 실용성을 대표하는 신으로는 마조(媽祖)를 들 수 있다.

신의를 중시하는 북방엔 관우를 모신 사당이 많다. 중국인은 관우의 충(忠)·의(義)·신(信) 정신을 상업문화에 접목해 '의로부터 재물이 생긴다(取自義生 因義取財)'는 경영이념을 지향한다. 관우는 재물신이기도 하다. 관우는 명·청 시대에 황제의 반열에 오르는 무인사당(武廟)으로 격상돼 공자를 섬기는 문묘와 더불어 북방 민간신앙의 양대 축 가운데 하나로 간주되고 있다.

남방에선 주로 해상의 수호신 마조를 섬긴다. 마조는 바다의 여신으로 남방의 물을 다스린다. 남방의 광둥상인과 푸젠상인은 물론 특히 해외 화교들이 마조에게 제사를 지내며 응집력과 네트워크를 강화하고 조상 숭배, 공익사업 같은 선행을 이어가고 있다.

한편 여러 신을 모시는 사당이 남방에 많은 것도 도가의 영향을 받아서다. 남방 기업인은 업종에 관련된 다양한 신을 모시며 복을 기원한다. 남방의 전자상거래 기업들이 살아 있는 사람인 마윈의 초상화를 그려놓고 그 앞에서 절을 하는 것도 도가 실용주의의 발현인 것이다.

손자병법에 '적을 알고 나를 알면 백번을 싸워도 위태롭지 않다'고 했듯 중국과 비즈니스를 하려면 지역적인 문화코드부터 알아야 한다. 「별에서 온 그대」의 도민준(김수현)은 도가적 신비주의에다 만능의 힘을 갖췄기에 중국 여성에게 쉽게 다가설 수 있었다.

'눈 오는 날에는 치맥'에 중국 유커(遊客)가 열광하며 한강변에서 아시아 최대의 치맥파티를 여는 것도 대규모 집단주의 성향의 중국 조직문화 때문이다. 앞으로 더 많은 유커가 집단적으로 한국 문화코드를 즐기려 할 것이다.

2016년 중국 10대 갑부

이름	그룹(소재지)	재산(억 위안)
1 왕젠린	완다(베이징)	1982.6
2 마화텅	텐센트(선전)	1366.1
3 마윈	알리바바(항저우)	1256.6
4 쭝칭허우	와하하(항저우)	930
5 리옌훙	바이두(베이징)	885.2
6 레이쥔	샤오미(베이징)	739.2
7 딩레이	왕이(광저우)	684.9
8 허헝젠	메이디(순더)	658
9 자웨팅	러스왕(베이징)	640
10 쉬자인	헝다(광저우)	586

최근 중국에서 큰 인기를 모은 「태양의 후예」도 애국과 봉사라는 키워드를 갖고 중국 공산당의 문화코드를 자극했다. 오죽하면 "중국 군대는 이런 연속극을 못 만드는가"라며 당 고위층이 자탄을 했겠는가. 이처럼 한류가 중국 시장에 뿌리를 탄탄히 내리기 위해선 중국의 문화코드를 잘 연구해 그들의 문화 감성을 자극할 수 있어야 한다.

중국 경제가 완만한 성장기에 접어들면서 중국 정부는 소비 중심으로 성장 패턴을 조정하고 있다. 한국 기업이 중국 소비시장을 뚫기 위해선 중국의 문화코드부터 공략하는 전략을 강구해야 한다.

◆**유희문** 한양대 중국학과 교수◆
한국동북아경제학회 회장과 중국시장포럼 회장(대한상의)을 역임했다. 대만 국립정치대와 미국 스탠퍼드대 후버연구소에서 중국 경제를 연구했고, 중국 런민(人民)대와 베이징(北京)대 경제학과 초빙교수로 강의하기도 했다.

3
중국이라는 이웃

— 한중 관계 —

한중 사반세기, 차이 인정하며 이견 좁히는 '구동존이' 필요

1992년 한국과 중국 두 나라가 수교한 후 교역액은 폭발적으로 늘었다. 화려한 수치가 양국 관계 발전을 웅변한다. 수교 협상에 참여했던 한 사람으로서 뿌듯하지만 한편으론 마음이 무겁다. 최근 한중 사드 갈등에서 보이듯 아직도 상호 인식의 차이가 크기 때문이다. 중국 관련 업무 경험을 토대로 바람직한 한중 관계의 방향을 모색해 본다.

1988년 서울 올림픽 개최와 이어진 동유럽 사회주의권 붕괴로 한중 간 관계 개선의 계기가 마련됐다. 양국은 중국국제상회(CCOIC)와 대한무역진흥공사 사무소를 서울과 베이징에 각각 개설하기로 90년 가을 합의했다. 우선 민간 형식의 대표부를 세우고 이어 적당한 시기에 정부 간 공식 수교한다는 단계적 관계 개선 방안에 대해 공감대가 형성됐던 것이다.

당시 중국 담당 동북아 2과장으로서 대표부 개설을 위한 후속 협상을 맡았던 필자가 맞닥뜨린 가장 중요한 문제는 앞으로 설치될 민간 무역대표부가 얼마만큼 외교기관의 기능을 수행하느냐였다. 우리는 민간기관 간 합의만으론 무역대표부 직원에 대해 외교관과 같은 특권 부여가 어렵다는 입장이었다. 반면에 중국은 지도부의 의지만 있으면 문제가 되지 않는다고 주장해 회담의 진전이 없었다.

문제는 상호 처지에 대한 이해 부족에 있었다. 당시 중국은 상부에서 결정만 하면 무슨 일이든 가능했지만 한국은 특권 부여를 위해선 법적 근거를 필요로 했다. 필자는 고민 끝에 한국 사정을 소개하는 장문의 서한을 중국에 보냈고, 중국 관련 부서들이 이를 복사해 검토한 끝에 해법의 실마리를 찾을 수 있었다. 당시는 수교 전이라 직접 대화가 용이하지 않아 문서를 활용한 것이지만, 이는 사실을 중심으로 한 상세한 설명이 중국과의 문제 해결에 유용했던 사례다. 현재도 양국 간 이견이 있을 때는 상호 충분한 의사소통이 있었는지를 먼저 따져봐야 한다.

마늘 분쟁의 몇 가지 교훈

2000년 4월 총선을 앞두고 마늘 가격이 폭락하며 국내 마늘 농가의 불만이 고조됐다. 농민과 정치권에선 마늘 가격 폭락이 저가의 중국산 마늘 수입 때문이라며 대응조치를 요구했다. 당시 중국산 수입 마늘 분량은 연 1500만 달러 정도였다. 이에 우리 정부는 중국산 냉동 및 초산조제 마늘에 잠정적으로 30%의 기본관세 외에 285%의 긴급조정관세를 부과했다. 한중 마늘 분쟁의 시작이었다.

그러자 중국은 대외무역법에 근거한다며 우리 휴대전화기와 폴리에틸렌에 대해 잠정 수입금지 조치를 취했다. 금액으론 5억 달러어치를 상회했다. 비교가 되지 않는 규모의 보복이었다. 국내에선 제조업계와 언론을 중심으로 소탐대실(小貪大失)의 우를 범했다는 질타가 쏟아졌다. 결국 중국산 마늘에 대한 수입규제 조치를 사실상 해제하는 선에서 양국 통상마찰을 진정시켰다.

마늘 분쟁은 우리에게 세 가지 중요한 교훈을 안긴다. 첫째는 1997년 아시아 금융위기를 통해 한국 경제의 취약성을 인지하게 된 중국이 처음으로 자신의 방대한 시장을 무기로 우리에게 과도한 압력을 가했다는 점이다. 과거 한국과의 경제협력을 중시하고 자신의 힘을 드러내지 않던 중국이 이젠 언제든지 자신의 필요에 따라 힘을 행사할 수 있다는 점을 우리에게 일깨워준 것이라고 하겠다. 둘째는 외국과의 마찰이 발생하면 한국 여론은 그 외국 정부의 조치에 대해 부당성을 지적하기보다는 그로 인해 발생할 수 있는 한국의 피해라든가 내부적인 책임 문제 등에 관심을 집중함으로써 정부의 협상력을 약화시키곤 한다는 점이다. 마지막으로 정책 결정 과정에서 다소 무리가 있었더라도 우리 정부가 절차에 따라 정당하게 결정한 방침에 대해선 적어도 일정 기간 유지할 필요가 있다는 점이다. 상대방이 위협을 한다고, 또 이에 따라 손해가 발생한다고 해서 우리 입장을 즉각 철회한다면 향후 중국과의 교섭에서 늘 수세적 위치에 처할 수밖에 없기 때문이다.

베이징 올림픽과 중국의 대국의식

 중국의 대국(大國)의식은 뿌리가 깊은 것으로 보인다. 2008년 8월 8일 베이징 올림픽의 개막식 좌석 배치는 중국인의 대국의식을 드러낸 한 사례였다. 개막식엔 후진타오(胡錦濤) 국가주석을 비롯해 9명의 정치국 상무위원 전원과 조지 W 부시 미국 대통령 등 세계 주요 국가 정치지도자 대부분이 참석했다. 무더운 8월의 베이징 날씨와 수많은 인파의 열기로 개막식 스타디움은 그야말로 찜통 그 자체였다.

 당시 주중 대사로서 개막식 현장에 있었던 필자는 중국 당국의 개막식장 좌석 배치에 깜짝 놀랐다. 중국 정치국 상무위원들 앞에는 테이블과 함께 찻잔이 준비됐고, 또 소형 냉방장치마저 작동하고 있었지만 초청받은 각국 원수들 자리는 위치만 중앙일 뿐 부채조차 제공되지 않았기 때문이다. 부시 대통령 등 각국 정상은 유일한 냉방장치가 있던 화장실을 수시로 드나들며 더위를 식혀야 했으며, 그때마다 정상들은 동료들의 통로를 만들어 주기 위해 자리에서 일어나야만 했다. 유명환 당시 외교통상부 장관은 양복이 너무 땀에 절어 버려야 할 정도가 됐다.

 올림픽이 끝난 뒤 이미 중국의 유명 관광명소가 된 그 스타디움을 몇 번 더 방문할 기회가 있었는데, 중국 가이드들은 아직도 철거되지 않고 남아 있는 테이블과 그 옆의 소형 냉방장치를 자랑스럽게 중국인들에게 설명하고 있었다. 결국 올림픽 개막식의 좌석 배치는 조직위의 실수라기보다는 중국이 대국임을 국내외에 알리기 위한 의도로 볼 수밖에 없었다.

 중국은 우리와 수교한 이후 10여 년간은 경제적으로 발전한 한국으로부터 얻을 것이 많다는 생각에서 대국의식을 자제했다. 그러나 2008년 베이징 올림픽을 성공적으로 개최하고 이어 2010년에 일본을 제치고 세계 2위의 경제체가 된 이후엔 이를 숨기려 하는 것 같지 않다.

사드 갈등과 바람직한 한중 관계

최근 사드 배치를 둘러싼 한중 갈등도 지나온 양국 관계의 경험이 바탕이 되고 있다는 점을 부인하기 어렵다. 의사소통의 부족은 여전하고 마늘 분쟁에서 보여졌듯이 중국은 자신의 마음에 들지 않으면 압력 행사를 주저하지 않는다. 또 중국의 급격한 국력 상승에 힘입어 이젠 한국에 대해 중국을 인정하고 존중해 달라는 선을 넘어 그간 잠재돼 있던 대국의식을 표출하고 있기도 하다.

한중은 서로를 필요로 하는 사이다. 한국은 한반도의 평화와 안정, 그리고 궁극적인 통일과 더불어 지속적인 경제·문화의 발전을 위해 중국과의 협력이 필요하다. 중국 역시 한반도의 안정과 평화, 지역의 공동 번영에 한국과 공통의 이익이 있다. 아울러 중화민족의 위대한 부흥이라는 '중국꿈' 실현을 위해선 한국과의 안정된 정치·경제협력이 절실하다.

문제는 양국이 지리적으로 인접하고 문화적으로도 상통한 부분이 많아 서로를 잘 아는 것으로 생각하지만 사실은 그렇지 않다는 데 있다. 이웃 국가 간에도 상호 이해관계가 다른 일이 적지 않으며, 특히 안보와 관련된 전략적 관점은 국가 간에 다를 수밖에 없다. 한·미 동맹이나 북한 문제에 대한 견해의 차이라든가, 양국 경제가 날이

갈수록 경쟁적인 성격으로 변해가고 있다는 것은 양국이 큰 관심을 가져야 할 부분이다. 점증하는 양국 내 배타적 민족주의 성향도 양국 관계에 부담으로 작용할 가능성이 있다.

결국 한중에 필요한 건 적어도 서로의 차이를 인정하는 가운데 상대방을 이해하려는 노력을 통해 이견을 좁혀나가는 구동존이(求同存異)의 정신이다. 중국은 대국의식을 자제하고 자신이 천명한 주변국 외교정책인 '친하게 지내고 성실하게 대하며 혜택을 주고 포용한다'는 '친·성·혜·용(親·誠·惠·容)'의 정신을 행동으로 보여줄 필요가 있다.

우리는 중국을 있는 그대로 인정하고 중시한다는 자세를 가져야 한다. 우리와 생각이 다른 관건적 사안에 대해서는 인내심을 갖고 중국을 설득해 나가는 노력을 계속하는 게 바람직하다. 그런 과정에서 우리가 국제규범이나 보편적 가치에서 옳다고 판단되는 일이라면, 그리고 우리 정부의 권위와 국민의 자긍심을 위해서라면 다소의 희생이 따르더라도 우리의 입장을 굳게 지켜나가는 것이 필요하다. 그렇게 해야 향후 한중 관계가 호혜와 상호존중의 바탕 위에 장기적으로 안정을 유지할 수 있을 것이다.

◆**신정승** 전 주중 대사◆
서울대 외교학과 졸업 후 외무고시를 거쳐 직업외교관으로 일해 왔다. 중국과장 시절 한중 무역대표부 개설 교섭을 맡았으며 한중 수교교섭에 참가했다. 이후 한중 어업회담 수석대표를 지냈으며 주중 공사 시절에는 마늘 분쟁을 겪었다. 주중 대사를 마지막으로 2010년 현역에서 은퇴했으며 이후 국립외교원 중국연구센터 소장을 거쳐 현재는 한중미래연구원 원장이자 동서대 석좌교수로 있다.

시진핑 2기 출범의 의미는?

새 술은 새 부대에 담고 싶은 게 사람 마음이다. 그래서인가. 시진핑 중국 국가주석은 2017년 10월 19차 당 대회 이후 새롭게 시작하는 자신의 집권 2기를 '신시대'라고 규정했다. 그가 말하는 신시대는 무언가. 과거와는 어떻게 다른가. 한중 관계 또한 새로운 단계에 들어서는 것인가. 의문은 꼬리를 물고 이어진다. 2017년 10월 26일 서울 한국프레스센터에서 신정승 전 주중 대사의 사회로 열린 중앙일보 본지 중국연구소 창립 10주년 기념 포럼에서 국내 중국 전문가들의 의견을 구했다.

'시기'와 '시대', 이 두 단어가 주는 느낌은 다르다. 시기가 수년 정도의 한정된 기간을 말한다면 시대는 수십 년에 걸치는 보다 긴 세월을 의미한다. 시진핑은 집권 2기 출범을 '신시기'가 아닌 '신시대'에 진입하는 것이라고 말했다. 자신의 통치이념이 펼쳐질 시간을 길게 잡고 있는 것이다.

중요한 건 여기에 과거 시대와 결별한다는 뜻이 담겼다는 점이다. 과거란 언제를 말하나. 덩샤오핑 시대를 가리킨다. 어떻게 달라지나. 우선 중국이 나아가야 할 목표가 바뀌었다. 덩샤오핑은 중국 건국 100주년에 즈음한 21세기 중엽까지 중국을 중등 수준의 국가로 발전시키는 청사진을 제시했다.

당시 중국 형편은 먹고사는 데 걱정 없는 온포(溫飽)사회 수준에도 이르지 못한 때였다. 그러나 현재 중국은 온포를 넘어 약간의 문화생활도 즐길 수 있는 소강(小康)사회 달성을 눈앞에 두고 있다. 시진핑은 이에 목표를 수정했다. 중등 국가가 아니라 세계를 이끄는 선진 국가가 되겠다는 야심이다.

중국 사회가 맞닥뜨린 모순에 대해서도 수정을 가했다. 덩은 '인민의 날로 증가하는 물질적 수요와 낙후된 생산력 간의 모순'을 해결해야 한다고 말했다. 배고픈 인민의 삶을 개선하기 위해선 생산력을 증가시켜야 한다는 것이다. 못살 때 이야기다.

시진핑은 새로운 모순론을 제기했다. 현재 중국 사회는 '인민의 아름다운 생활에 대한 수요와 불균형, 불충분 간의 모순'을 안고 있다는 주장이다. 절대적 빈곤이 문제가 아니라 상대적 빈곤이 문제라는 지적이다. 따라서 빈부격차 해소로 불균형을 해소해야 한다고 강조한다.

또 중국 인민은 이제 깨끗하고 쾌적한 환경 속에서 살기를 바란다. 삶의 질이 문제란 것이다. 이를 만족시키기엔 턱없이 부족하기

시진핑의 집권 2기 목표와 중국꿈 로드맵

1 시진핑이 19차 당대회 통해 제시한 목표
중화민족의 위대한 부흥을 실현하는 중국꿈 달성

2 중국꿈 이루기 위한 로드맵
2020년 전면적인 소강(小康, 풍족한)사회 달성
2035년 기본적인 사회주의 현대화 실현해 혁신형 국가 건설
2050년 부강·민주·문명·조화·미려의 사회주의 현대화 강국 건설

3 현 중국의 발전 위치와 모순에 대한 시진핑의 판단
위치: 중국 특색의 사회주의 신시대 진입
모순: 인민의 아름다운 생활에 대한 수요와 불균형, 불충분한 발전 간의 모순

4 시진핑이 선언한 신시대는
- 특색의 사회주의가 위대한 승리를 계속 쟁취하는 시대
- 전면적 소강사회를 달성해 중국이 사회주의 현대화 강국 건설로 들어가는 시대
- 전체 인민의 공동 부유를 실현하는 시대
- 중화민족의 위대한 부흥을 실현하는 중국꿈을 이루는 시대
- 중국이 세계의 중앙에 근접하며 인류를 위해 공헌하는 시대

5 신시대 건설을 위해 중국 공산당이 견지해야 할 14개 사항
① 당의 영도
② 인민 중심
③ 개혁 심화
④ 발전 이념
⑤ 인민이 주인 됨
⑥ 의법치국
⑦ 사회주의 핵심 가치관
⑧ 민생 발전
⑨ 사람과 자연의 조화
⑩ 국가안전관
⑪ 당의 군대 영도
⑫ 조국 통일 추진
⑬ 인류 운명공동체
⑭ 엄격한 당 건설

에 불충분이 주요 모순으로 떠올랐다는 해석이다. 시진핑 입장에선 덩 시대와는 확연히 다른 목표와 모순을 갖게 됐다. 이를 풀려면 새로운 정신 무장이 필요하다.

이게 바로 '시진핑 신시대 중국특색사회주의 사상'이라는 시진핑 사상이 등장하게 된 배경이다. 강준영 한국외국어대 교수는 시진핑이 당헌에 자신의 이름이 들어간 지도이념을 넣은 건 덩샤오핑 시대와의 작별을 고하기 위한 것이라 설명했다. 덩의 시대와 구분하고자 '신시대'라는 용어가 필요했다는 이야기다.

그러나 이렇게 빨리 시진핑 사상을 당헌에 넣어야 했을까. 한 지도자의 국정철학을 당헌에 넣는 건 보통 임기가 끝난 뒤 평가받는 차원에서 이뤄지는 것인데 말이다. 이동률 동덕여대 교수는 이와 관련해 당내 합의가 이뤄진 점에 주목해야 한다고 말했다.

중국 지도부 내에 현재 중국 공산당이 처한 위기를 돌파하자면 시진핑에게 힘을 실어줄 필요가 있다는 합의가 있었을 것이란 분석이다. 김진호 단국대 교수도 이번 당대회에서 20년 이상 된 관례가 깨지며 후계자가 정치국 상무위원회에 진입하지 않은 것 역시 흔들림 없는 시진핑 시대의 전개를 위한 포석으로 진단했다.

그렇다면 시진핑이 추구하는 중국꿈은 세계에 어떤 충격을 줄 것인가. 중국이 그리는 중국식 세계 질서는 마르크스주의적 요소보다는 중국 전통의 천하주의에 더 큰 영향을 받을 것으로 전인갑 서강대 교수는 전망했다. 그런 중국이 21세기 중엽에 이르러 과연 미국을 능가할 수 있을까.

쉽지 않을 것이란 분석이 많았다. 우선 세계 일류 군대를 만드는 강군몽(强軍夢)이 계획만큼 순탄치 않을 것이라고 김태호 한림국제대학원대학교 교수는 지적했다. 시진핑이 이번 당대회 정치보고에서 30만 감군 계획의 진행 상황을 언급하지 않은 건 군 개혁이 순조롭지 않다는 방증이란 해석이다.

박상수 충북대 교수도 시진핑이 역점적으로 추진 중인 일대일로(一帶一路·육상 및 해상 실크로드) 사업도 중국의 과잉 생산능력을 바깥으로 밀어내기에 그치는 한계를 보이고 있다고 지적했다. 과거 제국주의 국가의 팽창을 상징하던 철도 건설을 21세기 중국이 답습하고 있는 모양새로 관련 국가들의 불만이 적지 않다는 것이다.

그러나 중국꿈 실현에 대한 중국의 강한 의지를 결코 가벼이 봐선 안 될 것이라고 이성현 세종연구소 연구위원은 말했다. 중국이 과거 헨리 키신저와 빅딜에 동의하던 당시의 약체 중국이 아니라는 이야기다.

중국꿈이란 결국은 미국을 넘어서는 것이다. 미국과의 갈등은 중국이 회피한다고 풀릴 문제가 아니며 중국이 성장하는 과정에서 거쳐야 할 '성장통'으로, 이를 감내하고 이겨내는 게 중국의 역사적 사명이라는 인식을 중국이 갖기 시작했다는 것이다.

미·중 틈바구니에 낀 우리로선 정신 바짝 차리지 않으면 안 될 상황을 맞고 있는 것이다. 우리는 중국을 어떻게 상대해야 하나. 정상기 국립외교원 중국연구센터장은 우리 국론의 통일성을 강조했다.

공산당 일당제에 의해 일사불란하게 움직이는 중국과 맞서려면 우리 스스로의 의견 통일이 중요하다는 지적이다. 민주 국가인 우리로선 다양한 견해가 존재하는 게 당연하지만 적어도 중국과 밀고 당

기기를 제대로 하려면 다수 의견을 전제로 일관된 입장을 견지해야 중국과의 협상에서 밀리지 않을 수 있다는 것이다.

정종욱 인천대 중국학술원장은 "중국이 역사의 족쇄에서 벗어나 한반도 문제를 볼 수 있을까 하는 생각을 하게 된다"며 "우리 대중 정책의 기본을 짤 때는 중국의 전략적 틀을 그리는 핵심 인사에 대한 연구가 필요할 것"이라고 조언했다.

경제적으론 선택과 집중의 필요성이 거론됐다. 박근태 CJ대한통운 대표는 "현재 반도체와 디스플레이 빼고는 우리가 중국에 이기는 게 거의 없다"며 중국에서 사업할 때 우리가 잘할 수 있는 걸 선택해 이에 집중해야 할 것이라고 말했다.

유희문 한양대 교수는 "실용성·편의성·시의성 등 중국 문화의 3박자 특징을 담은 제품 개발이 시급하다"고 역설했고, 임대근 외국어대 교수는 "중국인이 평창 겨울올림픽을 계기로 한국을 대거 찾으며 한중 관계가 회복될 때 양국 갈등을 유발할 수 있는 돌발 사건이 발생하지 않도록 잘 관리하는 게 필요하다"고 말했다.

◆**유상철** 중앙일보 논설위원◆
서울대 영문과 학사, 서강대 공공정책대학원 중국학과 석사, 한양대 국제학대학원 국제학(중국학) 박사. 중앙일보 홍콩특파원과 베이징특파원, 중앙일보 중국연구소 초대 소장 역임. 저서로 『바람난 노처녀 중국』이 있으며 역서로 『열 가지 외교 이야기』, 『저우언라이 평전』 등 다수가 있다.

중국은 북한과 혈맹 아님을 행동으로 보여라

수교 25주년을 맞은 한중 간에 악재가 끊이지 않는다. 그중 하나가 시진핑 중국 국가주석이 2017년 7월 초 문재인 대통령과의 정상회담에서 북·중 관계에 대해 '혈맹(血盟)' 운운했다는 것이다. 이 같은 보도가 나가자 중국은 즉각 부인하고 나섰다. 시 주석이 '혈맹' 단어 자체를 사용한 적이 없다는 주장이다. 여기서 우리가 다시 한 번 생각할 문제가 있다. 발언 여부 자체가 아니라 오늘의 북·중 관계가 실제로 무엇이냐는 것이다.

중국 정부는 일반적으로 북·중 관계를 '혈맹' 혹은 '동맹'이라 칭하지 않는다. 2016년 8월의 일이다. 방중 민주당 초선 의원들은 토론회에 참석한 중국 인사들이 "사드 체계를 한국이 배치하면 중국은 북·중 혈맹으로 회귀할 수 있다"는 경고성 발언을 했다고 전했다.

이 내용이 언론을 타자 중국은 "그런 발언을 한 적이 없다"고 민주당 의원단에 항의하며 시정을 요구했다.

그럼 중국은 북·중 관계를 통상 어떻게 표현하나. '전통적 우호관계', '가까운 이웃(近隣)', '정상적 국가와 국가의 관계' 등이다. 왕이(王毅) 중국 외교부장의 표현은 보다 풍부하다. 2016년 '산수로 서로 연결된(山水相連) 사이', '기쁨과 슬픔을 함께 나누는(休戚與共) 사이'로 묘사하다 2017년 "이와 입술처럼 서로 의존하는 가까운 이웃(脣齒相依的近隣)"이라 말해 주목을 받았다.

'순치상의'는 한국전쟁을 일으킨 김일성이 마오쩌둥에게 파병을 요청하며 쓴 말이다. 이에 마오는 '입술이 없으면 이가 시리다(脣亡齒寒)'로 화답하며 파병을 결정했다. 이는 냉전 시기 북·중 관계를 상징하는 표현이 됐다. 그럼에도 중국 외교부 웹사이트에 북·중 관계와 관련해 '혈맹'을 키워드로 검색하면 아무 결과도 나오지 않는다. 지금은 그런 표현을 쓰지 않는다는 방증이다.

그러나 용어만큼이나 중요한 게 북·중 관계의 성격이 실질적으로 뭐냐는 것이다. 답은 '동맹'이다. 중국과 북한은 1961년부터 현재까지 동맹관계를 유지하고 있다. 북한의 거듭된 도발에 중국의 인내심이 바닥났다는 보도가 나오지만 중국이 북한과의 동맹관계를 조정하거나 폐지하자는 제안을 한 번도 한 적이 없는 것으로 파악된다.

2013년 북한의 제3차 핵실험 직후 '중국이 북한을 버려야 한다'는 칼럼을 영국 언론에 기고했던 덩위원(鄧聿文) 중국 중앙당교 부편집은 오히려 본인이 해고를 당했다. "덩은 우리가 북한을 버려야 한다고 주장했지만 정작 버림받은 건 그였다"는 말이 중국 학자들 사이에서 나왔다.

　중국이 78년 개혁개방 정책 채택 이후 독립자주외교 노선을 표방하며 '비동맹 원칙'을 강조하고 있지만 북·중 관계는 영향을 받지 않았다. 이번 '혈맹' 논란처럼 언론에서 주목하지 않는 한 북·중 동맹은 '조용히' 지속되고 있는 것이다. 되도록 주목을 끌지 않으면서 말이다.

　북·중 동맹과 한·미 동맹을 비교하면 여러 흥미로운 사실이 발견된다. 우선 전자가 후자보다 더 끊기 어렵게 설계돼 있다. 한·미 동맹은 어느 일방이 1년 전에 해지 통고를 하면 조약이 끝난다. 반면 북·중 동맹은 '쌍방의 합의가 없는 이상 계속 효력을 지닌다'로 적혀 있다. 부부가 이혼할 때 양측 모두의 합의가 있어야만 가능한 것과 같은 이치다.

　둘째, 북·중 동맹엔 한·미 동맹에 없는 '자동개입' 조항이 있다. 북·중 동맹 제2조는 '조약 일방이 무력 침공을 받아 전쟁 상태에 처했을 때 타방은 모든 힘을 다해 지체 없이 군사적 및 기타 원조를 제공한다'고 돼 있다. 군사 지원의 '즉각성'이 내포돼 있다. 반면 한·미 동맹 제2조는 '조약 당사국 중 어느 일국이 외부로부터의 무력 공격에 의해 위협을 받았을 경우 언제든지 당사국은 서로 협의한다'고 돼 있다. '협의한다'고만 한 것은 대응의 '의무성'을 명시한 북·중 동맹과 차이가 크다.

　셋째, 북·중 동맹엔 일반적 동맹조약엔 볼 수 없는 '형제적 우호협력 상호협조 관계'란 표현이 들어 있다. 이런 '형제적 우호관계'는 한·미 동맹조약은 물론 중국이 50년 소련과 첫 번째로 체결한 동맹조약에서도 발견되지 않는 것이다.

이처럼 북·중은 매우 독특하고 특별한 조약으로 묶여 있다. 각별한 사이인 것이다. 일각에선 북·중 동맹조약이 냉전 시기 조약으로서 냉전이 끝난 오늘날엔 더 이상 적용되지 않는다고 주장한다. 또 사문화됐다고 말하기도 한다. 그러나 같은 논리로 '냉전이 종식됐는데도 중국은 왜 냉전 시기에 북한과 체결한 동맹을 파기하지 않고 유지하고 있는가'라는 질문을 던질 수 있다.

중국은 한중 정상회담에서 시진핑 주석이 '혈맹'이란 단어를 쓰지 않고 "선혈이 응고돼 형성된(鮮血凝成)"이란 표현을 사용했다고 말한다. 우리는 이 말이 쓰인 전체 문장을 주목해야 한다. "북·중 관계는 과거 선혈이 응고돼 형성된 우방이었다. 이러한 관계는 근본적 변화가 발생하지 않는다." 우리는 여기서 '혈맹' 단어 사용 여부보다 오히려 '근본적 변화가 없다'고 말한 걸 유념해야 한다. 북·중 동맹이 엄연히 지속되고 있음을 대변하는 말이기 때문이다.

그렇다면 여기서 의문이 든다. 북한과 그렇게 가까운 우호관계인 중국은 왜 공식적인 자리에선 '혈맹' 혹은 '동맹'과 같은 단어 사용을 기피하는 걸까. 가장 확실한 답은 중국 공산당 중앙선전부가 이를 금지 단어 목록에 올렸기 때문이다. 여기엔 다양한 원인이 있다. 그중 하나가 이 단어가 불러일으키는 외부의 관심을 차단하기 위한 것이다. 비동맹 원칙을 추구하는 중국이 여전히 북한과 동맹을 맺고 있는 건 사리에 맞지 않기에 부각시키지 않고 싶은 것이다.

또 국제사회에서 스스로 '책임 있는 대국'을 표방하는 중국이 '문제아' 북한과 단짝이라는 사실을 굳이 드러내고 싶지 않은 이유도 있다. 북·중의 긴밀함이 강조될수록 국제사회에서 북한 문제에 대한 '중국 책임론' 또한 커지는 건 당연한 일 아닌가.

중국은 최근 자국의 최고지도자가 '혈맹' 단어를 쓰지 않았다는 점을 부각시키기 위해 안간힘을 쓰고 있다. 논란을 잠재우는 가장 좋은 방법은 무얼까. 그건 그런 용어를 안 썼다고 주장할 게 아니라 북·중이 혈맹이나 동맹이 아님을 실제의 외교적인 행동으로 입증해 보여주는 것이다.

◆ **이성현** 세종연구소 연구위원 ◆
미국 그리넬대 학사, 하버드대 석사. 중국 칭화대에서 박사학위를 받았다. 미 스탠퍼드대 아태연구소 팬텍펠로를 거쳐 현재 세종연구소 연구위원으로 중국과 미·중 관계를 연구하고 있다.

바다의 평화 없이는
진정한 평화 없다

사드 체계의 한반도 배치를 둘러싼 한중 갈등의 그림자가 깊다. 양국 관계의 모든 것을 지배하고 있으니 이 정도면 가히 광풍(狂風)이라 하지 않을 수 없다. 수교 25주년이란 말이 무색하다. 그런데 한중 갈등에서 주목해야 할 특징이 있다. 남북 문제를 제외하곤 향후 한중 관계에 부정적 영향을 미칠 불씨의 대부분이 바다를 중심으로 형성돼 있다는 점이다. 바다가 잠잠해야 한중 관계가 평화로운 것이다.

위기: 해양 문제의 재확산

동북아는 경제적 의존도 심화와 함께 군비 경쟁과 상호 위협 또한 제고되는 이중적 성격을 갖는 지역이다. 이른바 '아시아 패러독스(Asia Paradox)'다. 이곳은 전 세계 국내총생산(GDP)의 약 20%, 총생산

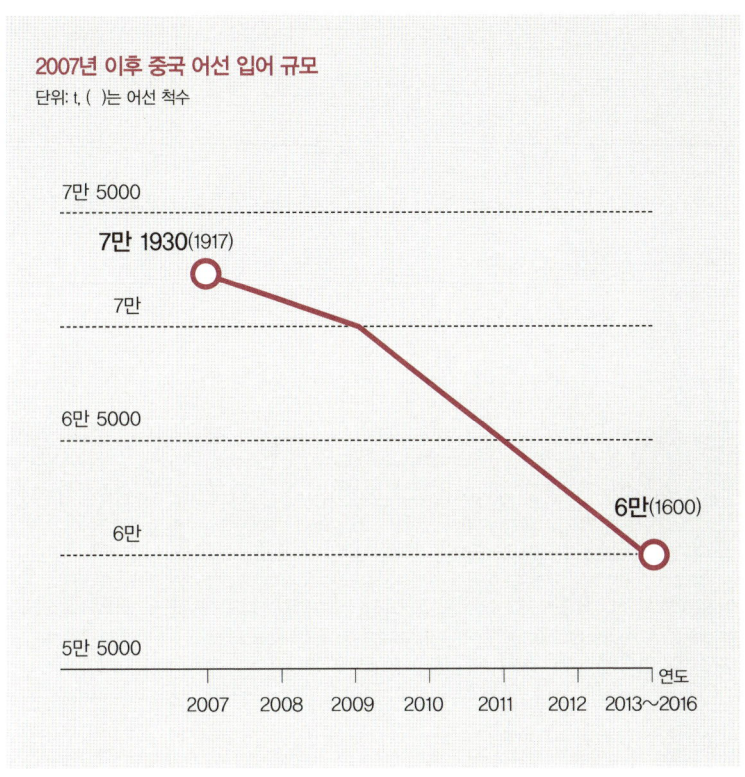

의 4분의 1을 차지하는 고도의 경제성장 지역이면서도 도서영유권, 군사 충돌, 방공식별구역, 해양 관할권, 해상 교통로 확보 등 상시적인 분쟁 환경에서 자유롭지 못하다.

한중 간 갈등 기조를 형성할 만한 불씨 또한 많다. 그 불씨의 대다수가 남북 관계 문제를 제외하곤 '해양'을 중심으로 형성돼 있다는 것도 특징이다. 해양 경계 획정, 이어도 문제, 해양 활동, 자원 개발, 해양 조사, 불법 어업, 해상 교통로, 해저 지명 등 한중 불협화음을 자아내는 많은 뉴스가 바다를 중심으로 생산돼 왔다.

중국의 해양 전략은 시진핑 국가주석이 2013년 중국 공산당 중앙 정치국에서 제시한 '그랜드 전략(頂層設計)'과 궤를 같이한다. 중국의 '일대일로(一帶一路 · 육상 및 해양 실크로드)' 전략 역시 국제적으로 지정학적 가치가 있는 지역 거점을 중국 중심으로 묶어내는 전략적 플랫폼으로 작용할 것이다.

이 같은 중국의 공세적 해양 전략은 우리나라 주변 수역의 해양 관할권 확정 작업이 그리 쉽사리 진행되지 않을 것임을 시사한다. 중국에 의한 의도적 현상 유지가 지속될 수 있기 때문이다. 중국 입장에선 명확한 경계 획정보다 모호하지만 중국의 활동 공간이 확장된 형태가 유리하다. 현재 한중 간 대립이 격화될 수 있는 두 요소는 이어도와 불법 어업이다. 쉽게 노출돼 있으면서도 가장 민감하게 양국 국민을 자극할 수 있기 때문이다.

이어도: 이성적 협상과 합의의 문제

이어도와 불법 어업은 사실 다른 문제다. 이어도는 한중이 주장하는 해양 관할권 확정에 관한 문제이고 국제법에 따른 협상의 문제다. 불법 어업은 말 그대로 '불법'이므로 국내법에 따라 법 집행을 엄격하게 하면 된다.

그러나 이 둘의 관계는 묘하게 닮아 있다. 한중 국민의 저변에 내재된 일종의 '정서(情緒)'가 개입하는 문제다. 좀 더 솔직하게 말하면 한국에는 엄연한 '앞마당'이고, 중국에는 여전히 '주인 없는(해양 경계가 없는)' 지역이다. 한 · 중 · 일 3국 간에 완벽한 해양 경계선이 결정된 바 없으니 누구의 주장도 틀린 말은 아니다.

한중 어업협정(2001년 발효)에서 규정한 양국의 수역

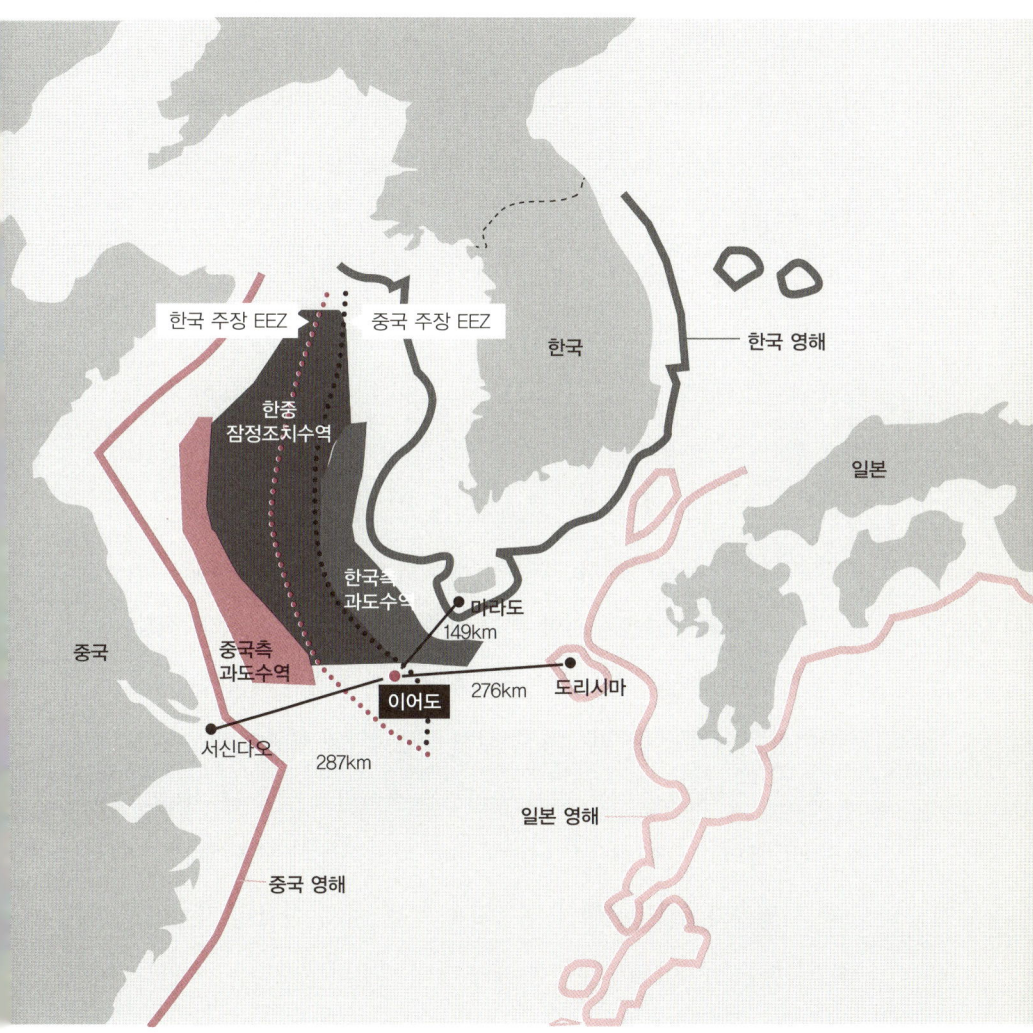

이어도는 제주도 마라도 서남쪽 149km, 중국 서산다오(蛇山島)에서 287km, 일본 도리시마(鳥島)로부터 약 276km 거리에 위치한다. 이어도는 섬이 아니라 상시 물에 잠겨 있는 수중 암초다. 이어도를 '섬', '영토' 등으로 표현하는 건 법적 개념이라기보다 정서적 심리를 담은 것이다.

이어도에 대한 정확한 국제법적 해석은 '수심 4.6m 수중 암초'라는 지형적 특징과 '지리적 위치'를 통해 접근돼야 한다. 이어도는 어떤 다양한 해양 경계 획정 시나리오에 근거하더라도 우리 수역 내에 위치하게 된다. 중국 정부가 펼치는 "한국의 일방적 행동에 반대"한다는 논리는 중국의 이익을 최대한 확보하려는 의도에서 나오는 것이다.

한중 간 이어도를 둘러싼 갈등에 '영토' 문제가 개입될 여지는 없다. 철저하게 국제법에 근거한 해양 경계 획정의 문제다. 중국 주장에 대한 우리 매체의 대응 방향 역시 상당 부분 교정될 필요가 있다. 일부에서는 이어도에 인공섬을 건설해 주변국과의 협상에 활용하자는 주장도 제기한다. 이는 법적 합리성을 결여하고 있을 뿐 아니라 주변국들과의 이성적 협상을 어렵게 하는 치기(稚氣)에 불과하다.

중국 정부와 언론 매체의 성숙하지 못한 자세 역시 유감이다. 2006년 한중은 이어도가 순수한 해양 경계 획정의 문제라는 데 인식을 같이했다. 그러나 중국 정부는 매년 언론을 통해 주기적으로 이어도 문제를 부각시키고 있다. 한국의 이어도 해양과학기지 운영 확대를 저지하려는 시도다. 양국은 이 같은 비상식적 곡해(曲解)에 몰두하지 말고, 해양 경계 획정의 조속한 해결을 위해 노력해야 한다. 이게 갈등을 정상화하는 지름길이다.

불법 어업: 엄격함과 협력

중국의 불법 어업은 잡식성이다. 특히 서해는 접근성과 풍부한 어족 자원 때문에 쉬운 먹잇감이 된다. 중국의 어족 자원 고갈과 어장 황폐화, 수산물 수요 증가를 고려한다면 우리 수역에서의 불법 어업은 충분한 투자 가치가 있는 셈이다.

그렇다고 중국이 자국민 불법 어업을 수수방관하고 있는 건 아니다. 어민과 어선의 감축을 위한 구조 개선과 교육, 수산자원 조성, 한중 해양 경비 공동 순찰 등은 높이 평가할 만하다. 그러나 중국의 전체 어업 종사자가 2000년도 1300만 명 정도에서 2013년 약 1450만 명으로 증가하고, 비정상적 조업 행태가 근절되지 않는다는 점은 그 실효성에 의문을 갖게 한다.

우리나라에서 조업할 수 있는 중국 어선은 약 1600척 규모(어획 할당량은 약 6만)다. 중국 전체 어선 추정치가 약 104만 척임을 감안하면 중국은 어업 자원 대비 어선 수가 지나치게 많다. 산업 조정을 적극적으로 취하지 않는 한 불법 어업에 대한 유혹과 위협은 지속될 것이 자명하다.

불법 어업은 남북한 중립 수역인 한강 하구, NLL(Northern Limit Line, 북방한계선), 북한 동해 수역까지 확대되고 있다. NLL 인근 수역에 진출하는 중국 어선은 하루 평균 약 200여 척. 야간이나 기상 악화를 틈타 NLL 5~6해리를 침범해 저인망 등으로 조개류·새우·잡어·꽃게 등을 싹쓸이한다.

이들은 남북한 대치 상황을 이용해 북한 해역으로 도주하기 일쑤이며 단속에 저항하기 위해 조직적인 폭력을 행사하기도 한다. 무리한 단속 시 해경 요원의 NLL 월선과 피랍 위험까지 있다. 2004년 시작된 중국 어선의 동해 진출 규모는 최대 1300척(연간)까지 확대되고 있다. 북한과의 합의에 따라 연간 입어료는 약 1500만 달러에서 4800만 달러로 추정된다. 그러나 허가받은 어선 수보다 약 3배의 중국 어선이 진출하고 있으며 거의 싹쓸이에 가까운 조업을 한다.

우리 해경은 해양경비법 개정과 무기 사용 매뉴얼 등을 통해 무기 사용 범위를 확대하고 법 집행 경찰관의 면책조항을 명문화할 계획이다. 불법 어업에 대해선 벌금을 상향 조정하고, 몰수된 어선을 폐선해 재활용을 차단하는 조치를 취할 전망이다.

그러나 중국의 불법 어업이 우리나라의 법 집행력 강화에만 의존해 근절될 수는 없다. 해양 경계선이 획정되지 않는 한 중국과의 협업이 절대적이다. 상당한 시간이 소요될 수 있다. 중국 어업인의 인식이 단기간에 전향적으로 변화될 여건이 제한적이기 때문이다. 다만 양국의 신뢰 회복과 해양 질서의 정상적 관계로의 회귀를 위한 기회의 시간으로 투자할 만하다.

황해 공동체: 생존을 위한 협력

이어도와 불법 어업은 사드와 닮아 있다. 양국의 국민적 정서에 빠르게 전파될 파급력도 있다. 양국 관계를 비틀 수도 있고 지역해 위협론으로 확대될 수도 있다. 상호 인정과 협력만이 양국의 건강한 발전을 위한 방향이다.

황해 공동체인 한중 국민의 '지역해 생존권' 확보에서 협력의 틀을 구상해 볼 만하다. 해양 기인성 재해, 해양 방사능, 기후 변화, 해양 환경, 해양 자원, 해양 질병(병원체) 등 지역해 생존권 확보를 위한 이슈는 많다. 해양 문제는 국지적이 아닌 '초국가적' 혹은 '월경적' 성격을 띠고 있다는 점에서 '협력'을 필수로 한다. 반폐쇄해인 한반도 주변 수역에서 협력은 일방이 아닌 쌍방의 의무다.

한중 간 해양 협력은 '국가 이익'의 관점에서보다 '지역민의 생존권' 확보를 전제로 할 때 더 안정적이다. 그리고 그 모든 모습은 상호 '의존적'이라는 '관계'를 바탕으로 출발해야 한다. 중국과의 협력이 제대로 이뤄지지 않는다면 바다는 언제든 또 다른 사드의 모습으로 우리에게 다가올 수 있다.

◆**양희철** 한국해양과학기술원 해양정책연구소장◆
국립대만대에서 국제(해양)법으로 박사학위를 취득했다. 현재 한국해양과학기술원 해양정책연구소장으로 재직 중이다. 해양법 영역 가운데 특히 해양 경계 획정과 심해저, 동북아 해양 분쟁 등에 대해 연구를 하고 있으며 해양 관련 정부 정책 수립에 활발하게 참여하고 있다.

중국의 '거친 입' 환구시보를
어떻게 봐야 하나

한중 갈등이 불거질 때마다 눈길을 끄는 중국 신문이 있다. 인민일보(人民日報) 자매지 환구시보(環球時報)가 주인공이다. 중국 국민의 감정에 불을 지르는 듯한 격한 보도를 쏟아내 마찰 해소는커녕 사태 악화에 일조하곤 한다. 사드 체계 배치와 관련해 우리 정치인과 기업, 심지어 성주군마저 제재하라고 목소리를 높인다. 환구시보는 왜 이리 거친가. 환구시보의 보도가 중국 정부의 입장을 대변하는 걸까.

2016년 2월 19일 시진핑 중국 국가주석이 언론사 시찰에 나섰다. 대상은 중국의 3대 언론사인 인민일보와 신화통신사, 중국중앙텔레비전(CCTV). 인민일보에 들른 시진핑은 진열된 여러 신문 중 한 신문을 가리키며 "내 사무실에도 이 신문이 있다"고 말했다. 이 같은 장면이 그날 저녁 TV뉴스를 통해 고스란히 방영됐다. 시진핑이 콕 집

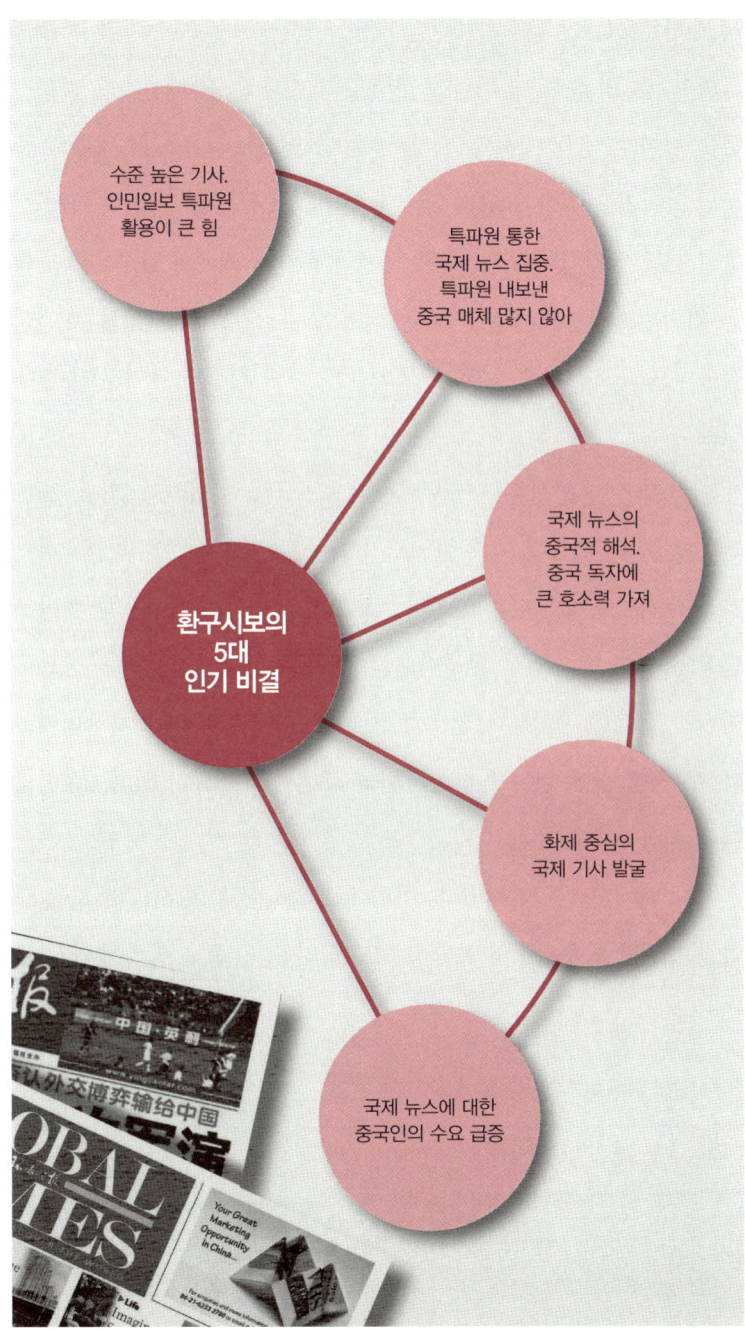

어 가리킨 신문은 환구시보다.

환구시보의 중국 내 위상을 아마도 이보다 더 잘 대변하는 일화는 없을 것이다. 중국 공산당의 기관지는 인민일보다. 당의 방침, 즉 중국의 나아가는 길을 알고자 한다면 인민일보 문장을 밑줄 쳐 가며 정독할 필요가 있다. 그러나 국제 문제와 관련된 중국의 입장을 엿보려면 인민일보가 아닌 환구시보를 봐야 한다. 이 신문은 국제 뉴스를 전문적으로 보도한다. 문제는 그 보도가 종종 거칠기 짝이 없다는 데 있다.

'한국이 서해 군사훈련으로 망령되게 중국을 위협하고 있다'. 2010년 천안함 폭침 사건 이후 한·미가 합동훈련을 계획할 때 환구시보가 머리기사로 보도한 내용이다. 그해 연평도 포격 사건으로 한반도 긴장이 더욱 고조되자 환구시보는 '한국은 낭떠러지를 축구장으로 여기지 말라'는 제목의 사설(社評)을 실었다. 내용은 더욱 자극적이었다. '한국이 술에 취한 듯하다', '한국을 손봐줄 필요가 있다' 등 험악한 표현이 난무했다.

사드 때에도 마찬가지였다. 이번에도 한국 정부의 사드 배치 결정이 발표되자 환구시보의 협박성 보도가 나왔다. 중국 정부에 다섯 가

환구시보의 국제보도 4대 차별화 전략

이웃 국가 뉴스 적극 개발. 중앙아시아와 동남아시아 등
세계 주요 국가 내 **중국 관련 뉴스 집중 보도**
중국인이 관심 갖는 국제 뉴스를 **중국인 시각에서 보도**
현장 우선 주의. 가능한 한 많은 자사 기자와 특약 기자 활용

지 조치를 건의한다며 '사드 배치에 찬성한 한국 정계 인사의 중국 입국을 제한하고 그 가족의 기업을 제재하라', '사드 배치와 관련된 기업과의 교류를 중단하고 그 회사 제품의 중국 수입을 불허하라'고 촉구했다.

며칠 후 사드 배치 부지로 성주군이 결정되자 이번엔 '중국은 성주군과의 모든 교류를 중단하고 성주군에 대한 제재 조치를 연구해야 한다', '중국 인민해방군은 미사일로 사드를 겨냥하라'고 주장하기도 했다. 표현은 거칠고 내용은 협박에 가깝다. 여타 중국 언론에서는 찾아보기 힘든 보도 양태다. 물론 환구시보가 한국에만 거친 모습을 보이는 건 아니다. 미국과 일본, 대만 심지어 북한도 환구시보로부터 뭇매를 맞기 십상이다.

환구시보 보도는 왜 이렇게 거친가. 크게 두 가지 이유를 꼽을 수 있다. 첫 번째는 상업성 추구다. 개혁개방의 바람과 함께 중국 언론사 또한 오래전부터 무한경쟁의 시장으로 내몰렸다. 정부의 지원을 기대하기보단 직접 돈을 벌지 않을 수 없는 상황이 됐다. 환구시보는 그 탄생 자체가 상업성 추구와 밀접하다. 환구시보는 1993년 초 인민일보 산하의 '환구문췌(環球文萃)'라는 이름의 주간 신문으로 창간됐다.

환구시보의 총편집(總編輯·제작총괄)을 지낸 허충위안(何崇元)에

환구시보가 표방하는 두가지 역할

1 중국 기자의 독특한 시각으로 세계의 다양성을 전달해 중국인의 국제적 시야 확대
2 세계를 상대로 국제 문제에 대한 중국 민간의 견해와 입장을 선명하고 단호하게 전달

따르면 창간엔 두 가지 목적이 있었다. 하나는 '외국의 여러 선진적인 경험을 중국 독자들에게 소개하자'는 것이었고, 다른 하나는 '국제부에 근무하는 많은 기자의 보너스 문제를 해결하자'는 것이었다. 인민일보엔 특파원을 포함해 국제부 기자가 많았지만 지면은 작았다. 이에 인민일보에서 소화하기 어려운 국제 기사를 환구문췌에 게재하고 그 글에 대해선 원고료를 지불하는 형식으로 기자들의 생계를 지원하자는 취지였던 것이다.

그런데 이게 히트를 쳤다. 우선 창간 시기가 좋았다. 덩샤오핑이 보다 더 대담한 개혁개방을 주문한 92년의 남순강화(南巡講話) 이후 국제 소식에 대한 중국인들의 수요가 폭증했다. 기사의 품질도 높았다. 인민일보 특파원의 글을 게재했기 때문이다. 인민일보 기자는 보통 100대 1의 경쟁을 뚫고 입사한 인재들로 문장력과 취재력이 뛰어나다.

그러나 환구시보의 가장 큰 경쟁력은 거의 독점적인 국제 뉴스 보도에 있었다. 여느 중국 언론사의 경우 해외에 특파원을 두고 있지 않다. 비용 부담을 감당할 수 없기 때문이다. 대부분 신화통신사의 보도를 받아 쓴다. 이에 반해 환구시보는 세계 각지에 나가 있는 인민일보 특파원을 활용해 생생한 현지 소식을 전했다.

시장의 반응은 좋았고 97년 환구시보로 개칭해 2001년 주 2회, 2003년 주 3회, 2006년 주 5회를 거쳐 2011년부터는 월~토요일 주 6회 발행의 일간지가 됐다. 기사는 시장에서 독자의 구미를 당길 수 있도록 철저하게 상업성에 바탕을 두고 제작된다. 대중에 영합하기 위한 구어체 위주의 거친 표현이 많아지게 된 배경이다.

후시진

1960년 4월 출생
1982년 해방군 난징국제관계학원 졸업
1989년 베이징외국어대학 러시아문학 석사
1989년 인민일보 국제부 입사
1993~96년 인민일보 유고슬라비아 주재 기자
1996~2005년 환구시보 부총편집
1999년 중국의 10대 외사업무 걸출 청년 선정
2003년 이라크 전쟁 취재
2005년~현재 환구시보 총편집
2009년~현재 영자지 Global Times 총편집 겸직

환구시보가 거친 두 번째 이유는 현재 환구시보의 총편집인 후시진(胡錫進)과 관련이 깊다. 환구시보 보도 중 가장 주목을 받는 게 사설이다. 환구시보는 원래 사설이 없었다. 2009년 4월 영자지를 창간하면서 사설이 없으면 신문 같지 않아 보인다는 이유에서 사설을 싣기로 했다.

사설은 누가 쓰나. 논설위원(評論員)이 쓰는데 환구시보의 경우엔 거의 모든 사설을 후시진이 쓴다. 처음엔 논설위원이 쓰고 이를 후시진이 고쳤는데 몇 글자 안 남기고 다 고치는 경우가 많아지자 아예 자신이 직접 쓰는 게 낫다고 판단했다. 이에 팀을 짰다. 몇몇이 사설 자료를 수집하고 이를 토대로 후시진이 구술한다. 이를 또 다른 사설 정리 담당자가 후시진과 토론하며 정리하는 형식이다.

후시진에 따르면 사설이 필요한 시점은 국제적으로 관심이 모이는 사안에 대해 중국이 목소리를 내야 할 때다. 이때 중국이 소리치

지 않으면 중국이 손해 본다고 그는 생각한다. 문제는 사설을 쓰는 후시진이 중국의 대표적인 매파에 속한다는 점이다. 민족주의 성향이 강하다. 60년생인 후는 중국인민해방군 난징(南京)국제관계학원을 나와 베이징외국어대학에서 러시아문학 석사학위를 취득한 89년, 인민일보 국제부에 입사했다.

93년부터 3년간 보스니아 내전을 취재했고 2003년엔 이라크 전쟁을 취재하는 등 화약 냄새 물씬 나는 전투 현장을 누비고 다녔다. 그래서인지 그의 글은 격정적이고 또 호전적이다. 그가 내세우는 명분은 국가 이익 수호다. 그는 미디어는 외교부나 정부가 아니라고 말한다. 미디어의 방식대로 국가 이익을 지킬 뿐이라고 한다. 그런 그에겐 찬사와 비판이 동시에 쏟아진다. 그는 곧잘 중국의 '4대 악인', '10대 악인' 중 하나라는 이야기를 듣기도 한다. 그런 이가 쓰는 사설이 점잖을 리 없다.

한국을 향한 환구시보의 거친 말들

2010년 7월 7일 한국이 서해 군사훈련으로 망령되게 중국을 압박하고 있다
2010년 12월 23일 한국은 낭떠러지를 축구장으로 여기지 말라
2016년 7월 8일 사드 배치 찬성하는 한국 정계 인사 제재해 중국 입국을 막아야 한다
2016년 7월 14일 중국 각지는 마땅히 한국 성주군과의 각종 왕래를 중지해야 한다

우리에게 중요한 건 환구시보가 중국 정부의 입장을 어느 정도나 대변하느냐 하는 점이다. 중국 언론은 흔히 '당의 목구멍과 혀(喉舌)'로 불린다. 당의 대변자란 이야기다. 당의 방침을 인민에게 전하는 도구로서 당이 엄격하게 통제한다. 환구시보는 당 기관지 인민일보 산하의 매체라 그 보도를 중국 정부의 공식 입장으로 해석할 소지가 있다. 그러나 이렇게 보는 데는 무리가 따른다.

중국 정부가 정색을 하고 입장을 표명하는 건 아직도 인민일보를 통해서다. 후시진은 자신이 사설을 쓸 때 상부와 상의하지는 않는다고 말한다. 현재는 과거와 달리 자유롭게 외국을 비판할 수 있는 언론 환경이 됐다는 것이다. 중국 외교부 또한 수년 전 우리 측에 비슷한 입장을 전달한 적이 있다. 그렇다고 환구시보를 한낱 상업지로 치부하면 곤란하다. 후시진이 사설을 쓸 때 상부의 지시를 받지는 않더라도 교감은 할 수 있기 때문이다. 특히 시진핑의 2월 행보는 환구시보의 중요성을 잘 말해준다.

환구시보는 중국의 공식 입장을 전달하는 통로는 아니지만 적어도 중국의 불편한 심기를 배출하는 창구는 된다. 환구시보는 매일 200만 부를 발행한다. 주요 독자는 화이트칼라 등 지식인 계층이 많다. 환구시보의 인터넷 사이트인 환구망(環球網) 방문자 또한 하루 1000만 명이 넘는다. 특히 중국의 고위 정치 지도자에게 미치는 영향을 과소평가할 수 없다. 원로가 사라진 중국 정계에서의 당내 파벌 경쟁은 일반 여론의 지지를 받는 쪽으로 전개되고 있다. 여론 형성에 커다란 영향을 미치는 환구시보의 '한국 때리기' 보도를 일개 상업지의 선정적 보도로 흘려보낼 수 없는 이유다.

우리로선 환구시보 보도에 적극 대처할 필요가 있다. 한국에 대한 충분한 이해를 돕고 만일 사실과 다른 보도가 나올 경우에 대해선 강력하게 그 잘못을 바로잡는 노력을 기울여야 한다. 또 그런 보도가 중국 시장에서 외면받을 수 있도록 중국에 대한 공공외교를 강화해야 한다.

◆**유상철** 중앙일보 논설위원◆
서울대 영문과 학사, 서강대 공공정책대학원 중국학과 석사, 한양대 국제학대학원 국제학(중국학) 박사. 중앙일보 홍콩특파원과 베이징특파원, 중앙일보 중국연구소 초대 소장 역임. 저서로 『바람난 노처녀 중국』이 있으며 역서로 『열 가지 외교 이야기』, 『저우언라이 평전』 등 다수가 있다.

중국의 한국 유학 열풍

2016년 한국으로 유학 온 학생이 처음으로 10만 명을 돌파해 '유학생 10만 시대'가 열렸다. 2000년 4000여 명에 불과했던 유학생이 16년 만에 25배 이상 증가해 우리도 이젠 '유학을 떠나는 나라'에서 '유학을 오는 나라'란 자부심을 갖게 됐다. 유학 오는 국가도 172개국에 이른다. 이 중 60% 가까운 유학생이 중국에서 온다. 중국인 유학생 정책을 어떻게 잘 수립하느냐에 우리의 유학시장 성패가 달렸다고 해도 과언이 아니다.

세계적으로 유학시장 성장세가 눈에 띈다. 1975년 80만이던 전 세계 유학생이 2015년엔 504만 명으로 늘었다. 연평균 약 7%의 증가세다. 유학시장이 영어권을 중심으로 한 유학 선진국에 집중돼 있다는 사실을 감안하면 한국은 꽤 선전한 편이다. 성장 잠재력도 상당하다.

이렇게 다소 낙관적 전망을 할 수 있는 건 우리의 위상이 높아지는 것 외에 유학의 패턴이 변하고 있기 때문이다. 전통적 유학 패턴은 엘리트 교육 위주의 '학위 과정' 중심이었다. 그런데 최근엔 어학연수를 포함한 '비학위 과정' 유학이 증가하는 추세다. 유학이 누구나 선택 가능한 자기계발 수단이 된 것이다. 유학의 목적도 학위와 이주에서 취업과 취미 등 다양한 분야로 확장되고 있다.

이런 흐름 속에서 유학생을 유치하기 위한 각국의 경쟁은 '고급화'와 '다양화'의 두 갈래로 나뉜다. 선진국은 고급화를 지향해 고급 두뇌 유치에 적극적이다. 이공계열 석사 이상의 유학생들에겐 다양한 혜택을 주면서 자국에서 취업하도록 유도하고 또 국적 취득까지 주선한다. 유학정책을 엘리트 이민을 유도하는 이민정책의 하나로 보는 것이다.

다른 하나는 다양화다. 어학연수와 취업연수 같은 비학위 과정을 블루오션 시장으로 설정하고 서비스 경쟁을 통해 유학시장을 다양화하고 있다. 이는 유학시장에 뒤늦게 진입한 나라도 자신의 장점을 잘 살리기만 하면 일정한 몫을 차지할 수 있다는 걸 뜻한다. 우리나라와 같은 유학 후발 국가에 유리하다.

한국 유학 열풍 주도한 중국인 유학생

우리나라 유학생이 폭발적으로 증가한 데는 중국인 유학생의 지속적인 유입이 크게 기여했다. 사실 중국인 유학생의 유입은 한반도와 중국 대륙이 인적 교류를 시작한 이래 처음 있는 현상이다. 재한 중국인 유학생과 재중 한국인 유학생은 각각 6만여 명 정도로 비슷

전체 유학생 및 중국인 유학생 증감 추이
단위: 명

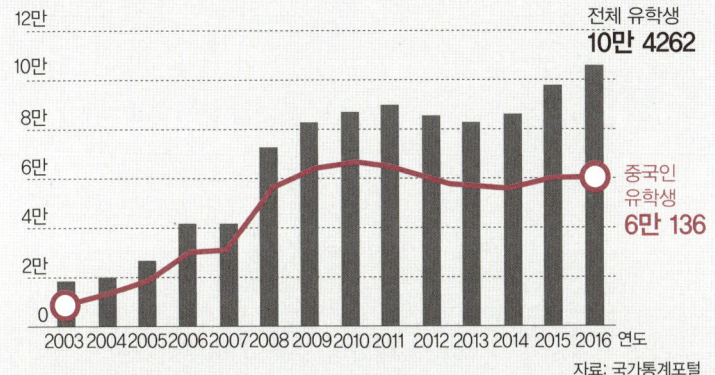

자료: 국가통계포털

재한 중국 일본 대륙별 유학생의 과정별 비율
단위: % 2015년 말 기준

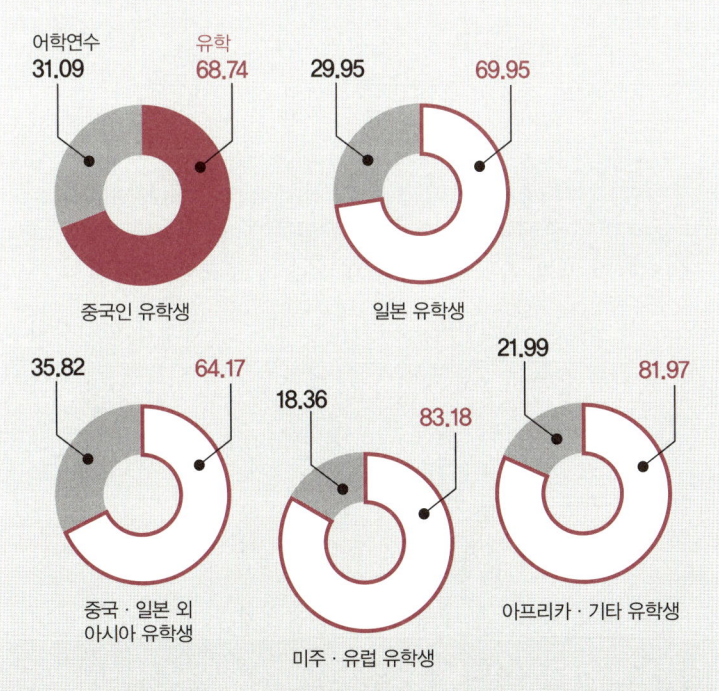

하다. 하지만 인구 대비로 계산하면 한국인이 중국에 유학하는 비율이 28배나 높다.

2003년 8900여 명이던 중국인 유학생은 꾸준히 늘어 2010년엔 6만 7288명으로 정점을 찍었다. 이후 4년 동안 점차 하락해 5만여 명 수준으로 내려갔다가 2015년 회복세를 보이며 다시 6만 명을 넘어섰다. 문제는 2008년 중국인 유학생이 전체 유학생의 79%를 차지할 정도로 한국 유학 열풍을 주도했으나 2016년엔 그 비중이 57% 수준까지 떨어진 점이다.

우리의 유학시장 저변이 확대되며 중국의 비중이 자연스럽게 내려간 것은 바람직하지만 중국인 유학생의 지속적인 감소는 분명 우려되는 현상이다. 특히 최근 사드 체계의 한반도 배치를 둘러싼 한중 갈등으로 중국 내 혐한 분위기가 강화되고 있는 점은 한국 유학을 준비하는 학생들을 주저하게 만드는 요인이 되고 있다.

중국인 유학생은 왜 한국을 선택하나

2015년 전 세계 유학생 504만 명 가운데 중국인 유학생은 126만 명으로 약 25%를 차지한다. 이 가운데 한국은 세계 유학시장의 약 2%를 점하고 중국인 유학생의 4.8%를 수용하고 있다. 이렇게 보면 한국에 중국인 유학생이 매우 많은 것 같지만 중국인 유학생 20여 명 중 한 명이 한국에 오고 있을 뿐이다.

중국인 유학생이 유학을 하는 배경엔 높은 교육열, 학력사회 도래, 체면 의식, 중국 내 세계적인 고등교육기관 부족, 이민 준비 등 다양한 요소가 깔려 있다. 부잣집 자녀만 유학하는 게 아니라 극심한

입시 경쟁과 학력사회라는 시장화 초기 현상 때문에 경제적 부담을 감수하고서라도 외국 유학을 떠나는 사람이 많다. 이들 대부분이 영어권을 선호한다.

재미있는 건 영어권 선호도가 높긴 하지만 실제 중국인이 선택한 유학 대상국은 일본이 2위, 한국이 6위로 비영어권도 선전하고 있다는 점이다. 이는 실제 유학을 선택하는 기준엔 선호도 외에 생활비, 거리, 문화적 동질성, 입학 준비 용이성 등 다양한 요인이 작용한다는 것을 보여준다.

중국인 유학생에게 한국 유학의 경쟁력은 무얼까. 낮은 생활비, 높은 안전도, 가까운 거리, 동일한 문화권, 낮은 수준의 역사 갈등, 낮은 입학 문턱 등이 꼽혔다. 특히 중국인 부모 입장에선 한국이 마약과 총기 사고가 없다는 점이 상당히 매력적으로 작용한다. 또 한류의 유행은 학위 과정 유학생의 선택에도 영향을 주지만, 비학위 과정 연수생들이 한국을 선택하는 데 큰 역할을 하고 있다.

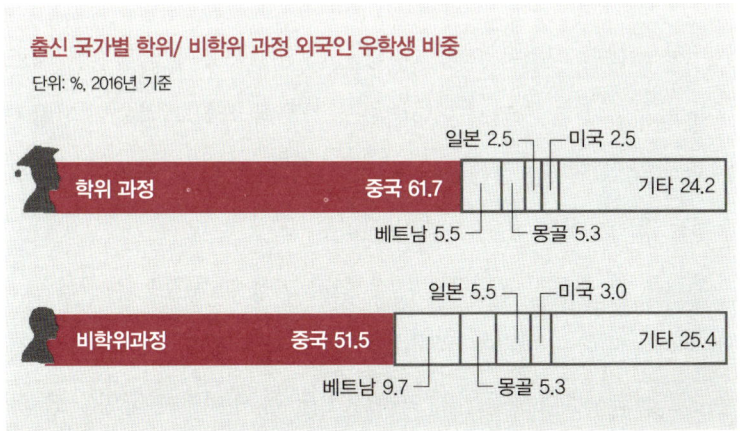

중국인 유학생의 대학 선택 기준은?

유학생은 대개의 경우 대상 국가를 먼저 결정하고, 이어 학교를 고른다. 따라서 유학시장의 결정은 국가 브랜드가 가장 중요한 기준이 되고, 대학의 명성은 그다음 역할을 한다. 그런데 중국인 유학생은 다르다. 이들은 학교에서 추천하는 대학을 선택하는 경향이 강하다. 또 자신의 결정보다 주변의 추천에 크게 영향을 받는다. 특히 우리나라 수도권 대학보다 지방에 소재한 대학의 경우 이런 현상은 더욱 두드러진다.

중국인 어학연수생과 교환학생은 대학 간 교류협정이 가장 큰 결정 요인으로 작용한다. 지인 추천과 전공 분야는 그다음 고려 사항이다. 다만 대학원을 결정할 때는 학교보다는 주변의 추천에 더 큰 영향을 받고, 이어 전공 경쟁력과 저렴한 학비 등을 따지는 경향이 있다.

우리 각 대학은 중국인 유학생의 이런 특성을 잘 고려해 유치 전략을 수립할 필요가 있다. 유학생 개인의 자율적 결정권이 강하지 못하다는 건 대학 간 협약을 통해 유학생을 유치할 통로가 존재함을 의미한다.

특히 주목할 부분은 어학연수생은 대부분 모교에서 결정한 대로 간다는 사실이다. 그리고 어학연수생 가운데 학위 과정으로 진학하는 학생의 약 50%는 같은 학교를 선택한다는 점이다. 따라서 어학연수생을 유치한다는 건 큰 의미가 있다.

아쉬운 건 중국인 유학생의 경우 학사 과정 비중은 높은데 석·박사 과정의 비중은 낮다는 점이다. 한국 유학을 통해 최고 수준의 전문가로 성장하겠다는 동기가 약하다고 할 수 있지만 한국의 고급 과정 유학이 큰 매력을 주지 못한다는 의미로도 해석할 수 있다.

유학정책을 이민정책으로 전환해야

우리 유학시장의 문제점은 선진국엔 유학 대상이 되지 못하고 있다는 점이다. 한국어 사용 지역이 우리나라밖에 없고, 한국이란 국가 브랜드가 낮으며, 또 우리 대학의 학문 수준이 높지 않은 데다 우리의 유학정책 역시 선진국에 비해 뒤떨어지기 때문이다.

그럼에도 한국 유학이 그동안 급성장할 수 있었던 이유는 한류 등 다른 매력에 의한 보충 역할이 있었던 까닭이다. 특히 중국인 유학생의 꾸준한 유입이 절대적인 작용을 했다. 우리로선 중국인 유학생을 지속적으로 증가시키면서 다른 국가 출신의 유학생 또한 더 많이 유치해 균형을 맞추는 노력이 필요하다.

그러기 위해선 우선 유학생에 대한 인식 전환이 선행돼야 한다. 유학생에게 충분한 교육서비스를 제공하지 않는 현행 관리 방식과 학점 제도는 반드시 시정돼야 한다. 유학생 관리 수준을 높이기 위해선 무엇보다 한국어 교육을 강화하는 정책으로 전환해야 한다.

지금처럼 유학생에게 한국 학생과 동일한 과목을 수강하도록 하는 제도로는 한국어 교육을 제대로 실시할 수 없다. 유학생이 자신의 한국어 실력에 맞게 배울 수 있도록 한국어 과목을 9학점까지 교양과목으로 인정해야 한다. 한국어 실력이 모든 수업 성취도와 취업 성패를 좌우하는 가장 중요한 요소라는 점을 인정한다면, 그에 맞는 교육 방식을 도입해야 하는 것이다.

마지막으로 유학생을 이민정책의 하나로 바라보는 근본적인 인식 전환이 수반돼야 한다. 패러다임이 바뀌어야만 유학생이 국가경쟁력을 추동하는 인재라는 관점을 수립할 수 있으며, 고급 인력을 확보하기 위해 적극적인 이민정책을 추진하는 범정부 차원의 정책을 수립할 수 있다. 인재 경쟁의 시대를 맞아 획기적인 유학정책이 나와야 한다.

◆**민귀식** 한양대 국제학대학원 중국학과 교수◆
고려대 경제학과를 졸업하고 중국사회과학원에서 정치학 석·박사 학위를 받았다. 2010년 한중 유학생 포럼을 조직해 매년 양국 대학원생이 참여하는 학술대회를 운영 중이다. 또 한국 최초로 중국인 유학생 전용 학술지인 「한중청년논총」을 발간하고 있다.

한반도 유사시 가장 먼저 투입될 중국군은?

한·미의 사드 체계 도입 논의에 중국이 격한 반응을 보이고 있다. 현재 중국 외교는 사드 저지에 올인하고 있는 모습이다. 심지어 중국 해방군보(解放軍報)는 중국 공군이 1시간이면 사드 체계를 초토화시킬 수 있다고 주장한다. 중국은 최근 건국 이래 최대 규모의 군 개혁을 단행했다. 싸워서 이길 수 있는 군대로의 전환이 목표다. 한반도 유사시 중국 인민해방군은 과연 어떻게 움직일까.

중국 인민일보의 자매지 환구시보는 중국의 내심을 엿볼 수 있다는 말을 듣는다. 사드 배치 논의가 한창이던 2016년 2월 중순 환구시보는 '한반도에 전쟁이 일어나 미국과 한국이 38선을 돌파하면 중국도 군사적 개입을 할 가능성을 염두에 둬야 한다'고 말했다.

중국에 '말보다는 행동을 봐야 한다(聽其言而觀其行)'는 말이 있다.

실제 중국군은 어떻게 움직이고 있나. 2016년 1월 말 중국 지린(吉林) 성에 주둔 중이던 중국군 제39 집단군(集團軍)의 한 기갑여단이 갑작스레 훈련에 돌입했다.

영하 20도 혹한기에 급작스러운 상부의 출동 명령을 받고 새벽부터 40km를 이동해 공중 위성 정찰부터 장거리 화력 타격, 적군의 교란 습격과 화학무기 공격을 가정한 대응훈련을 실시했다. 고위 장교들은 임기응변 능력을 점검받았다.

훈련이 실시된 곳은 북·중 접경 지역으로부터 약 200km 떨어진 곳이다. 북한의 4차 핵실험과 무관하지 않은 중국군의 행보다. 사실 한반도 유사시 가장 먼저 투입될 부대가 바로 이들이다. 북한으로의 출동이나 중국으로의 탈북 난민 처리와 같은 임무를 맡고 있다.

그런데 최근 39 집단군의 소속이 바뀌었다. 선양군구(瀋陽軍區)에서 북부전구(北部戰區)로다. 군 개혁의 결과다. 시진핑 중국 국가주석

시진핑의 중국인민해방군에 대한 12자 요구

召之卽來　　소지즉래
　　　　　　부르면 바로 오고

來之能戰　　내지능전
　　　　　　오면 능히 싸울 줄 알며

戰之必勝　　전지필승
　　　　　　싸우면 반드시 이겨야 한다

의 이번 군 개혁은 12자 방침으로 요약된다.

'군사위원회가 전체를 총괄하고 전구는 전투에 주력하며 군종은 군 건설에 매진한다(軍委管總 戰區主戰 軍種主建)'는 것이다. 그동안 약점과 폐해로 지적됐던 모든 부분과 영역에 메스를 가했다. 크게 세 가지다.

첫째, 최상층의 지휘 체계부터 갈아 치웠다. 총참모부 등 4개의 총부(總部)를 업무 성격에 따라 연합참모부 등의 15개 부서로 개편했다. 제너럴리스트에서 스페셜리스트로 바꾼 것이다. 혼자서 이것저것 다 하는 잡화점이 아니라 자기가 잘하는 코너에만 집중하도록 했다. 아울러 비(非)전투요원 위주로 30만 병력을 감축해 군더더기 살을 뺐다.

둘째, 전국을 7개로 나눠 관리하던 7대 군구(軍區)를 동 · 서 · 남 · 북 · 중의 5대 전구(戰區)로 재편했다. 전구 신설은 전투에 집중하라는 메시지다. 한반도를 맡은 북부전구엔 집단군 하나가 증강돼 4개 집단군이 포진했다. 5개 집단군으로 구성된 중부전구 다음으로 병력이 많다. 나머지 3개 전구엔 각 3개씩의 집단군이 배치됐다.

셋째, 로켓군 신설로 첨단전과 미래전에 대비하고자 했다. 미래의

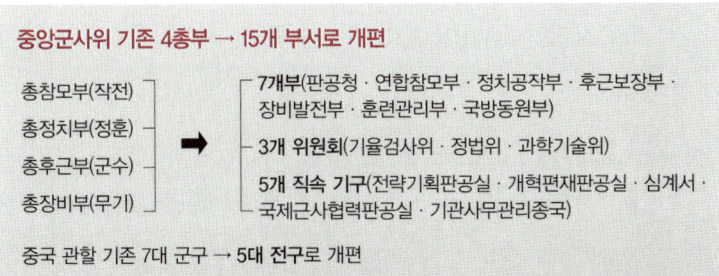

새로운 전장에서 승리하기 위해선 핵 공격의 억제 및 반격, 중장거리 미사일 정밀 타격 능력이 필수다. 이에 대한 역량 강화를 위해 기존의 제2포병을 로켓군으로 업그레이드시켰다.

이 같은 군 개편은 중국에 대한 위협 요인이 달라진 데 기인한다. 1980년대까지는 북쪽으로부터의 옛 소련이 최대 위협이었다. 그러나 80년대 말 중·소 화해, 그리고 90년대 중반 옛 소련 및 중앙아시아 국가들과 함께 상하이협력기구(SCO)를 결성한 이후 중국은 서북쪽의 안보 불안을 해소했다.

21세기 들어 위협은 동남쪽에서 오고 있다. 미국의 아시아·태평양 재균형 전략과 미·일 동맹에 의한 압박이 그것이다. 과거 위협이 북부 내륙 지역으로부터 왔다면 이젠 동쪽과 남쪽 해양에서 밀려오고 있다.

여기에 최근 북한 핵 개발로 야기된 한반도 긴장이 중국의 새로운 위협으로 떠올랐다. 역내 안정을 바라는 중국의 바람과는 달리 북한 김정은 정권이 잇따른 핵실험과 미사일 실험이란 불장난을 하다 마침내 한·미의 강경 대응을 초래한 것이다.

2016년 3월 7일부터 한국에선 키리졸브 한·미 합동훈련이 시작됐다. 세계 최강의 F-22 랩터 스텔스 전투기 등 미국의 6대 최첨단 전략무기가 참여한다. 역대 최대 규모다. 북한도 주민 150만 명을 자원 입대시키는 등 전시 분위기를 연출하며 맞불을 놓고 있다.

중국의 한 고위 외교관은 '산에 비가 오려 하니 누각에 바람이 가득하구나(山雨欲來風滿樓)'는 시구로 일촉즉발로 치닫는 한반도 상황을 묘사했다. 이와 함께 중국은 39 집단군의 기동훈련에서 보이듯 실제적인 행동으로 준비에 나서고 있다.

한반도에 비상사태가 발생하게 되면 가장 먼저 대응에 나설 곳이 북부전구다. 여기에 한반도에 개입할 수 있는 중국의 즉각 전력을 한 자리에 모았다. 우선 육군은 4개의 집단군이 포진했다.

과거 선양군구의 16, 39, 40 집단군에 지난(濟南)군구 소속이었던 26 집단군이 추가됐다. 집단군은 우리의 군단에 해당하며 5만~7만의 병력으로 구성된다. 26, 40 집단군은 보병사단이 주력으로 산악 특수 지역 작전에 능하다. 산이 많은 한반도 지형에서 기동성을 발휘할 수 있다.

16, 39 집단군은 접경 지역 작전과 국경 수비 임무를 맡고 있다. 16 집단군은 한국전쟁에 참가한 경력이 있다. 이 중 핵심 전력은 39 집단군으로 인민해방군의 최정예 부대 중 하나다. 한반도 유사시 제1순위로 출병할 전망이다. 환구시보가 말한 한·미 연합군이 38선을 돌파할 경우 개입하게 될 부대가 바로 39 집단군이다.

북부전구는 그 외 1개의 특수전 부대와 1개의 기계화 보병여단, 1개 전자전 연대도 보유하고 있다. 북부전구의 공군엔 3개 전투사단,

중국군 주요 무기

전략 무기	육군 주요 무기	해군 주요 무기	공군 주요 무기
전략 핵잠수함 - 4척	전차 - 7590대	전술 핵잠수함 - 5척	폭격기 - 90대
대륙간탄도미사일 - 66기	장갑차 - 7800대	재래잠수함 - 61척	전투기 - 842척
중거리탄도미사일 - 140기	야포 - 13014문	수상전투함 - 69척	전투타격기 - 543척
단거리탄도미사일 - 252기	헬기 - 763대	연안전투함 - 216척	공격기 - 120척
장거리폭격기 - 20대		기뢰함정 - 53척	조기경보 및 통제기 - 8대
		수륙양용함 - 140척	기타 고정익 항공기 - 1368대

1개 정찰사단, 2개 대지(對地)공격여단, 1개 지대공 미사일 여단 등이 있다. 로켓군은 51 기지가 있다. 한·미의 사드 배치 협의 선언으로 중국의 반발이 고조되던 2016년 2월 12일 중국은 항공모함 킬러로 불리는 둥펑(東風)-21D 전략 미사일을 발사했다.

중국군은 한국에 사드가 배치되면 산둥(山東)반도와 랴오둥(遼東)반도에 배치된 미사일과 레이저 기지를 재배치해야 한다고 본다. 엄청난 비용이 들고 또 미군의 군사 위협에 지속적으로 노출된다고 생각한다. 중국이 격렬하게 반발하는 이유다.

중국의 대항 방법은 로켓군의 미사일이 한국에 배치된 사드를 조준하게 하는 것이다. 그러나 지대지 미사일은 항공기 폭격보다 정확도가 떨어져 해방군보의 보도처럼 중국 공군에 의한 타격 이야기가 나온다. 중국 로켓군은 서해로 미 항모 전투단이 진입하는 데 커다란 걸림돌로 작용할 전망이다.

북부전구의 해군은 산둥성 칭다오(靑島)에 사령부를 둔 북해함대다. 전술 핵잠수함 3척과 재래식 잠수함 25척, 구축함 8척 등 약 330여 척의 함정을 보유하고 있다. 무엇보다 중국 유일의 항공모함인 랴오닝(遼寧)함을 갖고 있다.

북해함대는 한반도 유사시 보하이(渤海)만과 서해 수역을 봉쇄하고 한반도 서부 지역을 차단하는 역할을 하게 된다. 한·미의 북상을 견제하는 것이다. 특히 핵잠수함과 항모 등은 직접적인 군사작전보다는 미 해군이 작전을 하지 못하도록 견제 역할을 할 것으로 보인다.

또 이번 중국군 개편에서 강조된 연합작전 능력 강화 방침에 따라 유사시엔 동부전구가 측면에서 북부전구를 지원할 것으로 예상된다. 중국이 우리의 반대편에 서게 되면 한반도 유사시 결코 쉽지 않은 상황이 전개될 수 있음을 짐작할 수 있다.

중국군은 현재 특수전, 정보전, 사이버전, 우주전 등 미래전에 대비한 군사개혁을 가속화하고 있다. 이 같은 중국군의 움직임은 우리에게 미래의 군사 전략과 전력 구조에 대해 고민을 안겨 준다. 우리가 추진하는 국방 개혁이 이른 시일 내 성과 있게 마무리돼야 할 필요성을 일깨워주고 있는 것이다.

또 경성 군사력 못지않게 중요한 게 연성 군사력이다. 우리로선 중국과의 군사관계를 안정적으로 유지할 수 있도록 대중 군사외교를 강화해야 한다. 한중 군사적 신뢰 구축과 소통 차원에서 국방부, 해·공군 핫라인의 운용이 필요하다.

최근 유엔 안보리 차원의 '이빨 있는' 강력한 대북제재안이 마련됐다. 이와 함께 북한의 군사적 도발을 비롯해 우리 안보를 위협하는 각양각색의 도전을 이겨내기 위해선 우리의 국방과 군사 개혁이라는 또 다른 강력한 이빨이 필요한 시점이다.

◆**황재호** 한국외국어대 국제학부 교수◆
대만 중국문화대 학사, 영국 런던정경대 비교정치학 석사와 국제관계학 박사. 주요 연구 분야는 중국 외교안보와 동북아 국제관계. 주요 논문으로 「신질서의 부상과 한국의 전략적 딜레마」, 「후진타오 시기 중국인민해방군의 국제안보환경 인식」 등이 있다.

4
중국서 쉽게 돈 벌던 시대는 지났다

한중 비즈니스

중국서 쉽게
돈 벌던 시대는 지났다

중국은 우리 경제에 어떤 존재인가? 축복인가, 재앙인가. 사드 체계의 한반도 배치에 따른 중국의 거칠기 짝이 없는 보복을 보면서 제기되는 문제다. 사드는 우리에게 한중 경협에 대한 시각의 전환을 요구하고 있다. 발상부터 바꿔야 할 때가 됐음을 알려준다. 중국이 우리 경제의 재앙이 될 수도 있다는 걸 보여줬기 때문이다. 사드가 시사하는 중국 비즈니스의 패러다임 변화, 우리는 과연 어떻게 준비해 나가야 하나.

중국 남부의 첫 개방 도시 중 하나인 샤먼(廈門)에서도 '사드 보복'은 여지없이 우리 기업을 괴롭혔다. 현지에서 16년째 사업을 하고 있는 한 투자회사의 K법인장이 전하는 분위기는 이랬다.

"갑자기 때아닌 소방검사를 하겠다는 겁니다. 조그만 공장을 하루

종일 뜯어보고 갔습니다. '화재 발생 경보기와 분수 시스템이 미비하다'며 시정 명령을 내렸습니다. 2억~3억 원 정도 들게 생겼습니다. 가동 중단이 아닌 게 그나마 다행입니다. 더 심한 건 공안(경찰)들이 밤에 찾아오는 겁니다. 불쑥 찾아와 여권을 내놓으라 하고, 식구들 어디 있느냐며 채근합니다. 스트레스가 이만저만 아닙니다."

K법인장은 "우리 회사는 수출 업종이라 그래도 영향이 적지만 중국인을 대상으로 한 내수 업체들은 노심초사, 하루하루를 걱정 속에서 보내고 있다"고 말했다. 1980년 개방된 비즈니스 도시인 샤먼이 이 정도이니 다른 곳은 어떨지 미루어 짐작이 간다.

수교 25년 만에 드러난 중국의 민낯이다. 그는 "중국 비즈니스 16년, 중국에서 쉽게 돈 버는 시대는 이제 끝나 가고 있다는 걸 느낀다"고 말했다. 사드 문제가 어떻게 끝나든 '포스트 사드(Post-THAAD·사드 이후)' 시대엔 경쟁력 없는 상품이나 서비스는 중국에 발을 들여놓지도 못할 것이라는 얘기다.

변두리 상품부터 무너지는 수출 전선

'쉽게 돈 버는 시대는 끝났다'. 이 말은 향후 전개될 한중 경협의 새로운 패러다임을 단적으로 보여준다. 그동안 우리 기업은 중국과 쉽게 장사를 할 수 있었다. '세계 공장' 중국이 한국의 중간재(부품, 반제품)를 사갔으니 말이다. 우리가 그들보다는 기술이 월등히 좋았으니 가능했던 얘기다.

그러나 지금은 다르다. 기술 수준이 높아진 중국은 어지간한 중간재는 이제 중국 내에서 다 조달한다. 부품, 조립, 완제품 생산, 수출(또는

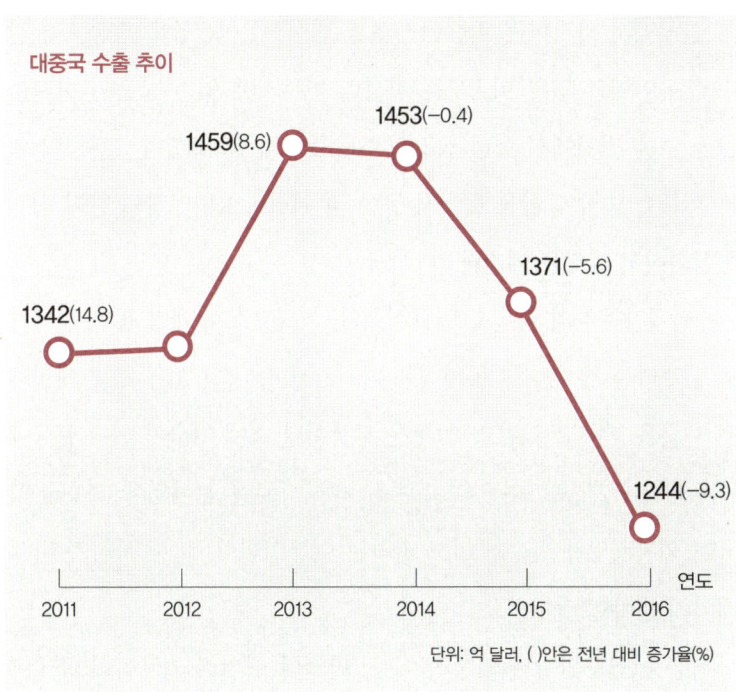

내수 소비)에 이르는 완결된 제조 생태계를 형성하고 있다. 소위 말하는 '홍색공급망(Red-supply-chain)'이다. 중국의 자국산 중간재 투입 비중은 2004년 이후 꾸준히 증가해 62.9%에 이르렀다(현대 경제연구원). 당연히 한국에서 들여가는 중간재 수요가 줄어들 수밖에 없다.

사드가 아니더라도 우리나라의 대(對)중국 수출에는 이미 경고등이 켜지고 있었다. 통계가 말해준다. 우리나라의 대중국 수출은 2014년 이후 연속 3년 마이너스 성장률을 기록했다. 2016년에는 1244억 달러로 전년보다 9.3% 감소했다.

정환우 KOTRA 중국 조사담당관은 "대중국 수출 상위 12개 품목

이 전체에서 차지하는 비중이 50%를 넘어서는 등 품목 집중도가 갈수록 높아지고 있다"며 "이는 경쟁력 변두리에 있는 상품이 하나둘 중국 수출 전선에서 밀려나고 있음을 뜻한다"고 말했다. "경쟁력 없는 제품은 중국에 발을 들이지 못할 것"이라는 K법인장의 말이 점점 현실화하고 있다는 얘기다.

"전기자동차의 경우 조립에서 부품 제조, 소재 개발 등 순차적으로 발전하는 게 아니라 동시에 이뤄지고 있습니다. 모든 밸류 체인에서 자립을 꾀하고 있지요. 그들은 부품이나 소재 기술이 이미 중국에 존재하거나 개발할 수 있다고 여깁니다. 새로운 분야임에도 중국 당국이 외자기업에 '노(No)'라고 말하는 이유입니다. 그중 하나가 바로 배터리 분야인 것이지요."

이철용 연구원 위원의 설명이다. 한국의 배터리 업체들이 중국에서 당한 근본 이유는 사드가 아닌 중국의 산업정책 때문이라는 얘기다. 중국은 힘을 축적했다고 판단하는 순간 '넌 더 이상 나의 스파링 파트너가 아니야'라며 링에서 몰아낸다. 어정쩡한 기술로 중국에서

중국의 '전략성 신흥산업' 목록

목표	12·5규획(2011년)		13·5규획(2016년)	
	육성		강대	
목록	• 에너지 절약 및 환경 보호 • 차세대 IT • 바이오 • 신소재	• 첨단 장비 제조 • 신재생 에너지 • 신에너지 자동차	• 에너지 절약 및 환경 보호 • 차세대 IT • 바이오 • 신소재	• 첨단 장비 제조 • 신재생 에너지 • 디지털 창의

자료: LG경제연구원

버티기는 불가능해졌다.

현대차의 2017년 3월 판매량이 사드 영향으로 거의 반 토막 난 것으로 전해지고 있다. 시작이다. 판매량이 얼마다 더 줄어들지 가늠하기 어렵다.

일본 도요타 역시 2012년 중·일 갈등으로 타격을 받았다. 시장점유율을 회복하는 데 5년이 걸렸다. 그러나 그건 기술력이 받쳐준 도요타 얘기일 뿐, 경쟁력이 따라주지 않는다면 현대차의 회복은 더 길어질 수 있다. 맹렬하게 기술을 추격해 오고 있는 중국 로컬 자동차 업체도 부담이다. 아예 퇴출 위기에 직면할 수도 있다는 일부 우려가 제기된다.

'사드가 준 선물?'

쉽게 돈 버는 시대가 끝났다면 향후 중국 비즈니스는 어떻게 준비해야 할 것인가? 전문가들은 중국 내에서 형성되고 있는 '홍색공급망'의 빈틈을 노려야 한다고 강조한다. 박한진 KOTRA 타이베이 관장은 "중국의 자체 기술력이 높아지고 있다고는 하지만 공급사슬에 분명 기술 허점이 존재한다"며 "그들이 갖추고 있지 못한 분야, 허술한 분야를 찾아내 공략해야 한다"고 강조했다. 각 산업, 기업별로 중국의 서플라이체인을 연구하고, 내가 참여(input)할 수 있는 기술과 서비스를 만들라는 충고다.

그래도 문제는 남는다. 과연 우리에게 그런 기술 역량이 있는지의 여부다. 과거 우리는 중국이 요구하는 기술을 내어주면서 시장을 얻었고, 그 돈으로 기술개발을 해 밸류체인의 고부가 영역으로 이동할 수 있었다. 그러나 지금은 개발 여지가 점점 줄어들고 있다. 오히려 중국에 쫓긴다. 중국은 '중국제조 2025'라는 국가 제조업 혁신 프로그램을 마련하고 정부와 기업이 총력 돌진하고 있다. 모바일 인터넷 등 신흥 산업에서는 이미 우리를 추월했다. 중국 시장과 교환할 수 있는 우리 기술은 점점 줄어들고 있다.

"사드 문제가 제기된 후 '시장 다각화' 주장이 제기되고 있지만 말이 쉽지, 하루아침에 이뤄질 일은 아닙니다. 게다가 중국은 우리보다 10조 달러나 많은 11조 4000억 달러의 경제 규모를 갖고 있는 시장입니다. 어쨌거나 매년 6~7% 성장합니다. 많은 경우 동남아로 진출하더라도 원부자재를 중국에서 가져다 써야 합니다. 이웃 중국에서 밀리면 다른 어느 곳에서도 성공할 수 없다는 위기의식을 가져야 합

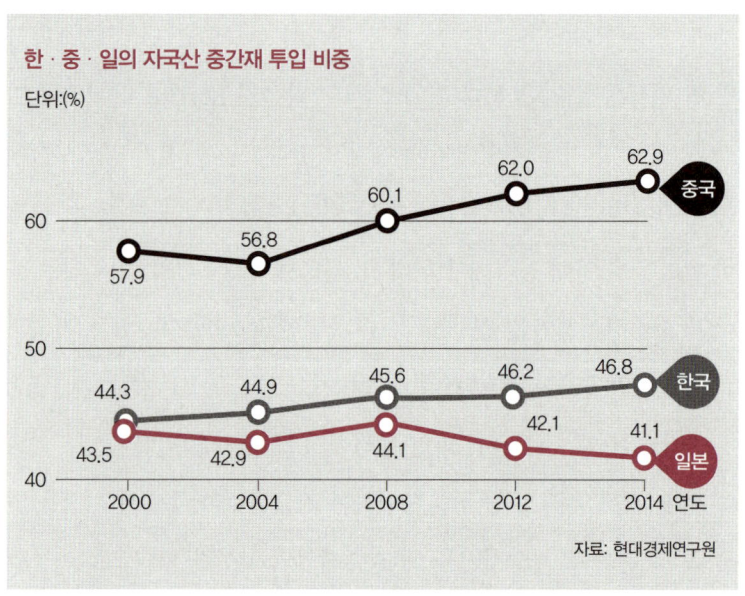

니다."(황재원 KOTRA 경제외교사업팀장)

그렇다면 결론은 하나. 기술력으로 다시 승부를 거는 수밖에 없다. 우리는 그 방법을 다 알고 있다. 정부는 기업이 마음껏 기술개발에 나설 수 있도록 환경을 조성하고, 인재 양성 체제를 정비해야 한다. 서방의 선진 기술 업체가 한국으로 와 중국을 향한 산업기술을 구체화할 수 있도록 비즈니스 인프라를 깔아야 한다. 젊은이들에게 창업 공간을 마련해주고, 실패에서 일어날 수 있는 제도를 짜는 것도 시급한 일이다. "방법은 알지만 실행이 안 되고 있는 것, 그것을 실천해야 한다"는 지적이다.

사드가 드러낸 민낯, 그건 "경쟁력 없는 한국 기업들은 이제 중국에 발도 들일 생각 말라"는 경고와 다름없다. 이를 직시하고, 우리 산업의 경쟁력 강화로 연결한다면 사드가 나름 의미 있는 선물이 될 수도 있다는 얘기는 그래서 나온다.

◆**한우덕** 중앙일보 중국연구소 소장 · 차이나랩 대표◆
상하이 화동사범대학 박사(경제학). 베이징/상하이 특파원을 역임했다. 중국의 경제 발전, 한-중 산업 협력, 글로벌 경제에서의 중국의 역할 등에 관심이 많다. 중앙일보와 네이버가 공동 설립한 차이나랩 대표를 겸직하고 있다. 저서: '우리가 아는 중국은 없다', '중국의 13억 경제학', '뉴차이나 그들의 속도로 가라', '중국증시 콘서트' 등

사드 갈등 이후
중국서 대박 내려면?

 사드 체계 배치에 따른 중국의 보복은 거셌다. 그러나 이는 지나는 태풍이었다. 사드 갈등 이후 중국에서 대박 낼 준비를 지금부터라도 시작해야 한다. 뭘 해야 하나. 정답은 창의력에 있다. 창의력은 두 가지 측면에서 구현된다. 차별화된 상품을 만드는 창조적 활동과 사업적 구조를 기발하게 설계하는 창조적 발상이 바로 그것이다. 이제 13억 중국 시장을 제대로 뚫으려면 이 두 가지를 동시에 연구해야 한다.
 그렇게 뜨거웠던 한류 열기가 싸늘하게 식었다. 가능성을 믿고 중국으로 간 우리 기업들은 덩치의 대소에 관계없이 모두 위기다. 그저 중국 당국의 눈치만 볼 뿐, 침이 마르고 속이 타는 극한을 경험하고 있다. 하지만 이럴 때일수록 두 눈 부릅뜨고 우리 기업의 활로를 찾는 노력이 필요하다.

한중 수교 25년과 중국 진출의 교훈

1992년 수교 이후 이제까지 우리 기업의 중국 진출은 4단계로 나눌 수 있다. 1세대 진출 기업은 92~99년 사이에 중국으로 향한 기업들로 대부분 노동집약형 제조업이었다. 봉제, 가발, 피혁, 액세서리 분야의 중소기업들이 중국 동부 연안에 각개전투 형태로 진출했다. 그러나 치솟는 현지 임금과 원가 상승에 신음하다 2005년 중국 위안화 절상 조치 이후 대부분 몰락했다.

2000년부터 2008년 글로벌 금융위기 발발 이전까지 진출한 기업들이 2세대다. 이때 도·소매업과 서비스업의 독자 진출이 시작됐다. 삼성전자의 휴대전화와 현대자동차의 중국 진출, 국내 금융기관들의 중국 법인 설립이 본격화됐다. 중국 파트너가 토지와 건물을 현물로 출자하고 우리 기업이 현금과 기술을 투입하는 '중외합자'가 크게 늘었지만, 대부분 출범 3년 이내 분쟁이 급증하는 사태를 맞았다.

3단계는 2008년 이후 중국의 12차 5개년 계획이 끝난 2015년 사이에 진출한 기업들이다. 이들은 앞선 세대와는 달리 중국 내수시장 개척을 목적으로 했고 중국 시장에서 쓴맛을 본 선배들의 경험을 학습했다. 사전에 철저히 준비하고 중국 파트너의 입에 발린 말에 잘 넘어가지 않았다.

4세대 진출 기업은 2016년 이후 중국으로 나가고 있는 기업들이다. 사회 서비스 업종의 투자가 눈에 띄며 투자 요령도 영악해진 게 특징이다. 가급적 큰 투자는 중국 측에 넘기고 기술 지분을 챙기거나, 로열티 수익, 핵심 재료 판매 마진을 안전하게 챙기려 한다.

차이나 리스크는 갑자기 나타나지 않는다

중국에서 위험을 줄이려면 기본적인 중국 경제법을 이해하는 게 꼭 필요하다. 우리의 '상법'에 해당하는 중국의 '회사법'이 3자기업법(중외합자기업법, 외자기업법, 중외합작기업법)에 앞서 해석되는 경우가 빈번하다는 점을 명심해야 한다.

또 외국인이 투자해 설립하는 기업들 대부분은 유한책임회사로서 주식회사와는 다른 정체성을 지닌다는 점을 유념해야 한다. 발행하는 주식이 없으니 당연히 1주당 액면가도 없다. 오직 지분율로만 권익이 표시된다. 이런 중국의 특이 사항을 이해하지 못하고 진출한 기업들은 분쟁에 휘말리기 일쑤다. 우리 기업이 중국에 가는 이유는 무언가. 돈 벌러 가는 것이다. 그런데 세금에 대해 물으면 '나 몰라' 식이다. 번 돈이라는 게 세금을 내고 내 호주머니에 들어온 순이익을 말하는데 세법을 공부하지 않는다는 건 아이러니다. 딱 두 가지만큼은 알자.

중국에서 기업소득세는 우리 법인세와 같다. 중국 세율은 지방세 없이 25%인데 우리 법인세 세율은 지방세 포함 22~24.2% 수준이다. 세율 면에서 큰 차이가 없으며 한중 조세협정에 의거해 이중과세가 회피된다. 따라서 중국 법인의 이익을 변칙 또는 불법으로 한국으로 가져와야 할 아무런 이유가 없다. 또 하나는 부가가치세 문제다. 우리나라에선 매입세액이 매출세액을 초과할 때 즉시 환급해 준다. 이에 해당하는 중국의 세금이 증치세인데, 우리 기업들은 한국과 같은 것으로 곧잘 오해한다. 중국에선 매입증치세가 매출증치세를 초과하더라도 환급해 주지 않고 이월시킨다는 점을 알아야 한다.

사드 보복에도 중국 휘젓는 강소기업

춤은 우리나라나 중국에 다 있다. 그러나 우리 아이돌그룹의 안무엔 중국에서 볼 수 없는 역동성이 있다. 한류가 중국에서 유행할 수 있었던 이유다. 즉 창의성을 바탕으로 만들어진 새로운 상품은 어떠한 국가의 제한에도 아랑곳하지 않고 소비자의 마음을 파고든다.

문화 영역뿐만이 아니다. 제약, 바이오, 화장품 등 분야에서도 창의적 상품과 창조적 발상을 통한 중국 진출 성공담은 곳곳에서 들린다. 항생제 신약 분야 벤처기업인 레고켐바이오가 중국 RMX 파마에 약 240억 원 규모의 신약 후보물질 기술이전 계약을 성사시켰고, 토종 바이오벤처기업인 아스타는 미생물 분석기기 분야에서 중국 포선그룹에 약 600억 원 규모의 기술이전 계약을 체결했다.

국내 교육산업 선두주자인 D기업은 남들이 상상하지 못한 교사와 학생이 쌍방향으로 소통하는 IT 기반 영어교육 콘텐트 상품으로 중국 유명 교육업체의 눈길을 끌었다. 이 회사는 강력한 합작법인 설립 유혹을 뿌리치고 중국에서 창출되는 수십억 원의 로열티 수익으로 중국식 맞춤상품을 개발한 뒤 2~3년 후 본격적인 시장 공략에 나설 계획이다.

사드 사태가 끝나기만을 기다리며 한숨으로 세월을 보내는 기업들이 대부분일 때 이들 강소(强小)기업들은 자신만의 기술력과 창의력, 창조적 사업 전략을 갖고 뚜벅뚜벅 자신들의 길을 걸으며 중국 내수시장을 공략하고 있는 것이다.

한국의 대중국 해외 직접투자

● 투자 금액(달러)

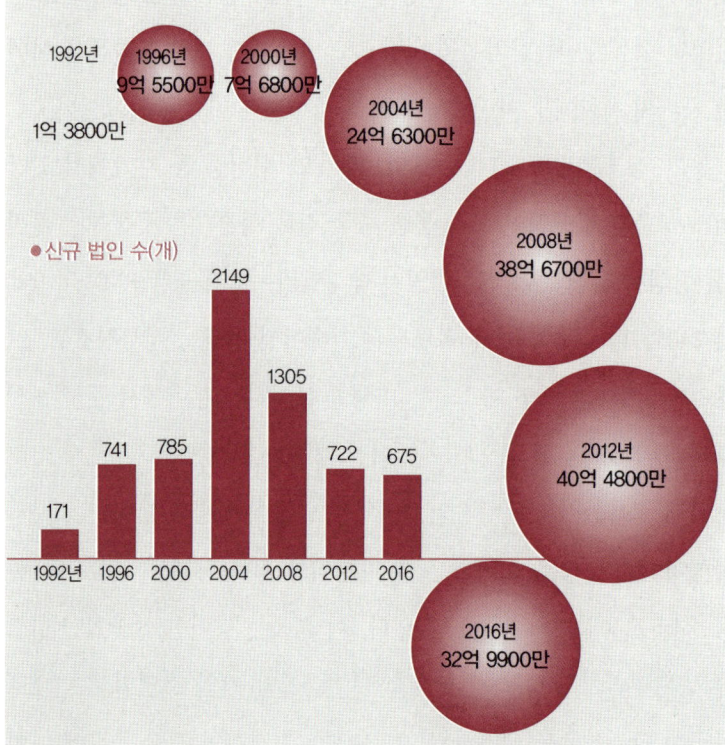

1992년 1억 3800만
1996년 9억 5500만
2000년 7억 6800만
2004년 24억 6300만
2008년 38억 6700만
2012년 40억 4800만
2016년 32억 9900만

● 신규 법인 수(개)

1992년	1996	2000	2004	2008	2012	2016
171	741	785	2149	1305	722	675

외자기업이 중국에서 자주 부닥치는 갈등

❶ 중국 개발구 등 투자유치기관과의 갈등
❷ 공장 임대인과의 갈등
❸ 세관·세무국과의 갈등
❹ 노동자·노동당국과의 갈등
❺ 거래처와의 갈등
❻ 농민 등 현지 주민과의 갈등

중국 진출을 위한 네 가지 금언(金言)

아무리 준비를 잘해도 중국에서 분규가 생기는 걸 다 피하긴 어렵다. 중국 투자유치기관과의 갈등, 중국 세관과의 마찰, 현지 주민과의 충돌 등 다양한 갈등 요인이 존재한다. 이런 점들을 고려해 중국 진출 시 유의해야 할 사항 네 가지를 말하고 싶다.

첫 번째는 투자 총액을 합리적으로 설정하고, 투자 방식을 지분(equity) 투자와 대부(loan) 투자로 적절하게 나누라는 것이다. 우리로선 해외로 보낸 투자금의 안전한 회수와 세금을 공제한 후 실제로 손에 쥐는 이윤을 따져서 투자 규모를 설정하는 게 무엇보다 중요하다.

투자 원금은 사업 철수를 고민할 때쯤이면 대부분 회수가 어려운 매몰비용으로 변해 버린다. 따라서 대형 투자를 수반하는 장치산업일지라도 1기, 2기 등으로 중장기 발전계획을 수립한 후 단계적으로 투자를 실행하는 게 좋다.

중국 현지 경영 십계명

❶ 중국 진출 목적과 수단을 재확인하라(돈 버는 것이 목적)
❷ 목적 달성에 가장 적합한 진출 형태를 구상하라(EXIT 개념까지 포함)
❸ 특정 사업을 프로젝트화하고 전담 조직을 확정. 사전에 훈련시켜라
❹ 투입과 산출 요소에 대해 구체적으로 분석하고 철저히 준비하라
❺ 손익분기점 달성 기간 계획을 세부적으로 설정하라
❻ 경영자 자신이 중국통이 돼라
❼ 적기에 전문가를 활용하라
❽ 기관(중기청·KOTRA 등)을 폭넓게 활용하라
❾ 직원 모두를 사랑하고 믿어라
❿ 정도를 걸으며 당당하게 경영하라

대부 투자의 효용은 생각보다 크다. 지분 투자가 연간 1회 배당이란 방식으로 과실송금하는 것에 비해 수시로 이자를 받을 수 있고, 해당 이자는 중국에서 손비 처리되므로 기업소득세를 아낄 수 있으며, 투자 원금 역시 현금 흐름이 좋을 때 언제든지 한국으로 가져올 수 있으니 일석삼조가 아닐 수 없다.

두 번째는 토지에 대한 욕심을 버리라는 것이다. 세상에 공짜는 없다. 무상으로 제공하겠다는 개발구의 약속에 넘어가지 말라. 이런 제의는 고용 창출 및 세수 확보 등 중국의 이익과 직접적인 상관성이 있으나, 우리 기업들엔 실익이 없는 경우가 대부분이다.

세 번째는 동업이 필요하다면 '합자'와 '합작' 중 어느 게 좋은지를 따져야 한다. 둘의 차이는 크다. 지분율에 의해 결정되는 합자 방식에 비해 합작 방식은 당사자 간의 사적 약속을 중시하므로 자유로운 출자목적물 결정, 이윤분배율 차등화 등이 가능하고, 가치 평가가 어려운 무형자산도 출자 지분으로 인정받을 수 있다.

끝으로 사업 구조를 창의적으로 설계하라는 것이다. 한국 경험만으로 중국 사업의 특수성을 이해하긴 어렵다. 중국 전문인력이 없어도 최고경영자(CEO) 자신이 충분히 시간을 갖고 중국에서 돈 버는 방법을 연구하면, 자원을 효율적으로 배분하는 위험 축소 포트폴리오 전략을 충분히 구사할 수 있다.

◆ **박경하** 엠케이차이나컨설팅 대표 ◆
부산대 경영학과 졸업. 2004년 이만수 변호사와 함께 중국전문컨설팅사인 엠케이차이나컨설팅을 공동창업해 13년간 6000여 개 기업의 중국 진출을 도왔다. 중소기업청 수출전문가, 중국한국상회 자문역으로도 활동하고 있다.

중국서 실패하는 세 가지 이유와 성공의 세 가지 요체

누구나 성공을 향해 달린다. 실패를 목적으로 삼는 경우는 없다. 중국 사업도 마찬가지다. 큰 꿈을 갖고 도전한다. 물론 쉽지 않으리라 단단히 마음 준비를 하건만 생각보다 더 어려운 상황을 맞게 되는 게 다반사다. 특히 다른 지역에서 잘되던 사업도 유독 중국 시장에선 안 풀리는 경우가 많다. 뭐가 잘못된 것일까. 정보가 부족한가, 아니면 사람을 잘못 만났나. 중국에서 실패를 부르는 세 가지 이유와 성공하기 위한 세 가지 사항을 살펴본다.

신호와 잡음을 구분하라

중국 사업의 난점으로 정보를 얻기 어렵다는 하소연이 많다. 그래서 정확한 상황 파악을 할 수 없다는 것이다. 이런 '정보의 부족' 현

중국 비즈니스에 도움 되는 말

未雨綢繆 (미우주무)	비 오기 전에 창문을 단속하라
肥水不流外人田 (비수불류외인전)	좋은 물은 남의 밭에 대주지 않는다
讓財不讓路 (양재불양로)	돈은 양보해도 길(친구)은 양보하지 않는다
只知其然 不知所以然 (지지기연 부지소이연)	속은 결과만 알고 속은 이유는 모른다
請神容易送神難 (청신용이송신난)	신(도움줄 이)을 모시기는 쉽지만 보내기는 어렵다
當局者迷 傍觀者淸 (당국자미 방관자청)	당사자는 헷갈리지만 옆에 있는 이는 잘 안다

상은 중국 비즈니스 현장에서 수도 없이 부딪히게 되는 어려움 중 하나다. 그런가 하면 믿었던 이에게 속았다고 울분을 토하는 이도 많다. 오랜 중국 경험에도 불구하고 '속은 결과만 알지 속은 이유를 모르는(只知其然 不知所以然)' 경우가 태반이다.

과연 정보가 부족해서일까? 사실 중국은 정보가 넘쳐난다. 문제는 정확성 여부 확인이다. 중국엔 '말을 안 하는 건 쓸데없는 일이다. 말을 해도 그냥 생각 없이 하는 말이다. 하지만 그런 말이라도 해야 한다(不說白不說 說了也白說 白說也要說)'는 말이 있다. 언론이 통제되는 사회일수록 유언비어가 많다. 중국은 특유의 '잡담 문화(聊天文化)'를 갖고 있다. 무책임한 정보가 홍수를 이루는 배경이다.

따라서 듣게 되는 말은 반드시 '검증'해야 한다. 중국 특유의 잡담 문화가 뿜어내는 수많은 정보 중 어떤 게 영양가 있는 신호(信號)이고 또 어떤 게 흰소리에 불과한 잡음(雜音)인지를 분별하려는 자세를 가져야 한다.

실패의 세 가지 이유

중국에서 실패하는 수많은 이유를 종합하면 결국엔 세 가지로 귀결된다. 첫 번째는 중국을 몰라서, 두 번째는 문제를 제대로 파악 못해서, 세 번째는 전문가 활용에 실패해서다. 우선 중국을 몰라 실패한 사례를 보자. 최근 자동차 사업과 관련해 중국 정부의 정책 변화(?)로 고통받는 대기업들이 있다. 중국 시장을 보고 경쟁적으로 들어왔는데 갑자기 우리 기업들의 시장 진입을 한시적으로(?) 원천 봉쇄한 것이다.

중국을 모르는 담당자들은 중국 정부의 갑작스러운 정책 변화 탓으로 돌리지만 사실 이번 변화의 근거인 '시장은 내주고 기술을 받는다(市場換技術)'는 정책은 이미 1980년대부터 중국 정부가 추구하던 것이었다. 전혀 새삼스러운 정책이 아니므로 늘 조심스럽게 주시했어야 할 사항이다. 그런데 이에 대한 주의를 기울이지 않고 있다가 중국 정부가 '기술 이전'에 보다 역점을 두는 걸 갖고 중국 정부의 정책이 갑작스레 변했다고 불평을 한다. 중국 시장에 대한 공부 부족을 문제점으로 지적하지 않을 수 없다.

두 번째는 문제의 본질을 제대로 파악하지 못하는 경우다. 날아온 돌에 맞았다면 어느 돌에 맞았는지를 확인해야 한다. 실제 사업을 하면서 중요한 건 날아온 돌 자체보다는 '돌을 던진 사람이 누구인지',

중국에서 실패하는 이유 셋

- **중국을 몰라서**
  중국 시장에 대한 공부 부족
- **문제의 본질을 제대로 파악하지 못해서**
  날아온 돌에 맞고도 누가 왜 던졌는지 모른다
- **엉터리 '중국 전문가'를 활용해서**
  중국에서 안 통하고 한국에서만 통하는 전문가 이용하다 실패

'돌을 던지라고 사주한 사람이 누군지'를 꼭 따져야 한다. '어리석은 개는 돌이 날아오면 돌을 물고, 영리한 개는 돌 던진 이를 문다'는 말이 있다. 이는 문제가 생기게 된 본질을 파악하라는 이야기다. 그래야 문제가 생기는 걸 사전에 막을 수 있다. 창문은 비가 들이치기 전에 미리 수리를 마쳐야 하지 않겠는가.

세 번째는 엉터리 '중국 전문가' 활용이다. 문제가 터지면 부랴부랴 해결사로서의 중국 전문가를 찾는다. 그런데 제대로 된 중국 전문가를 찾는 게 아니라 '전문가 행세'를 하는 이들을 쓰다 보니 낭패를 본다. 이들은 비록 몸은 중국에 있지만 생활은 한국에서와 별반 다를 바 없다. 중국인들과 어울리는 게 아니라 한국인들과만 대화한다. 이들의 상투어는 "99%는 다 됐는데 갑작스러운 변수가 생겼다", "뜻밖이다. 이래서 중국이 어렵다" 등이다.

최근엔 애꿎은 '사드'만 매를 맞고 있다. 문제가 풀리지 않는 걸 모두 사드 탓으로 돌리고 있는 것이다. "사드 때문에 한중 관계가 경색된 걸 오히려 반기는 어처구니없는 중국 전문가들이 수두룩하다"는 이야기가 나오는 배경이다. 한편 한국인이 아닌 중국인 해결사를 초

빙할 때는 '모셔올 때'뿐 아니라 '떠나보낼 때'도 조심스럽게 해야 한다. '신을 모시기는 쉽지만 보내기는 어렵다(請神容易送神難)'는 중국 격언이 있다. 자칫 후유증이 있을 수도 있기 때문이다.

성공을 위한 세 요소

중국에서 이렇게 하면 꼭 성공한다는 것과 같은 정답은 없을 것이다. 그러나 성공을 위해 필요한 세 가지 요소가 있다. 중국어와 중국 문화에 대한 이해, 그리고 중국 친구 셋을 꼽을 수 있다.

먼저 중국어 공부다. 중국인처럼 잘할 수는 없지만 어설픈 중국어는 만용이다. 밥집과 술집에서 적당히 중국어를 익힌 실력의 한 우리 대기업 임원 A씨가 중국 고위층과의 식사 자리에서 '통역 없이' 중국어로 소통에 나선 적이 있다. 중국 관리들은 테이블에선 "중국어를 잘한다"며 웃었지만 모임이 파한 뒤엔 심기가 매우 불편했다고 토로했다.

'말만 통하면 되지 않나'란 자아도취에 빠진 이는 절대 고수가 될 수 없다. 한 계단 더 오르려면 중국 속담이나 고사성어를 하나라도 더 외우는 게 방법이다. 중국인들은 논리 정연한 대화보다는 함축된 의미를 은근히 전할 수 있는 시의 한 구절이나 성어를 심정적으로 더 선호하기 때문이다.

중국에서 성공을 위한 두 번째 요체는 중국 문화에 대한 이해다. 중국인이 하는 '말'보다는 '말귀'를 알아듣기 위해서다. 실패하는 많은 이가 이구동성으로 하는 말이 중국인은 현장에선 "좋다(好)"고 해놓고 나중에 딴소리를 한다는 것이다. 중국인의 '좋다'를 '동의한다'

로 이해하는 건 우리 잘못이다. 중국인의 '좋다'는 다양한 의미를 갖는다. '당신 생각은 잘 알겠다', '당신 입장에서 보면 일리가 있다' 정도로 이해하는 게 본의에 가깝다.

중국인은 체면을 중시하기에 면전에서 '나쁘다(不好)'라고 할 수 없어서 그저 '좋다'고 했을 뿐이다. 임어당(林語堂)이 중국인을 지배하는 세 명의 여신으로 체면(面)과 운명(命), 보은(恩)을 꼽은 점을 알고 있다면 쉽게 이해가 가는 대목이다. 중국인의 '좋다' 발언 뒤엔 '남에 대한 배려'와 '나의 자존감 지키기'가 동시에 담겨 있는 것이다.

끝으로 중국에서 성공하려면 좋은 중국 친구를 많이 사귀어야 한다. 중국에서 사업을 한다는 건 마치 지뢰가 도처에 깔린 푸른 초원을 달리는 것과 같다. 망하지 않으려면 지뢰를 피해야 하는데 이를 알려줄 수 있는 이는 중국 친구다. 그런데 중국인들은 이런 리스크(지뢰의 위치)를 아무에게나 알려주려 하지 않는다. '아는 이'와 '모르는 이'에 대한 차별이 심하기 때문이다. '좋은 물을 누가 남의 밭에 대주려 하겠는가(肥水不流外人田)'란 말을 중국인들은

중국에서 성공하기 위한 세 요소

- **중국어를 익혀라**
  중국인의 속내를 읽기 위해
- **중국 문화를 연구하라**
  중국인이 하는 '말'의 '말귀'를 알아듣기 위해
- **중국 친구를 많이 사귀어라**
  중국에서 리스크 피하며 살아갈 방도를 찾기 위해

중국에서 부딪치는 난관 극복하기

정보를 얻기 어렵다
- 정보가 부족한 게 아니라 오히려 넘친다
- 중국 특유의 잡담 문화로 갖가지 이야기가 떠돈다
- 중요한 건 정보가 얼마나 정확한지 검증하는 것
- 우리끼리만 아니라 중국 친구들도 활용해 정보 검증하라

'좋다'고 해놓곤 나중에 딴소리 한다
- '좋다'를 '동의한다'로 생각하는 건 우리 잘못
- '나쁘다'고 직설적으로 말 않는 건 서로의 체면을 위해
- '좋다'는 말은 '당신 생각 잘 알겠다' 정도로 이해해야

'관시'엔 부패의 냄새가 난다?
- 총 잘못 다루면 다칠까 봐 전쟁터에서도 총 안 지니나
- 인맥 문화가 발달한 중국에서 관시 맺기는 필수
- 친구 하나 더 있으면 살아갈 길 하나가 더 많아지는 법

입버릇처럼 한다.

가능한 한 많은 중국 친구들과 '관시(關係)'를 맺어야 한다. 최근엔 '관시'라 말하면 바로 부패를 떠올리는 이들도 있는데 이는 정말 중국을 모르고 하는 말이다. 중국에선 '친구가 하나 더 있으면 살아갈 길이 하나 더 많아진다(多一個朋友 多一條路)'는 말처럼 중국인과의 친구 맺기를 '부정한 관시 구축'으로 오해하는 건 무척 어리석은 일이다. 총을 잘못 다루면 다칠까 봐 전쟁터에서 총을 안 지니는 게 정상인가.

중국통의 성장 환경 만들자

물이 불어나면 배 또한 따라 올라가는 법이다(水漲船高). 그러면 선상에서 보이는 모든 경치가 달라진다. 심지어 뱃길이 바뀐다. 우리의 중국 전문가가 많아지면 중국을 보는 눈, 중국을 대하는 방법 등 중국에 대한 우리의 전략이 한층 더 세련돼질 것이다.

축구 경기를 하려는데 농구 선수들만 잔뜩 뽑아서야 되나. 지금은 실력이 다소 부족하더라도 축구를 좋아하고, 그래서 노력하는, 즉 성장 가능성이 있는 이들이 클 수 있는 생태계를 만들어야 한다. 글로벌 지식을 가졌다고 해서 중국이라는 현장에 대해서도 '내가 전문가'라고 주장하는 인재(人才) 집단은 결국 인재(人災) 집단이 되고 말 것이다.

2017년은 한중 수교 25주년을 맞는 해다. 지나온 세월의 무게만큼 한중 간의 사귐도 깊이를 더해야 할 것이다. 그러기 위해선 한국인끼리만 통하는 무늬만 중국 전문가가 아닌, 중국에서도 통하는 진짜 중국통을 양성해야 한다. 이는 우리나라를 위한 백년대계(百年大計)이기도 하다.

◆ **류재윤** BDO 이현 회계 · 세무법인 고문 ◆
서울대 중문과를 나와 중국 칭화대 경영학 석사와 베이징대 사회학 박사학위를 받았다. 1994년부터 19년간 삼성의 베이징 주재원으로 일하며 풍부한 중국 현장 경험과 중국 인맥을 쌓았다.

중국서 '관시' 잘 맺으려면?

중국은 지대물박(地大物博)의 나라다. 땅은 넓고 물산은 풍부하다. 이 광활한 대륙에서 생존하려면 어떻게 해야 하나. 우스갯소리로 '아는 형님'이 많아야 한다. 연줄이 필요하다. 이는 곧잘 '관시(關係)'로 불린다. '친구가 하나 더 있으면 길이 하나 더 생긴 셈(多一個朋友 多一條路)'이란 말이 나온 배경이다. 그런데 이 친구를 사귀는 방법으론 식사 초대만큼 좋은 게 없다. 밥을 어떻게 먹느냐에 따라 중국 사업의 성패가 달려 있는 것이다.

 문화가 다르면 가치관이 다르고 윤리적 기준 역시 다를 수 있다. 그래서인가. 중국인의 사유 순서는 서구인과 정반대인 경우가 많다고 한다. 한 예로 서구에선 법규와 이치, 인정 등 세 가지가 있을 때 먼저 법규 준수를 강조하고 이어 이치를 따지며 나중에 인정에 부합해야 한다고 생각한다. 중국은 그 반대다. 우선 인정에 맞아야 하고 그런 연후에 도리와 법규에 따라야 한다고 보는 것이다.

인정을 강조하다 보니 부작용 또한 생기지만 중국이 '인정 사회'인 것은 분명하다. 친구 사이에 '일이 있으면 날 찾아오라'는 말만큼 서로의 마음을 훈훈하고 따뜻하게 해 주는 것 또한 없다. 결국 중국에서 비즈니스의 성패는 이런 말을 나눌 수 있는 중국인 친구를 과연 몇 명이나 확보하고 있느냐에 달려 있다고 해도 과언이 아니다. 그렇다면 친구는 어떻게 사귀나.

가장 좋은 방법이 함께 밥을 먹는 것이다. '판쥐(飯局)'는 회식이나 연회를 일컫는 말이다. 그러나 '식사 자리' 정도로 해석하는 게 더 의미가 와 닿는다. 어려울 때 힘이 될 진정한 중국 친구를 많이 사귀기 위해선 이 판쥐를 잘 이용해야 한다. 판쥐는 교제의 시작이기 때문이다. 먼저 중국인들이 판쥐를 주재할 때 고려하는 세 가지 요소를 잘 이해할 필요가 있다. 우리가 친구로 삼고 싶은 중국인을 식사 자리로 초대할 때 이 방법을 응용하는 게 좋기 때문이다.

판쥐를 주재하는 중국인의 첫 번째 고려 요소는 비용이다. 얼마짜리 밥을 먹을까다. 값이 비쌀수록 좋다기보다는 상대에게 성의를 보여줄 수 있는 수준이면 된다. 두 번째는 장소 선정이다. 서로의 만남에 특별한 의미를 부여할 수 있는 장소가 적합하다. 세 번째는 자신의 체면을 살려줄 수 있는 괜찮은 지위의 인사를 나오게 하는 일이다. 우리의 손님 치레와 크게 다르지 않지만 중국인은 이를 우리보다 더 신경 쓴다고 보면 된다.

일단 중국 손님들을 초대한 뒤엔 자리 배치에 신경을 써야 한다.

중국에서의 식사 자리는 대부분 원탁인데 기본적으로 주인이 가운데 앉고 주빈은 그 오른쪽에 앉는다. 이어 초청 측과 초대받은 측이 서열 순으로 번갈아 앉으면 된다. 그리고 주최 측에서 제1 주최자 외에 제2 주최자가 있다면 그는 제1 주최자의 맞은편에 앉는다. 한식집은 식탁이 직사각형인 경우가 대부분이다. 이럴 땐 손님과 주인이 마주 보며 앉는다. 창문 밖 경치가 아름답다면 창을 볼 수 있게끔 문을 등지게 앉히고 "풍광을 감상하라고 일부러 이렇게 자리 배치를 했다"며 양해를 구하면 된다. 상대방을 배려하는 데 신경 쓰고 있다는 정성이 중요한 것이다.

식사 자리에 술이 빠져선 곤란하다. 술은 좋은 음식이기에 특별한 경우가 아니고선 꼭 있어야 한다. 따라서 술을 따를 때도 가득 따라야 한다. '술은 가득 채우고 차는 반만 따른다(滿杯酒半杯茶)'는 말도 있다. 술을 마시며 호기를 부릴 필요는 없다. 취해서 횡설수설하기보다는 주량껏, 성의껏 마시며 진심을 보이는 게 좋다. "그 친구는 술 매너도 좋다(酒品好)"는 말을 들어야 한다. 만일 술을 잘 마신다고 상대가 띄어주면 "주량이 있는 게 아니라 그저 술 마시는 담력이 있을 뿐(沒有酒量只有酒膽)"이라는 멋진 농담도 한마디 익혀두면 유용하다. 술을 따를 때 유의해야 할 부분은 우리는 상대의 잔이 비기를 기다렸다가 술을 따르는 게 일반적인데 중국에선 수시로 '첨잔'을 한다는 점이다. 또 웬만하면 자리가 파하기 전까지 초대한 손님들과 돌아가며 한 잔씩 주고받는 게 좋다. 주량이 안 되면 조금씩 마시더라도 역시 둘이 잔을 맞대는 게 중요하다.

중국 음식은 찬 것에서 따뜻한 순으로 식탁에 오른다. 원래 맨 마지막에 나오는 요리는 생선이다. '생선을 먹다'는 '츠위(吃魚)'의 발음이 '먹고 나서도 넉넉하게 남음이 있다'는 '츠위(吃余)'의 발음과 같기 때문이다. 물론 꼭 이런 순서대로 서비스하는 곳은 많지 않지만 상식으로 알아두면 좋다.

또 중국 음식은 가짓수가 많으므로 스스로 잘 배분해 먹어야 한다. 그래서 "식사할 때 끝까지 젓가락 들고 있는 이가 중국 전문가"라는 말이 있을 정도다. 간혹 비위에 안 맞는 음식이 나오면 상대방을 존중하면서 거절해도 괜찮다.

중요한 건 식사 자리에서 사업상 중요한 이야기를 어떻게 끄집어내느냐다. 솔직히 웬만하면 긴요한 대화를 식사 시간에 많이 할 필요는 없다. 식사 도중 또는 전후에 잠깐 꼭 해야 할 이야기만 나누는 게 더 효과가 있다. 식사 자리는 상대의 마음을 얻는 자리로 만드는 데 집중하는 게 좋다. 진심과 정성이 통하면 사업은 저절로 이뤄지기 때문이다. '먼저 친구가 된 후 사업을 한다(先做朋友 後做生意)'는 중국말도 있지 않은가. 식사할 때는 그 자리를 기분 좋게 만들기 위한 이야기를 나누면 된다. 대화 소재는 다양한데 요리나 술의 유래 같은 것도 좋다.

음식에 얽힌 재미나는 이야기는 중국인이 매우 즐기는 화제다. 이때 다소 과장 정도가 아닌 어느 정도 '허풍'을 떨어도 된다. 한 중국인 친구의 이야기를 옮기면 이런 식이다. "당신들, 곰 발바닥 요리 중 오른발과 왼발 값이 다른 거 알아? 곰이 꿀을 좋아하는데 이 녀석이 꿀을 먹을 때 왼발로 벌집을 잡고 오른발로 찍어서 먹어. 그래서 오른발에 영양이 더 많아. 그래서 모르는 식당에 가서 곰 발바닥 요

판쥐를 통한 관시 맺기와 관련된 말들

- "밥을 얻어 먹은 이는 말이 부드럽고 선물을 받은 이는 상대를 심하게 대하지 못한다 (吃人家的嘴軟 拿人家的手短)"
- "먼 곳에서 거위 털을 선물하니 선물은 가볍지만 정은 깊다(千里送鵝毛 禮輕情意重)"
- "직접 참석할 수 없다면 선물이라도 대신 가게 한다(人不露面 以禮物露面)"
- "중국인은 예의만을 따지지 합리적인가를 따지지는 않는다(中國人只講禮 不講理)"
- "술은 가득 채우고 차는 반만 따른다(滿杯酒 半杯茶)"
- "먼저 건배하는 것으로 공경을 표하고자 한다(先于爲敬)"
- "일이 없으면 함께 밥을 먹고 일이 있으면 같이 일을 한다(沒事吃飯 有事辦事)"

리를 시키면 전부 왼발만 나와. 제대로 먹으려면 오른발 달라고 해". 믿거나 말거나 식이지만 이걸 따질 필요는 없다. 박장대소하며 흥이 났으면 그것으로 족한 것이다. 개인적 경험으론 무협지를 소재로 삼는 것도 식사 분위기를 띄우는 한 방법이다.

판쥐에서 조심해야 할 부분은 무언가. 상대의 체면이 손상되지 않도록 하는 데 최선을 다해야 한다. 중국인이 손님을 모실 때의 기본은 '예로써 대한다(以禮相待)'이다. 마치 집에 온 듯 편하게 생각하도록 해야 하는데 이게 쉬운 일은 아니다. 중국인은 좀처럼 자기 속내를 있는 그대로 드러내지 않는다. 그래서 중국에서 절대 성공할 수 없는 직업이 '심리 치료사'란 우스개 이야기도 있다. 치료사의 질문에 곧이곧대로 이야기하는 중국인은 거의 없기 때문이다. 그렇다면 속내를 보이지 않는 중국인의 무엇을 고려해야 하나. 바로 체면이다. 중국 문화 속에서의 체면을 우리의 '겉치레' 정도로 가볍게 생각하면 안 된다. 중국의 문학평론가 린위탕(林語堂)은 중국을 다스리는 3대 여신인 체면과 운명, 보은 중 체면을 첫 번째로 꼽았다. 중국인의 '체면을 잃는 것'에 대한 두려움이 기독교인의 지옥에 떨어지는 것에 대한 두려움보다 더 강렬하다는 말도 있을 정도다.

또 하나 중국인과의 식사 자리에서 유념할 건 중국의 판쥐엔 처음에 약속하지 않았던 사람들이 참석하는 경우도 많다는 점이다. 우리는 미리 예정되지 않은 친구를 부르려고 하면 상대방이 불편해하는 경우가 많다.

그러나 중국에선 친구가 친구를 부르고, 나중에 온 친구가 또 다른 친구를 부를 때가 적지 않다. 관시의 특징 중 하나인 '확장성'이다. 돌 하나를 던지면 호수에 생기는 파문처럼 넓게 넓게 확장해 가는 것이 중국 관시의 독특한 부분이다. 새로운 사람이 와 합석하는 게 자연스러운 것처럼 모임 중에 먼저 자리를 뜨는 것도 이상하지 않다. 중요한 건 친구가 부를 땐 달려가는 정성이다. 잠깐 얼굴을 비칠 수 있는 성의 여부가 중국에서 얼마나 많은 친구를 사귈 수 있느냐와 연결되는 것이다.

중국은 가깝지만 문화적 차이는 이해할 듯 말 듯 작지 않다. 중국 비즈니스의 성패는 흔히 중국의 규칙을 얼마나 잘 꿰뚫고 있느냐에 달려 있다고 한다.

그러나 이 규칙은 복잡하고 이방인의 눈에는 좀처럼 보이지 않는다. 우리로선 제대로 게임을 하기가 어려운 것이다. 이럴 때 요령은 게임의 규칙을 아는 이를 확보하는 것이다. 그가 바로 중국 친구다.

그리고 이 중국 친구 사귀기에 있어선 밥 먹는 자리만큼 유용한 것도 없다. 판쥐 활용에 대한 기본 지식은 그래서 필수다.

◆**류재윤** BDO 이현 회계·세무법인 고문◆
서울대 중문과를 나와 중국 칭화대 경영학 석사와 베이징대 사회학 박사학위를 받았다. 1994년부터 19년간 삼성의 베이징 주재원으로 일하며 중국 측과 수많은 협상을 했고 또 다양한 임무를 수행해 풍부한 중국 현장 경험과 중국 인맥을 쌓았다.

5

세계로, 바다로

외교 & 안보

중국이 꿈꾸는
동아시아 질서는?

기후협약 탈퇴 등 자국 이익 우선의 미국과 달리 중국이 자유무역 등을 천명하며 글로벌 리더로 떠오르고 있다. 서구 중심의 국제질서 규칙을 다시 쓸 것이란 전망이 나온다. 중국이 어떤 세계질서를 구축할지가 최근 중국 연구의 최대 관심사가 됐다. 중국 스스로는 패권을 추구하지 않겠다고 말한다. 그러나 원하든 원하지 않든 그 엄청난 덩치로 인해 중국의 부상은 국제질서에 일대 충격이다. 중국이 세우고자 하는 새로운 세계질서는 과연 어떤 모습인가.

정융녠(鄭永年) 싱가포르 국립대 교수는 역사적으로 동아시아는 두 가지 질서를 경험했다고 말한다. 제국 형식의 세계질서와 근대 주권국가로 진입한 이후의 국제질서다. 즉 '중화세계질서'와 '민족국가체제'의 두 형태다. 21세기 중국이 그리려는 새로운 세계질서는 어떤 모양일까. 이를 탐색하고자 필자는 2017년 상반기에 중국 국제정치 학계의 담론을 이끄는 수십 명의 중국 학자를 대상으로 심층 면접조사를 실시했다.

그 결과 중국은 조공체계와 화이(華夷)사상을 근간으로 한 전통적 중화세계질서로는 회귀하지 못할 것이란 분석이 나왔다. 왜? 주권국가가 현대의 보편적 가치로 수용되고 있기 때문에 만일 중국이 과거의 조공질서를 추구한다면 이는 전 세계적인 저항에 부닥칠 것이란 이유에서였다. 그렇다고 서구 주도의 현 국제질서를 그대로 수용하지도 않을 것으로 조사됐다. 중국이 바라는 건 이미 규범이 존재하는 현대 국제질서를 따르면서 여기에 중국 특색을 정교하게 더한, 즉 '중국 특색의 현대 국제질서' 수립이란 것이다.

중국 특색의 현대 국제질서가 어떤 형태인가를 파악하기 위해선 가치와 문화 영역, 제도 영역, 행위 영역의 세 요소를 중심으로 살펴볼 필요가 있다. 먼저 가치와 문화 영역은 중국이 세계에 어떤 보편적 가치와 문화를 제시할 수 있는가의 문제다. 이와 관련해 중국 학자들은 자유와 민주, 인권 등 현재 보편적인 것으로 간주되는 서구적 가치만으로는 충분하지 않다는 입장을 보였다. 공평과 조화, 포용, 공생, 의리관 등 중국적 가치가 추가될 필요가 있다고 봤다. 그러나 국제사회를 향해 콕 집어 제시할 핵심적인 중국의 가치가 무엇이냐에 대해선 여전히 탐색 중인 모습이었다.

두 번째 제도 영역은 중국이 구상하는 새로운 국제질서 속에선 국가 간의 관계를 어떻게 인식하고 제도화하느냐의 문제다. 이와 관련해 중국은 세 단계의 질서를 마음에 그리고 있는 것처럼 보인다.

첫 단계는 평등한 가운데에서의 등급 질서다. 중국이 지향하는 미래 국제질서는 우선은 근대 민족국가 체계에서와 같이 주권국가를 단위로 한다. 이 질서는 물론 중화세계질서처럼 중국을 중심으로 한 제국과 속국의 관계는 아니다.

그러나 중요한 건 여기에도 차이는 존재한다는 것이다. 각 국가가 주권국가로서 정치적인 평등은 유지하지만 강대국과 약소국의 영향력 차이는 분명히 존재하는 것이기 때문에 실질적으로는 등급 질서의 형태를 띨 수밖에 없다는 이야기다.

두 번째 단계는 동아시아의 질서만큼은 중국이 주도해야 한다는 것이다. 중국은 글로벌 차원의 질서가 미국 등 초강대국의 단일 패권에 의해 좌우돼서는 안 된다고 주장한다. 몇몇 강대국이 이끌어 가는 다극질서가 되기를 희망한다. 그러나 그런 가운데 동아시아 지역에서는 중국이 주도적인(dominant) 지위를 차지해야 한다는 의지를 내비친다.

세 번째 단계는 중국과 주변국 관계는 형제관계가 돼야 한다는 것이다. 물론 중국과 주변국 모두 형식적으로는 주권국가라는 법률적 평등 관계에 놓여 있다. 하지만 실질적인 국력의 차이가 존재하기에 중국과 주변국은 동등한 수평적 관계가 아닌 서열이 존재하는 형제관계가 돼야 한다는 논리다. 이 같은 중국의 바람에 주변국이 동의할까? 이에 대해 중국 학자들은 중국이 주변국의 동조를 얻기 위해선 이웃 나라의 민심을 얻어 주도권을 행사하는, 이른바 온정주의적 왕도정치를 펴야 할 것이라고 말한다.

중국이 그리는 세계질서 파악을 위한 세 번째 요소는 행위 영역인

데, 이는 중국이 미국과는 차별화되는 어떤 외교 방식을 추구할 것인가의 문제다. 중국 학자들은 미국이 즐겨 쓰는 동맹과 군사력 대신 중국은 경제적인 수단 및 담론 주도권과 같은 소프트파워 자원을 활용해야 한다고 말한다. 경제적 혜택 제공 여부로 타국을 압박하는 중국의 행태는 이미 시작됐다.

또 미국이 타국에 대한 인도주의적 개입에 나서는 것에 반대해 중국은 타국에 대한 내정불간섭을 강하게 주장한다. 이는 1980년대 덩샤오핑이 제기한 이른바 '3불(三不·내정불간섭, 비동맹, 남들 앞에 나서지 않는 不當頭) 정책'의 영향으로 보인다. 그러나 글로벌 거버넌스 체계 안에서 강대국으로서의 역할을 수행하기 위해선 기존의 3불 정책은 변경이 불가피하다는 주장이 제기되고 있다.

따라서 현재는 왕도정치를 외치는 중국이 국력이 더 커진 이후에도 계속 이런 입장을 견지할지는 미지수다. 중화제국 시대의 '약한 국가와 강한 국가 사이클', 즉 힘이 약할 땐 각종 외교 수단을 통해 평화와 안정을 유지하고, 힘이 세지면 팽창주의적 정책을 취했던 행태를 반복할 가능성이 있기 때문이다.

결국 중국이 꿈꾸는 세계질서는 다음과 같이 요약해 볼 수 있다. 미래 국제질서는 주권국가로 구성되지만 강대국과 약소국 간의 영향력 차이가 존재하는 일종의 등급 질서다. 그리고 이 등급 질서는 세계적으로는 몇몇 강대국이 이끌어 가는 다극체제이되 적어도 동아시아 역내에서만큼은 중국이 주도적 영향력을 행사한다. 주변국의 동의를 얻기 위해 왕도정치를 펼 것이며, 말을 듣지 않는 나라엔 경제적 압박을 가할 것이다.

우리는 사드 체계의 한반도 배치를 둘러싸고 한국에 가해지는 중국의 압력을 보면서 중국이 힘의 논리에 기반한 자신들의 질서 구축에 착수했음을 느낄 수 있다. 그렇다면 우리는 어떻게 해야 하나. 글로벌 강대국으로서의 중국이 어떠한 형태를 갖출지 아직은 탐색 과정에 있음을 주목해야 한다. 그리고 중국의 미래 구상이 함께 경쟁하는 다른 강대국들의 상호 견제, 그리고 수많은 중견국 혹은 약소국과의 상호작용 과정을 통해 결정된다는 점도 주목해야 한다. '우리 하기'에 따라 중국이 그리는 질서 또한 변할 수 있다는 이야기다. 중국이 보다 덜 패권적이고 더 호의적인 대국으로 부상하도록 우리로선 아주 '노회한' 외교력 발휘가 필요한 시점이다.

◆ **이정남** 고려대 아세아문제연구소 교수 ◆
고려대 중국연구센터장을 겸하고 있으며 당대 중국 정치, 특히 중국의 동아시아 정책과 한중 관계 등에 깊은 관심을 갖고 있다. 주요 연구 성과로는 「미·중 경쟁시대의 한국의 대중 인식과 대중 정책」 등이 있다.

중국 붕괴론은 왜 매번 빗나가고 다시 등장하는가

중국의 덩치가 커지며 국제사회에서의 존재감이 크게 부각됨에 따라 중국의 미래가 어떠할 것이냐에 대한 예측이 활발하다. 낙관적인 '중국 세기론' 또는 '팍스 시니카'에서 '중국 기회론', '중국 위기론', '중국 위협론' 등 다양하다. 이 같은 여러 예측 중 학계는 물론 대중의 비상한 관심을 모으는 건 가장 비관적 전망인 '중국 붕괴론'이다. 주기적으로 등장한 이 중국 붕괴론은 번번이 빗나갔음에도 또 등장한다. 왜 그런 것인가.

유행처럼 등장하는 중국 붕괴론

중국 붕괴론이 본격적으로 등장한 것은 1989년 천안문(天安門) 사태 이후다. 서구 사회는 중국 공산당이 더 이상 집권하지 못하고 동유럽의 사회주의 국가처럼 곧 붕괴될 것이라고 예측했다. 대표적인 예언자가 프랜시스 후쿠야마다. 1989년 발표한 논문과 1992년 출간한 『역사의 종언』에서 그는 서구의 자유민주주의가 공산주의를 무너뜨리고 인간이 만들어낸 정부의 최종적인 형태로 자리 잡게 될 것이며, 중국 역시 그런 과정을 거칠 것이라 예측했다.

헨리 로웬 미 후버연구소 선임연구원도 1996년 발표한 논문 '소장정(The Short March)'에서 소득 증대에 따른 자유화 요구로 중국 공산당은 1인당 국내총생산(GDP)이 7000~8000달러가 되는 2015년께 몰락할 것이라 예언했다. 중국 전문가 아서 월드런 펜실베이니아대 교수 역시 1998년 발표한 글에서 공산당 독재 체제는 시장 도입에 따른 도전을 이겨내지 못하고 10년 안에 무너질 것이라 전망했다. 그러나 이들의 예측은 모두 빗나갔다.

중국 붕괴론은 97년 아시아 금융위기 이후 다시 모습을 드러냈다. 중국계 미국인 변호사 고든 창은 2001년 저서 『중국의 몰락』을 통해 구조적 개혁에 소극적인 공산당은 중국이 직면한 수많은 난제를 해결할 수 없으며 결국 세계무역기구(WTO) 가입으로 인한 충격으로 인해 5~10년 안에 붕괴할 것이라 주장했다. 창은 2011년 중국의 붕괴 시점을 2012년으로 수정했으나 이 역시 틀리고 말았다.

2008년 글로벌 금융위기 이후에도 중국 붕괴론이 고개를 들었다. 수출이 타격을 입으면서 중국 경제가 침체되고 튀니지 등 북아프리카를 휩쓴 '재스민 혁명'이 중국에도 유입돼 중국 공산당이 곧 무너질 것이란 전망이 확산됐다. 하지만 웬걸, 중국 경제가 붕괴는커녕 독보적 성장으로 오히려 글로벌 경제의 회복을 이끄는 기관차 역할을 했다.

중국 붕괴를 예측한 많은 중국 전문가들은 선지자가 되기보다 이솝우화에 나오는 양치기 소년 신세가 된 것이다. 중국의 미래에 대한 비관적 예측은 왜 반복적으로 생산되고, 또 왜 그때마다 빗나가는 걸까. 이에 대한 답으로 자신들의 발전 경험으로 중국을 바라보려는 서구의 자민족중심주의(ethnocentrism)와 관련이 있다는 지적이 많다.

왕원(王文) 중국 런민대학교 교수는 2014년 홍기문고(紅旗文稿)에 기고한 '중국 붕괴론의 붕괴'란 글에서 중국 붕괴론의 제기는 '워싱턴 컨센서스'와 '역사의 종언'과 같은 서구의 관점에 의존한다고 보았다.

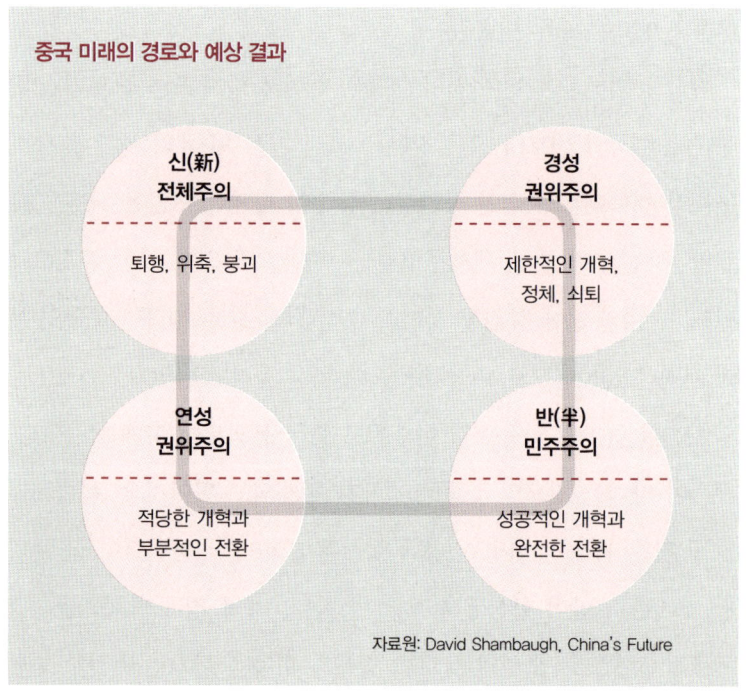

중국 미래의 경로와 예상 결과

신(新) 전체주의 — 퇴행, 위축, 붕괴
경성 권위주의 — 제한적인 개혁, 정체, 쇠퇴
연성 권위주의 — 적당한 개혁과 부분적인 전환
반(半) 민주주의 — 성공적인 개혁과 완전한 전환

자료원: David Shambaugh, China's Future

자본주의적 경제발전은 자유민주주의로의 이행을 가져온다는 서구 사회의 '지배적 통설(prevailing consensus)'과 관련이 있다는 이야기다. 서구의 통설에 내포돼 있는 건 자본주의적 경제발전이 이루어지면 공산당 일당 독재가 붕괴되고 서구식 자유민주주의가 등장할 것이라는 기대와 희망이다.

중국이 붕괴설을 일축하고 상대적으로 안정된 권위주의 체제를 유지하는 비결은 무얼까. 1949년 집권한 중국 공산당이 창당 100주년을 맞는 2021년까지 집권한다면 1969년 집권한 소련 공산당, 1971년의 멕시코 제도혁명당을 제치고(북한의 노동당을 제외하면) 단일 정당에 의한 연속 집권의 새로운 역사가 쓰인다. 중국 공산당이 건재한 이유는 무언가.

이에 대한 답으로 앤드루 네이선 미 컬럼비아대 교수는 '권위주의 탄력성(authoritarian resilience)'의 개념을 제시했다. 그는 중국이 놀라운 적응력을 갖고 변화하는 상황과 다양한 도전에 대해 탄력적으로 적응하고 있다고 주장했다. 안정된 권력 승계, 능력주의에 기반한 인사, 대중의 불만 표출을 위한 채널 형성 등과 같은 일련의 제도화가 중국 공산당의 탄력성을 제고하고 공산당 정권의 지속성을 향상시킬 수 있었다는 이야기다.

데이비드 샴보 미 조지워싱턴대 교수도 2008년 저작 『중국의 공산당: 위축과 적응』에서 중국 공산당을 '탄력적인 기구'로 파악했다. 레닌주의 방식의 통제 도구들이 약화되긴 했지만 당내 개혁을 포함한 여러 개혁을 통해 다양한 도전에 상당히 효과적으로 적응(adaptation)하고 있다는 것이다. 이러한 중국 공산당의 탄력성과 적응력은 중국 공산당의 장수 비결을 설명하는 차원을 넘어 이젠 '중국 모델(中國模式)'의 제기로까지 이어지고 있는 상황이다.

꺼지지 않는 중국 붕괴론 논쟁

한동안 잠잠하던 중국 붕괴론은 샴보가 2015년 '다가오는 중국의 붕괴'라는 글을 발표하며 다시 불을 지폈다. 샴보는 "중국 공산당 통치의 종반전이 시작됐으며, 시진핑 중국 국가주석의 무자비한 정책이 중국 공산당 통치의 몰락을 가속화하고 있다"고 날을 세웠다. 샴보의 주장은 두 가지 이유로 큰 파장을 불렀다.

하나는 샴보가 존경받는 중국 연구의 최고 권위자 중 한 명으로 중국 내 영향력과 명성이 대단하다는 점이다. 중국 외교학원이 2015년 1월 발표한 미국의 중국 전문가 순위에서 샴보는 데이비드 램튼에 이어 2위에 올랐다. 다른 한 이유는 샴보가 그동안 중국 공산당의 통치 능력을 높게 평가하며 중국 붕괴론을 부인해 왔기 때문이다. 그의 입장 변화는 2016년 출간된 『중국의 미래』에서 구체적으로 설명된다.

샴보에 따르면 1998년부터 2008년까지 중국 공산당은 일련의 정치적 개혁을 통해 정치적 통제를 일정 부분 완화하면서 변화하는 상황에 효율적인 탄력성과 적응성을 구사하는 '연성 권위주의(soft authoritarianism)'였다. 그러나 점진적 정치 개혁을 추진해 왔던 쩡칭훙(曾慶紅) 국가부주석이 2008년 은퇴한 이후 2009년부터는 정치 개혁의 부재와 가혹한 억압으로 이전에 비해 탄력성이 떨어진 '경성(hard) 권위주의'로 변모했다. 특히 2012년 시진핑이 집권한 이후엔

데이비드 샴보가 꼽은 중국 공산당 쇠퇴 5대 징조

1	부자들의 중국 탈출 러시
2	강화된 정치 탄압
3	당정 간부의 거짓 충성
4	부패 만연
5	경제의 구조적 교착

모든 부분에서 통제가 강화되고 시진핑 1인에게 권력이 집중됨으로써 공산당 통치의 쇠퇴를 가속화하고 있다는 것이다.

샴보의 주장은 많은 논쟁을 야기했다. 중국 붕괴에 대한 샴보의 주장에 동조하는 전문가가 그리 많은 것은 아니지만 정치 개혁과 경제 전환, 만연한 부패, 중진국 함정 등 중국이 당면한 과제에 대한 그의 문제 제기는 중국의 미래를 예측하는 데 의미가 있다.

우리 눈으로 보는 중국의 미래

우리의 중국 전문가들은 중국의 앞날을 어떻게 볼까. 2017년 4월 14일 '중국은 예측 가능한가'라는 주제로 열린 현대중국학회 춘계학술대회(서울대 중국연구소 공동 주최, 중앙일보 중국연구소·차이나랩·SK경영경제연구소 후원)에선 다양한 견해가 제시됐다. 중국의 정치·외교 분야에 대해선 안정성이 전망됐다. 조영남 서울대 교수는 시진핑의 권력 집중, 국가─사회 관계의 긴장이 증가되는 현상이 두

드러지게 나타나고 있지만 이것이 현행 정치 체제에 불안정까지 초래할 가능성은 크지 않다고 전망했다. 이동률 동덕여대 교수는 시진핑 정부가 기존 국제질서에 대한 '변경' 시도보다 '보완'을 선택하고 있어 미·중의 공존 가능성이 높다고 봤다.

반면 경제는 고통스러운 미래가 기다리고 있다고 왕윤종 가톨릭대 교수는 주장했다. 민영기업의 창의와 혁신을 진작시킬 수 있는 포용적 경제제도에 걸맞은 포용적 정치제도가 부재하다는 것이다. 백승욱 중앙대 교수는 예측 불가능성이 높아진 중국 사회의 관리를 위해 중국 공산당이 사회 서비스를 늘리면서도 자율적 영역을 통제하는 '사회 치리(治理)' 정책을 제시하고 있으나 이에 대한 지속가능성엔 의문이 제기된다고 밝혔다.

한편 전인갑 서강대 교수는 중국의 미래를 예측할 때 중국인의 특징적 사유 방식인 회통(會通)적 사유를 염두에 둬야 한다고 말했다. 과거를 청산과 부정의 대상이 아니라 내포와 유신(維新)의 대상으로 인식하기에 과거와 현재의 관통을 통해 미래를 건설한다는 것이다.

국내 중견 학자들의 중국 미래 전망

조영남(서울대 교수)	정치, 국가-사회 관계 긴장 높으나 불안정 가능성은 낮아
이동률 (동덕여대 교수)	외교, 기존 국제질서에 도전보다는 보완적 입장으로 미·중 공존할 것
왕윤종(가톨릭대 교수)	경제, 포용적 정치제도 부재로 경제는 고통스러운 과정 겪을 것
백승욱(중앙대 교수)	사회, 민생과 민권 주도하려는 공산당 정책의 지속가능성에 의문
전인갑(서강대 교수)	역사, 사회·경제적 변화가 정치적 격동 이끌 것인지는 아직 미지수

결국 중국의 미래는 중화 문화의 계승과 연속을 전제로 펼쳐질 것이란 이야기다.

◆**정종호** 현대중국학회 회장 · 서울대 국제대학원 교수◆
서울대 인류학과를 졸업하고 미국 예일대에서 중국 지역 전공으로 인류학 박사학위를 받았다. 중국 베이징대 방문학자, 미국 하버드–옌칭연구소 방문학자, 서울대 중국연구소 소장, 서울대 국제협력본부장 등을 역임했다. 중국의 국가–사회 관계 변화를 연구하고 있다.

트럼프의 '선택적' 중국 때리기

중국에서 유행하는 유머다. 최근 아시아·태평양 지역엔 4명의 블라디미르 푸틴이 활약 중이란다. 진짜 푸틴, 푸틴을 넘어선 김정은, 푸틴을 좋아하는 도널드 트럼프, 푸틴을 넘어서려는 시진핑이 주인공들이다.

그야말로 강자(strongman)의 시대다. 문제는 트럼프. 국내 지지 기반이 가장 취약하다. 이를 만회하기 위해 '중국 때리기'로 임기를 시작할 모양새다. 시진핑의 걱정이 커질 수밖에 없다. 새해의 서막이 미·중의 격돌로 열리고 있다.

트럼프의 정책이 버락 오바마 정부와는 반대로 간다는 이른바 'ABO(Anything But Obama)'가 되리라 속단하긴 이르다. 그러나 중국을 상대하는 방법엔 분명 차이가 있다. 오바마가 중국과 전략(戰略)

중심의 세력 경쟁을 펼쳤다면 트럼프는 전술(戰術) 위주의 공세로 실익을 챙기려 한다.

오바마 시기 미국이 아시아 재균형 전략이란 칼로 중국을 견제하자 중국은 경제 및 인문 네트워크라는 방패로 대항했다. 미국의 지정학적 공세에 중국은 지경학적 확장으로 맞선 것이다. 아시아를 무대로 세력 경쟁을 펼친다는 성격이 강했다.

그런데 트럼프 정부 출범과 함께 미·중 간에 새로운 기류가 나타나고 있다. 3T(Taiwan, Trade, Tibet)로 대표되는 전통적 이슈를 둘러싼 전술적인 대치가 그것이다. 트럼프가 차이잉원(蔡英文) 대만 총통의 축하 전화를 받은 게 좋은 예다. 미국이 1979년 대만과 단교한 이래 37년 만에 처음 있는 일로 중국엔 분명 기습이었다.

이 전술의 독특성은 미국이 '트럼프 등장'이라는 새로운 시대에 '대만'이라는 올드(old) 이슈를 꺼냈다는 점에 있다. '새 부대에 헌 술'이라는 전혀 예상치 못한 새로운 조합이기에 파장은 더 컸다. 불확실성·불가측성으로 상징되는 트럼프가 가장 익숙한 카드를 끄집어냄으로써 오히려 혼돈을 야기한 것이다.

트럼프는 왜 '대만 카드'란 낡은 무기를 느닷없이 꺼낸 것일까. 사업가적 기질이 발동한 것으로 보인다. 오바마의 재균형 전략은 시간도 걸리고 무엇보다 비용이 많이 든다. 그럴 바엔 차라리 중국이 가장 '아파할 수 있는 부분'을 우선적으로 선택해 집중 공격하고 빠지자는 게 트럼프의 계산이다.

'대만 카드'는 엄밀하게 말하면 '차이잉원 카드'다. 대만 독립 성향이 강한 차이잉원의 등장으로 양안(兩岸·중국과 대만) 관계에 새로

이 조성되고 있는 긴장 국면을 십분 활용해 중국의 어깨를 툭 쳐봤다고나 할까.

트럼프는 이 같은 '선택적 중국 때리기'를 통해 미·중 관계에서의 주도권은 여전히 미국이 쥐고 있다는 것을 국제사회가 깨닫게 하는 데 성공했다. 동시에 중국을 희생양으로 만들어 국내의 정치적인 갈등을 봉합하는 효과도 노렸다.

따라서 전화 한 통화를 근거로 미국이 '하나의 중국' 원칙에 정면으로 반기를 들었다고 보는 건 과도한 해석이다. 그보다는 트럼프가 향후 '차이잉원 카드'를 적절하게 이용해 중국과의 금융 및 통상 마찰에서 이득을 취하려 할 것으로 분석하는 게 설득력이 있다.

중국 역시 미국과의 전면전은 회피하려는 모습이다. 전화 사건에 대한 비난의 화살을 미국이 아닌 대만으로 돌리고 있다. 왕이(王毅) 중국 외교부장은 전화 통화를 대만이 일으킨 '꼼수(小動作)'라고 비난

트럼프의 중국 때리기

"환율 조작과 스파이 행위를 하는 중국에 본때를 보여줘야"
2015년 6월 대선 출마 선포식

"중국 제품에 45%의 관세 부과하겠다"
2016년 뉴욕타임스 인터뷰

"(무역에서) 중국이 미국을 강간하고 있다. 우리는 강도당하고 있는 돼지 저금통과 같다"
2016년 2월 인디애나주 유세

"왜 우리가 '하나의 중국' 원칙에 얽매여야 하는지 모르겠다"
2016년 12월 폭스뉴스 인터뷰

"중국이 겉으론 북한을 제재한다고 해놓고 옆방에선 북한과 함께 낄낄거리며 비웃고 있다"
2016년 12월 워싱턴포스트 인터뷰

하며 평가절하했다.

트럼프와 차이잉원이 통화하던 날 베이징에선 시진핑이 '하나의 중국' 원칙에 대한 미·중 합의의 산파인 헨리 키신저 전 국무장관을 만나 극진히 예우했다. 키신저는 트럼프가 스스로 존경한다고 공언한 몇 안 되는 원로 중 하나다. 이는 시진핑이 트럼프 정부와 연결되는 소통의 끈을 확보하려는 노력의 일환으로 해석된다.

미·중 간의 경제·통상 마찰 역시 양국의 올드 이슈다. 그러나 현재 미·중이 직면한 국내 사회·경제적인 상황을 감안할 때 통상 문제는 오히려 그 어느 것보다 중요한 사활적 이슈가 될 전망이다.

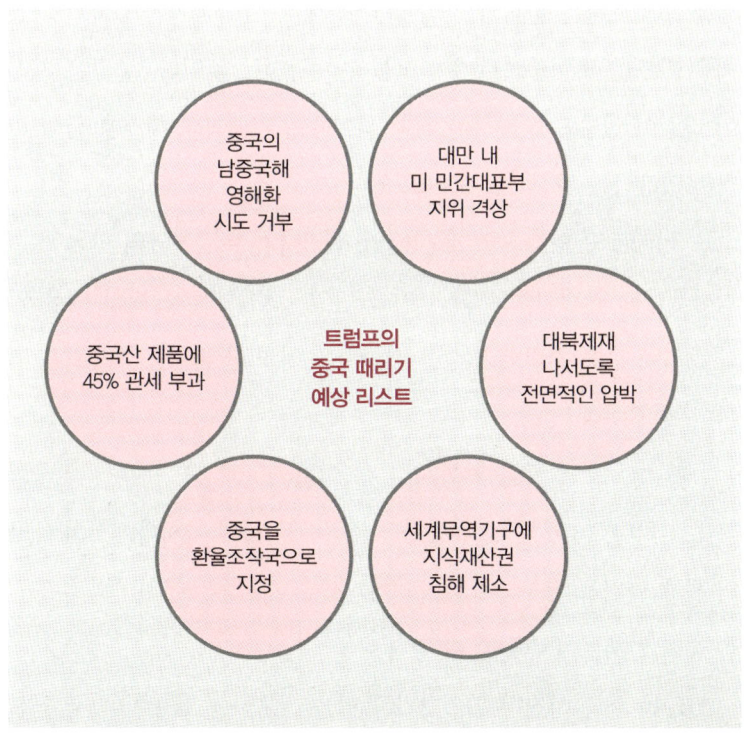

따라서 트럼프 신정부 출범 이후 미·중은 경제 문제에서부터 양보 없는 경쟁에 돌입할 가능성이 크다.

트럼프는 중국과의 한판 무역전쟁을 준비하고 있다. 백악관 내 무역정책을 전담할 국가무역위원회를 신설하고, 위원장으로 대표적인 대중 강경론자인 피터 나바로 어바인 캘리포니아대 교수를 내정한 걸 주목해야 한다.

예민해진 중국은 대응책 마련에 부심하고 있다. 선제 행동도 불사한다는 모양새다. 최근 중국 국가발전개혁위원회가 반독점 규정 위반을 들어 상하이 GM에 2억 위안이 넘는 벌금을 부과했다.

트럼프 정부가 중국을 환율조작국으로 지정하거나 고율의 수입관세를 부과하려는 움직임 등의 압박에 대해 선제적으로 중국이 가진 대응 카드를 보여줌으로써 미국을 견제하려는 것이다. 중국은 자신이 강점이 있다고 생각하는 경제 분야에선 미국과의 대결을 굳이 피하지 않겠다는 자신감을 보이고 있다.

또 티베트의 영적 지도자인 달라이 라마가 트럼프와의 만남을 추진하겠다고 공개적으로 밝힌 만큼 만일 트럼프가 '못 만날 이유 없다'는 순수(?)를 가장한 입장을 취한다면 이 또한 미·중의 새로운 뇌관이 될 것이다.

한편 미·중 갈등을 격화시킬 수 있는 또 하나의 변수는 양국의 국내 정치다. 미국 내 정통 공화당 주류 세력들이 아시아에서의 중국의 틈새 약진을 좌시하지 않으려 할 경우 미·중은 아시아의 주도권을 놓고 언제든지 격돌할 수 있다.

2017년 가을 시진핑 집권 2기 출범을 선포하는 제19차 중국 공산

트럼프 겨냥한 중국의 말말말

"트럼프의 대중 정책을 알기 어려운 건 그가 정치 경험이 없고, 중·미 연구 시스템도 없으며, 정책보좌관그룹도 없는 3무(無) 지도자이기 때문"
2016년 12월 6일 자칭궈 베이징대 국제관계학원 원장

"트럼프는 좀처럼 입을 다물지 못하는 능력이 있으며, 도발과 거짓말을 일삼고 있다"
2016년 12월 6일 환구시보

"중국은 충분한 탄약을 준비하고 트럼프와 함께 중·미 관계의 롤러코스터를 탈 각오가 돼 있다"
2016년 12월 12일 환구시보

당 대회를 앞두고 중국의 국내 정치 상황도 녹록지만은 않다. '미국을 다시 위대하게 만들자(Make America Great Again)'는 트럼프의 외침 못지않게 중국에서도 '차이나 퍼스트(China First)'라는 국내 우선주의가 작동하고 있기 때문이다.

중국의 국내 우선주의는 두 가지 함의를 갖는다. 하나는 국내 정치 일정의 성공을 위해 안정적인 대외 환경을 조성하는 것이다. 다른 하나는 '중국꿈(中國夢)' 실현을 위해 중단 없이 부상을 추진하는 것이다.

중국꿈을 이루려면 우선 중국 공산당 창당 100주년을 맞는 2021년에 모든 인민이 배불리 먹고 문화생활도 즐길 수 있는 전면적인 소강(小康)사회를 달성해야 한다. 시진핑으로선 이 같은 꿈에 딴지를 거는 미국의 공세는 도저히 좌시할 수 없다는 이야기다.

중화민족의 부흥과 중국의 핵심 이익 수호는 시진핑 스스로가 제시한 비전이자 마지노선이기도 하다. 트럼프가 이 마지노선을 넘어서는 기습적인 도발을 할 경우 미·중은 퇴로 없는 무한 갈등으로 내몰릴 수 있다.

우리는 미·중과 안보·경제적으로 밀접한 관계를 맺고 있어 미·중 갈등의 파고가 클수록 그로 인한 충격을 강하게 받을 수밖에 없다. 특히 고민스러운 점은 미·중 양국 공히 국내의 정치·경제적 난제들에 직면해 있기 때문에 비용이 많이 드는 전면적 대립은 가능한 한 회피·관리하면서 대신 상호 세력권 확장과 대리인을 앞세운 '대리 견제와 대응'의 경쟁 양상을 보일 것이라는 점이다.

이 경우 북핵과 사드 체계라는 이중고에 직면해 있는 한국은 다른 동아시아 국가들보다 더 심각하게 미·중 사이에서 압박을 받을 가능성이 크다. 우리의 의지와는 무관하게 미·중 관계가 춤을 출 때마다 한중 관계 또한 출렁이게 된다는 이야기다. 특히 북핵 문제가 미국과 중국 간의 아시아에서의 '편 가르기식 대리 세력 경쟁'에 도구로 동원되면서 미궁으로 빠질 가능성이 우려된다.

앞으로 우리 외교는 제2, 제3의 사드 이슈에 부닥칠 가능성 또한 농후하다. 따라서 미 지도부 교체기를 계기로 향후 어떤 전략적 선택을 할 것인가에 대한 장기적이고도 체계적인 대비를 구상할 필요가 있다.

미국과 중국의 잠정적 조정기가 한국엔 새로운 위기와 도전이 될 수도 있지만 역설적으로 이 도전은 한국이 중견국으로서의 국제적 위상을 새롭게 정립할 수 있는 길지 않은 절호의 기회가 될 수도 있기 때문이다.

우선 북핵 문제에 대한 한국의 레버리지와 채널을 확보해 주도권을 하루속히 회복하는 게 중요하다. 그리고 이를 발판으로 미·중 사이의 딜레마를 최소화할 수 있는 상황을 만들기 위한 지혜를 모아야 한다. 우리 외교가 다시 국내 정치의 볼모가 되는 악순환에서 빠져나오기 위한 방안 마련도 필수다.

◆ **이동률** 동덕여대 중어중국학과 교수 ◆
중국 베이징대학교 국제관계학원에서 정치학 박사학위를 받았다. 미 컬럼비아대학 방문교수, 한중 전문가공동연구위원회 집행위원, 통일부 정책자문위원 등을 역임했다. 중국의 대외관계와 영토분쟁, 민족주의, 소수민족 문제 등이 주요 연구 분야다. 저서로 『중국의 미래를 말하다』, 『중국의 영토분쟁』 등이 있다.

미·중 전략적 불신이
한중 관계 근간 흔든다

한중은 '북핵 반대'란 총론에선 의견을 같이한다. 그런데 왜 '대북제재' 등 북핵 제거를 위한 각론에 들어가면 늘 엇박자를 내는 것일까. 북핵에 접근하는 입장이 달라서다. 우리가 한반도 차원에서 문제를 본다면 중국은 지구촌을 무대로 미국과 펼치는 체스게임 차원에서 북핵이나 사드 체계 문제에 접근한다. 그러다 보니 한중 두 나라의 의견이 일치되는 그런 제대로 된 북핵 해법이 나올 리 없다. 정녕 방법은 없는 것일까.

　북핵과 사드 이슈는 한중 양자 차원의 문제가 아니다. 북한 외에 미국과 중국이라는 G2의 전략적 이해관계가 복잡하게 얽혀 있어 이에 대한 제대로 된 이해 없이는 문제 해결의 실마리를 찾을 수 없다. 해법의 실타래를 풀기는커녕 오히려 상대에 대한 오해만 증폭시켜 상황을 더 악화시킬 우려가 크다.

한국의 사드, 유럽으로부터의 함의

먼저 우리의 사드 배치 결정에 대해 중국이 왜 그렇게 반발하는지를 냉정하게 따져 볼 필요가 있다. 우리는 북핵이라는 당면한 안보 위협에 나름대로 최소한의 자위적 조치를 취하기 위해 사드 도입을 결정한 바, 이에 대한 중국의 반대는 지나친 처사라며 중국에 서운한 마음을 갖는다.

반면 중국은 사드 배치를 한·미 동맹과 함께 남중국해-동중국해-대만으로 연결되는 미국의 대(對)중국 견제 라인의 일부분으로 판단한다. 이 같은 중국의 사고는 냉전 후 유럽에서 진행돼 온 북대서양조약기구(나토·NATO)의 확대와 미국의 유럽 미사일방어 체계 구축 과정에 영향을 받은 바가 크다.

냉전이 끝나갈 무렵 러시아의 리더들은 유럽 내 미군의 주둔과 나토의 존재에 대해 처음엔 긍정적 입장이었다. 유럽의 평화와 안정을 위해 미군과 나토의 필요성을 인정했던 것이다. 그렇지만 나토의 확대는 러시아의 안보를 위협할 수 있기에 반대한다는 태도를 견지했다.

그러나 미국은 나토의 영향력 확대를 꾀했다. 1999년 체코와 헝가리·폴란드를 회원국으로 받아들이며 첫 번째 확장을 성공적으로 마무리했다. 이어 2004년엔 불가리아·루마니아 등 무려 7개국을 나토에 가입시키며 2차 확대에 성공했다.

2008년 4월엔 나토 정상회의에서 마침내 러시아의 인접 국가들인

그루지야(현 조지아)와 우크라이나까지 회원국으로 받아들이는 안건이 논의됐고, 이에 러시아가 격렬하게 반발했다. 러시아에 대한 직접적인 군사적·안보적 위협으로 간주한 것이다. 결국 러시아는 중국의 베이징 올림픽 개막식 날인 2008년 8월 8일 그루지야를 무력으로 공격하는 강수를 뒀다.

이 같은 러시아의 거센 반발에도 불구하고 미국과 나토는 2009년엔 알바니아와 크로아티아를 회원국으로 받아들였다. 훗날인 2014년 블라디미르 푸틴 러시아 대통령이 우크라이나에서 친러시아 성향의 지도자가 축출되자 러시아군에 크림반도를 점령하라는 명령을 내리게 되는 배경엔 이처럼 무서운 기세로 뻗어가던 나토의 확대가 있었던 것이다.

나토 확장과 함께 냉전 후 미·러 사이에 또 다른 전략적 갈등을 불러일으킨 요소는 유럽 내 미국의 미사일방어(MD) 체계 구축이었다. 2002년 미국은 ABM 조약(Anti-Ballistic Missile Treaty) 해체를 선언하고 자체적인 미사일방어 역량을 강화하는 한편 해외 각 지역에 있는 미군기지의 미사일방어 역량 강화를 함께 추진한다.

이와 관련하여 미 국방부는 2010년 2월 '탄도미사일방어 심의 보고서'를 공표하고 2011년부터 2020년까지 10년간 4단계로 이뤄지는 유럽형 미사일방어 체계 구축을 추구했다. 이 계획은 러시아의 강력한 반대로 3단계까지만 진행되고 4단계는 폐지됐다. 그러나 미국이 보고서를 통해 이미 유럽과 중동·동아시아에 각 지역의 안보 위협 특성에 맞는 맞춤형 미사일방어 체계 구축을 예고한 것으로 풀이된다.

이처럼 유럽에서 미국이 추구한 나토 확대와 미사일방어 체계 구

미·중의 상호 전략 대원칙
- **미국의 대중 전략:** 봉쇄적 개입(Congagement, Containment + Engagement)
- **중국의 대미 전략:** 鬪而不破(다투기는 하되 관계를 완전히 깨뜨리지는 않는다)

미국의 나토 확대
- **1단계:** 1999년 체코, 헝가리, 폴란드 나토 가입
- **2단계:** 2004년 불가리아, 리투아니아, 루마니아 등 7개국 나토 가입
- **3단계:** 2009년 알바니아, 크로아티아 나토 가입

미국의 유럽형 미사일방어 체계 구축
- **1단계:** 남부 유럽을 미사일 공격으로부터 방어
- **2단계:** 남부 유럽에 육상 SM-3요격미사일 배치해 다른 곳까지로 방어 범위 확장
- **3단계:** 북부 유럽에 중거리미사일 위협에 대응하는 육상 SM-3 배치
- **4단계:** 미 본토 향한 ICBM 공격 대비

축은 중국에 커다란 인식의 변화를 안겼다. 미국이 2010년께부터 본격화한 '아시아 회귀' '재균형 정책' 등이 중국의 부상을 견제하기 위한 동아시아판 나토 확대라고 중국은 판단하게 된 것이다.

따라서 미국이 일본과 대만에 조기경보 레이더를 설치한 데 이어 한국에도 사드를 배치하려는 건 미국 주도의 동아시아 미사일방어 체계가 새로운 발전 단계로 진입했음을 의미하는 것으로 중국은 받아들이고 있다.

이는 2014년 여름 한국에서 사드 배치 이야기가 나온 직후 방한한 시진핑 중국 국가주석이 한중 정상회담에서 바로 사드 문제를 꺼내며 민감하게 반응한 배경이기도 하다.

또 2016년 7월 사드 배치가 발표된 이후 지금까지도 중국이 계속 격렬한 비판과 함께 불만을 토해내는 데는 유럽에서의 미·러 충돌

을 면밀히 지켜봤던 중국이 미국으로부터 상당한 군사·안보적 위협
을 느끼고 있다는 점을 적나라하게 보여준다.

한중 관계 흔드는 미·중 불신

한반도 문제에 나서는 중국의 자세엔 바로 이 같은 미·중 간 전략적 경쟁이 커다란 영향을 끼치고 있다. 이에 따라 중국의 대북제재가 소극적일 수밖에 없다. 중국은 만약 강한 제재로 인해 김정은 체제가 붕괴한다면 한반도에 한국 중심으로 '통일 한국'이 세워지고, 이는 곧 미국이 한·미 동맹을 기반으로 한반도 전체를 장악하는 것이라 생각한다.

동북아에서 이미 중국을 견제하는 미·일 동맹이 강화된 마당에 한반도마저 미국의 영향력 아래 들어가는 건 중국으로선 최악의 시나리오다. 따라서 중국은 비핵화를 위해 대북제재를 강화하느니 차라리 관리가 가능한 '핵을 가진 김정은 체제'가 전략적으로 유리하다는 계산을 하게 되는 것이다.

중국이 '비핵화—평화협정'의 동시 협상을 주장하며 제재에서 대

미국의 아시아 회귀 정책의 4대 형태

중국과 가까운 국가와의 관계 개선. 캄보디아, 미얀마 등
중국과 영토분쟁 빚는 국가 후원. 베트남, 필리핀 등
아시아에서 새 군사기지 확충. 싱가포르, 태국 등
중국 포위의 새로운 군사협력 강화. 일본, 호주 등

화 국면으로의 전환을 노리는 것도 제재 국면이 미국에 유리하다는 판단에서다. 중국은 미국이 북핵 문제의 해결보다 강한 대북 압박 과정을 통해 한·미·일 안보협력 강화와 함께 미국 주도의 미사일방어 체계 구축에 한국을 참여시키려 한다는 시각을 갖고 있다.

중국이 또 북한 제재와 북·중 관계 개선을 분리해 접근하는 행보를 택하는 것도 미국과의 경쟁에서 북한을 전략적으로 관리하고 활용할 필요성이 요구됐기 때문이다. 이처럼 미국에 대한 중국의 전략적 불신이 사라지지 않는 한 북핵이나 사드 이슈에서 중국의 협조를 받기는 매우 어려운 상황이다.

이젠 한국도 세계를 봐야

그럼 한국이 현재의 미·중 전략적 경쟁구도하에서 한반도 비핵화와 통일의 기반을 쌓는 한중 관계를 만들어가려면 어떻게 해야 할까. 첫째는 중국에 대한 '희망적 사고'를 버리고 미·중의 체스판, 즉 우리도 이제는 세계를 봐야 한다.

냉정하고 현실적인 강대국들의 국익 계산을 감안하면 중국이 쉽

중국 '신형대국관계' 4대 함의

서로 충돌하지 않는다
서로 대항하지 않는다
상호 핵심 이익을 존중한다
서로 협력해 공동의 번영을 꾀한다

사리 북한을 포기하고 한국 편에 서서 북핵과 통일 문제를 다뤄 줄 것이란 순진한 생각을 하면 안 된다. 굳건한 한·미 동맹의 기반 위에서 중국과는 전략적 협력 동반자 관계를 발전시켜 나갈 것이란 우리의 정책을 중국에 명확하게 전달함으로써 중국 또한 한국이 한·미 동맹에서 벗어나 최소한 미·중 사이에서 중립을 지켜 줄 것이란 '희망적 사고'를 버리게 해야 한다.

둘째는 중국에 대한 북한의 전략적 가치를 감소시켜야 한다. 중국이 김정은 체제에 불만을 가지면서도 북한을 전략적으로 포용하려는 이유는 미·중 사이에서 북한이 갖는 전략적 완충국가로서의 가치 때문이다. 이제 한국은 전통적인 완충국가 이론의 논쟁점 중 하나인 중립국과 완충국가의 차이를 검토할 필요가 있다. 만약 우리가 미국과의 동맹을 유지하면서 미·중의 충돌을 완화시키는 '평화적이고 전략적인 준(準)완충국가'의 모델을 추구할 수 있다면 북한이 중국에 대해 갖는 완충국가로서의 가치가 줄어들 수 있다.

끝으로 우리는 중국과의 군사·안보적 갈등 발생 가능성에 대비해 경제협력에 이은 사회·문화, 인적 교류 발전을 강화해야 한다. 설사 한중 관계의 한 축이 미·중 갈등의 영향으로 흔들리게 되더라도 다른 여러 분야에서의 교류 협력 시스템이 튼튼하게 구축돼 있다면 한중 관계의 전체적인 틀은 훼손되지 않을 것이기 때문이다.

◆ **김한권** 국립외교원 교수 ◆
미국 코네티컷 주립대에서 정치학 학사와 행정학 석사, 아메리칸대에서 국제관계학 박사학위를 취득했다. 이후 중국 칭화대와 베이징대에서의 연구 활동을 거쳐 아산정책연구원 중국연구센터장과 지역연구센터장을 역임했다. 주요 저서로는 『미·중 사이 한국의 이원외교』(2015), 『차이나 콤플렉스』(2014, 공저) 등이 있다.

대만, '신남향정책'으로
중국 의존도 줄인다

당(唐)대 측천무후(則天武后) 이래 중화권 첫 여성 최고 지도자라는 차이잉원(蔡英文)이 2016년 5월 20일 대만 총통으로 취임한다. 중국은 그를 '뼛속까지 대만독립주의자(臺獨分子)'라 평한다. 아니나 다를까, 취임식에선 독립 상징의 노래 '메이리다오(美麗島)'가 불렸다. 양안(兩岸·중국과 대만) 파고가 높아질 건 분명하다. 중국은 이미 대만 압박에 들어간 모양새다. 차이잉원은 점차 거세지는 양안 물살을 어떻게 헤칠 것인가.

2016년 4월 19일 벨기에 브뤼셀. 경제협력개발기구(OECD) 철강위원회 회의에 참석 중이던 대만 무역대표단이 쫓겨났다. 대만의 지위를 문제 삼아 회의장을 떠나란 중국의 항의 때문이었다.

이에 앞서 중국은 아프리카 케냐를 근거지로 삼아 중국인을 상대로 보이스피싱 범죄 행각을 벌여 온 대만 국적의 금융 사기범 45명을 중국으로 추방하도록 유도하는 데 성공했다. 대만 당국은 '납치'라며 발끈했다. 그러나 중국은 "중국의 일부인 대만의 주민을 중국으로 보낸 게 뭐가 문제냐"고 맞받아쳤다.

2016년 3월엔 대만의 얼마 안 되는 수교국 중 하나인 아프리카의 소국 감비아가 대만을 버리고 중국과 손을 잡았다. 이뿐만이 아니다. 중국과 대만의 1~2월 무역 총액은 2016년 같은 기간에 비해 13% 이상 줄었다. 또 중국인의 대만 관광이 2017년 2분기부터는 약 30% 감소할 것이란 전망이 나온다.

대만의 국제적 생존 공간을 옥죄고 또 양안 교류를 위축시키는 중국의 강경한 행보가 노리는 건 무언가. 선발제인(先發制人)이다. 2016년 1월 대만 총통 선거에서 압승을 거둔 차이잉원의 기선을 제압하려는 것이다. 실력 행사를 통해 차이잉원을 길들이고자 하는 성격이 강하다.

중국이 대만을 향해 채찍만 꺼내 든 건 아니다. 당근도 보여주고 있다. 중국의 대만 업무 실무 책임자인 장즈쥔(張志軍) 대만사무판공실 주임은 2016년 4월 8일 허난(河南)성의 대표적인 대만 기업을 방문해 희망의 메시지를 던졌다. 중국 내 대만 기업들에 대해 특혜를 확대하겠다고 약속한 것이다. 또 중국에 와서 공부하는 1만여 대만 유학생에게도 중국 학생과 동일한 학비와 의료보험 등의 혜택을 주겠다고 밝혔다.

중국 내 대만 기업과 유학생은 양안 관계 발전의 두 축으로 꼽힌다. 이들을 우군(友軍)으로 만들기 위한 유화책을 펼치고 있는 것이다. 실제로 대만인들은 양안 관계에서 자신들의 입장에 따라 찬반(贊

反)을 달리하는 경우가 많다. 이 점이 바로 중국이 대만을 상대로 이이제이(以夷制夷) 전략을 구사할 수 있는 틈새를 제공한다.

중국의 강온(强穩) 전략에 맞서는 차이잉원의 대응책은 무언가. 그에겐 두 명의 반면교사(反面敎師)가 있다. 바로 전임 총통인 국민당의 마잉주(馬英九)와 마보다 앞서 총통을 역임한 민진당 출신 천수이볜(陳水扁) 등 두 사람이다.

우선 마잉주가 주는 교훈을 살펴보자. 2008년 총통이 된 마잉주는 2012년 재선에 성공했지만 그의 정치 생명은 사실상 2014년 끝났다. 그해 3월 대만 대학생들이 대만 정부 수립 이래 처음으로 입법원(국회)을 점거한 채 농성을 벌인 '해바라기운동(太陽花運動)'이 계기가 됐다.

당시 대만 국회가 중-대만 간 서비스무역협정을 비준하자 대학생 주축의 시위대는 "대만 경제가 중국에 종속되는 것을 반대한다"며 국회를 점거했다. 2010년 양안 자유무역을 위한 경제협력기본협정(ECFA)을 체결하는 등 마잉주 집권 기간 내내 중국과의 전방위적인 교류 확대 정책을 폈지만 이 같은 양안 경협이 특정 계층과 대기업의 배만 불렸을 뿐 청년에겐 아무런 희망도 안기지 못했다는 이유에서였다. 이후 마잉주에 대한 지지도는 10%대로 급락했다.

차이잉원으로선 중국과의 거리 두기가 필요하다. 그래서인가. 대선 기간 내내 차이가 외쳤던 구호 또한 '대만을 밝혀라(點亮臺灣)'였다. 대만의 존재와 존엄을 되살리자는 절절한 외침이다. 차이는 또 마잉주 정부가 '중국이 하나임을 인정하되 그 표기는 서로 다르게 한다(一中各表)'는 1992년의 합의(92共識) 정신을 위배했다고 비난한다. '하나의 중국(一中)'에 치우치느라 '서로 다르게 표현한다(各表)'는 입

> **차이잉원은**
> - 1956년 8월 대만 타이베이 출생, 미혼
> - 대만대학 법률학과 졸업
> - 미국 코넬대학 법학석사
> - 영국 런던대학정경학원 법학박사
> - 1993~2000년 대만 국립 정치대학 교수
> - 2000~2004년 대만 행정원 대륙위원회 주임위원
> - 2005~2006년 입법원 입법위원
> - 2006~2007년 대만 행정원 부원장
> - 2008~2012년 대만 민진당 주석
> - 2014년~ 대만 민진당 주석

장을 망각했다는 것이다.

차이잉원의 이런 주장은 '대만인(Taiwanese)'으로서의 뿌리 깊은 내면 의식에서 비롯된다. 그러나 차이의 독립 의식이 또 다른 반면교사인 천수이볜처럼 급격한 독립 행보로 이어질 가능성은 적다.

2000년부터 8년간 집권한 천수이볜은 대만이 엄연한 독립국가로 중국과 대등하다는 양국론(兩國論)을 급진적으로 펼쳤다. 결과는 중국이 대만에 즉각적인 무력을 사용할 수 있는 법적 근거인 '반(反)국가분열법'을 제정케 하는 역풍(逆風)을 초래했다. 또 당시 양안 관계의 안정을 바라던 미국으로부터 대만해협의 평화를 깨뜨리는 '문제아'로 낙인찍혔다.

천수이볜 정권의 몰락 과정을 지켜본 차이는 대만 독립이 결코 말만으로 이뤄지는 게 아니라는 점을 뼈저리게 느꼈다. 자연히 '하나의 중국' 원칙을 벗어나는 행보엔 신중을 기하지 않을 수 없다. 차이는 이제 마잉주와 천수이볜을 양극단으로 하는 범위 안에서 최적의 좌

표를 찾아야 하는 숙제를 안게 된 것이다.

차이잉원은 어떤 대륙정책을 취할까. 우선 마잉주 정권의 실패를 가져온 양안 경협의 이득이 특정 계층이나 기업에만 돌아가던 불합리한 구조를 혁신하는 데 전력을 기울일 것으로 보인다. 또 '양안감독조례(兩岸監督條例)'를 제정해 양안의 교류 협력 전반에 대한 감독을 강화할 예정이다.

과도한 중국 의존에서 탈피하는 노력도 펼친다. '하나의 중국' 원칙을 수용하라는 시진핑 중국 국가주석의 압박에는 중국 의존도 탈피로 맞설 전망이다. 이와 관련해 차이잉원이 외교정책 기조로 설정한 '신남향정책(新南向政策)'을 주목해야 한다. 단순히 동남아 투자를 늘리는 과거의 남진정책(南進政策)에서 벗어나 동남아 국가들과의 다원적·다층적 협력을 통해 중국에 대한 과도한 경제 의존을 줄이려는 새 전략이다.

차이잉원 정부의 고민은 중국이 내미는 당근을 덥석 물 수도 없지만 그렇다고 중국이 무차별적으로 내려치는 채찍을 오랫동안 견딜 만한 맷집 또한 없다는 점이다. 그런데 여기에 한 줄기 희망의 동풍(東風)이 불고 있다. 바로 미국이다. 대만의 정체성 강화를 위해 중국과 적당한 대립각을 세우면서도 비현실적인 독립 주장을 자제하는 차이의 노선이 미국의 지지를 이끌어 내고 있다.

그동안 미국은 '하나의 중국' 원칙을 인정하면서도 79년 대만과의 단교 직후 제정한 '대만관계법(TRA)'을 근거로 대량의 무기 판매 등 대만 문제에 깊숙이 개입해 왔다. 미국의 이러한 이중 전략은 중·미 관계가 좋을 땐 별 마찰 없이 유지될 수 있었다. 중국은 '하나의 중국' 원칙을 존중한다는 미국의 공식 입장을 확인하는 선에서 미국의 간섭을 감내해 왔다.

그러나 최근 대만 문제에 대한 미국의 전략적 판단이 변하고 있다. 동중국해와 남중국해를 무대로 한 중국의 '해양굴기(海洋崛起)'를 제어하기 위해 대만 카드의 재정비 필요성을 느꼈기 때문이다. 미국은 대만이 남중국해에서 둘째로 크고 1200m 활주로까지 갖춘 타이핑다오(太平島)를 점유하고 있다는 사실을 잘 알고 있다. 중국을 견제하기 위한 미국의 대전략 속에서 독립 성향의 민진당 후보는 이제 더 이상 과거와 같은 '문제아'가 아니라 유용한 '전략적 자산'이 되고 있는 것이다.

차이잉원은 중국과의 관계 설정에서 자의 반 타의 반으로 미국의 '친절한 조언'을 구할 것이다. 시진핑이 2016년 4월 초 미 워싱턴에서 오바마 대통령을 향해 "대만의 독립을 지지해서는 안 된다"고 노골적으로 말한 건 차이잉원 정권 출범을 계기로 급속히 가까워지고 있는 미·대만 관계에 대한 경고였다.

한편 일본도 대만 문제에 대해 호시탐탐 훈수를 두려 할 것으로 전망된다. 일본은 반세기 동안 식민 통치한 대만을 가장 잘 안다고 자신한다. 차이잉원 또한 민진당 원로 셰창팅(謝長廷)을 주일 대표로 내정하며 대일 관계 중시 가능성을 내비치고 있다.

대만해협에 드리운 미국의 그림자를 생각하며 한반도를 떠올리는 건 당연한 일이다. 남북한 화해협력이 한창일 때 그들은 우리를 부러워했다. 지금은 어떤가. 그들은 통일과 독립 문제를 놓고 반목하면서도 경제적 원원의 경계를 확대하기 위해 매진하고 있다. 심지어 중국이 최근 130km에 달하는 대만해협의 해저고속철도 건설계획을 발표하기도 했지만 이를 대만 해방을 위한 '남침 땅굴'로 인식하는 대만인은 아무도 없다. 북핵으로 모든 교류와 협력이 올스톱된 한반도 현실이 안타까울 뿐이다.

◆**문흥호** 한양대 국제학대학원 중국학과 교수 겸 중국문제연구소장◆
한양대 정외과 학사. 대만 푸싱강(復興崗) 정치연구소 정치학 석사, 한양대 정치학 박사.
주요 연구 분야는 중국 외교안보, 북중관계, 양안관계. 주요 저서로는 『대만문제와 양안관계』, 『북한 어디로 가나』, 『중화전통과 현대중국』 등이 있다.

중국 군사력,
어떻게 대응할 것인가

'힘을 통한 평화'를 믿는 미 트럼프 대통령은 자국의 군사력 증강과 함께 북한의 전쟁 위협에 맞서 한반도 인근 해역에 전략 자산을 수시로 전개하고 있다. 세계 2위의 경제 규모를 갖춘 중국은 이에 반발한다. 내부적으로는 제도 개편과 장비 현대화에 중점을 둔 군 개혁을 실시하고 있고, 대외적으로는 '핵심 이익'의 고수, 미국과는 '신형대국관계'를 주창한다. 특히 중국은 남중국해부터 대만해협, 동중국해, 한반도에 연루되어 있어 미·중 간의 긴장이 고조될 전망이다.

중국의 군사력이 과연 미국에 맞설 만큼 커진 걸까. 어떻게 평가해야 하나. 또 전투력 제고를 위한 중국군 개혁이 우리에게 던지는 함의는 무언가.

중국은 말과 행동이 다른 경우가 적지 않다. 선언은 평화적인데 움직임은 공세적인 게 어제오늘의 일이 아니다. 대표적인 예가 2013년 10월 주변국에 대한 우호적 외교를 강조한 '친(親)·성(誠)·혜(惠)·용(容)' 정책을 발표한 지 불과 한 달 만에 동중국해에 '방공식별구역(ADIZ)'을 선포해 긴장을 야기한 것이다. 그게 중국이다.

중국의 부상은 경제적 성장에 기인한다. 그리고 이는 외교적 위상 제고와 군사력 증강의 재정적 기초가 된다. 동아시아 해양 분쟁에서 중국 요인이 부각된 것도 중국의 군사력이 과거에 비해 눈에 띄게 제고됐기 때문이다.

중국의 군사력, 특히 전투력은 어떻게 평가해야 하나.

중국 군사력 평가의 세 가지 방법

첫 번째는 단순 비교다. 영국 국제전략문제연구소(IISS)가 매년 발간하는 「군사력 균형」엔 국가 및 무기별 소개가 자세하게 나와 있어 이를 연도별로 비교하면 주요 무기체계의 증감 상황을 비교적 쉽게 알 수 있다. 우리의 「국방백서」 또한 남북한 군사력 비교 시 이를 사용한다.

그러나 위의 방식으론 전력의 변화 추이나 군사력의 질적 측면을 파악하기 어렵다. 특히 중국이나 북한과 같이 '군사적 투명성'이 낮은 경우 곤란은 가중된다.

따라서 보다 의미 있는 두 번째 방법은 연간이 아닌 주기별 비교다. 예를 들어 '해양 강국'을 추진하는 중국은 장거리 항해·작전 능력이 필요하다. 이 경우 5년 단위로 중국의 잠수함 및 주요 수상함의 취역 상황을 살피는 게 한 방법이다. 2005~2010년과 2010~2015년을 볼 때 중국의 잠수함은 그 이전 기간에 비해 각각 11척과 14척이 늘었고 구축함은 각 3척과 7척이, 또 호위함은 각 8척과 12척이 증가했다. 이는 중국이 해군 현대화를 통해 원거리 작전을 준비하고 있으며 또 전력화 추이도 빨라지고 있음을 보여준다.

세 번째는 군사적으로 보다 의미 있는 방법으로 위의 주기별 군사력 변화를 응용한 것이다. 작전 측면에서 상대국 변수를 동원하고 또

육·해·공군의 합동작전 시나리오를 상정한다. 예를 들어 미 공군 기지에 대한 중국의 공격 능력, 미·중의 사이버전 능력 등이 포함된다. 우리의 경우 대상국은 북한이다.

상대방 입장서 보는 순(純)평가 중요성

모든 전쟁 지휘관의 가장 큰 고민은 무언가. 그것은 바로 상대방이 무슨 생각을 하고 있나를 알아내는 것이다. 훌륭한 지휘관은 상대방의 시각에서 안보 환경을 파악할 수 있어야 한다. 이 같은 사고방식을 미국에서는 '순(純)평가' 혹은 '전략적 평가'라 부른다. 내가 아니라 관찰 대상의 입장에서 상황을 파악하는 것이다.

이를 위해선 적어도 아래 5가지 사항은 기본적으로 고려돼야 한다. 1) 세계·지역 차원의 세력 균형 변화, 2) 신·구형 무기체계 및 군사력의 상호 작용, 3) 상대방 지도부의 실제 인식, 4) 군사력의 '비교 우위' 및 '비교 열세' 파악, 5) 과거 군사력 사용 선례 등이다.

중국군에 대해 보다 넓은 의미에서 순평가를 하려면 ▶1949년 이후 중국의 대외 군사력 적용 사례의 전 과정 ▶역내 유사시 중국의 가용 군사력 평가 및 시나리오 ▶중국 육·해·공군 및 로켓군의 특징 및 현대화 추이 ▶합동작전 및 정보전 능력 등의 사항이 검토돼야 마땅하다.

중국군 개혁의 현주소는 어디에

중국군의 고민은 무언가. 문제는 현재 중국군의 전투력이 중국 지도부의 기대에 부응하지 못하고 또 현대전이 요구하는 수준에 한참 미치지 못한다는 데 있다. 이게 바로 중국이 건군 이래 유례가 없는 대규모 전환(轉變)을 실시하는 이유다.

지금까지 알려진 군 개혁의 주요 내용을 보면 30만 명 감군과 7개 대군구(大軍區)의 5개 전구(戰區)로의 개편이다. 또 1950년대 중반 이후 운영돼 온 4총부(총참모부, 총정치부, 총후근부, 총장비부) 체제가 폐지되고 그 기능이 중앙군사위원회 내 신설된 15개 기구로 흡수된 점을 꼽을 수 있다. 이에 따라 군령(軍令)은 '중앙군위→각 전구→예하 부대'로, 군정(軍政)은 '중앙군위→각 군종→예하 부대'로 하달된다.

한편 2015년 마지막 날 시진핑은 중국인민해방군 육군, 로켓군(火箭軍) 및 전략지원부대 창설식에 참석해 군기를 수여했다. 이로써 중국군은 육·해·공군 및 로켓군의 4개 군종과 1개 '특수 병종(전략지원부대)' 체제를 갖추게 됐다.

여기서 우리의 관심을 끄는 건 한반도와 러시아, 몽골을 작전 지역으로 하는 북부전구(北部戰區)다. 북부전구는 4개의 집단군으로 구성돼 있는데 산둥(山東)성 웨이팡(維坊)에 사령부를 둔 26군은 한반도 유사시 대비임이 틀림없어 보인다. 26군은 중국군 내 몇 개 안 되는 육군 항공여단과 특수전 부대를 운영하고 있다.

중국군 개혁의 목표는 '현대화, 정보화, 합동화된 전역(戰役·campaign)급 전투력을 갖춘 군'을 만드는 것이다. 지휘체계 단순화를 노리고 있으며 업무는 '중앙군위는 총괄 관리(軍委管總), 전구는 작전 주관(戰區主戰), 군종은 군 현대화(軍種主建)'로 나뉜다. 군 개혁이란 시간이 오래 걸리고 저항도 만만치 않아 성공 여부는 아직 미지수다.

한·미·일 안보협력에 어떤 의미를 갖나

중국군 개혁이 주변국에 미치는 영향은 단기적으로 크지 않을 전망이다. 군 개혁의 초기 목표 연도가 2020년이고, 개혁의 규모가 크긴 하지만 아직은 내부 지향적 성격을 띠고 있기 때문이다.

그러나 2025~2030년의 중장기적인 상황을 감안하면 중국군 개혁이 '현대화, 정보화, 합동화'를 지향하기 때문에 동아시아 안보 환경에 지대한 영향을 줄 뿐만 아니라 갈등·분쟁 지역에 대한 중국의 공세적이고 강압적인 행태가 예상된다.

우선 중국의 군사적 옵션이 확대될 것이다. 최근 랴오닝(遼寧)함 주축의 항모전단 훈련에서 보이듯 원거리 투사 능력이 제고돼 대만해협과 남중국해 등에서 미국의 우위(dominance) 영역을 축소시키게 된다.

두 번째는 미국의 재균형(rebalancing) 정책 효과를 상쇄시킬 것이다. 이는 미국의 아·태 동맹국 등 역내 국가에 대한 중국의 영향력을 전반적으로 제고시킨다는 뜻으로 이에 따라 기존 미·중 간의 영향력 경쟁이 격화될 전망이다.

세 번째는 분쟁 지역 당사국들의 군사화를 촉진시킬 것이다. 중국이 주권을 주장하는 남중국해, 대만해협, 동중국해에 연루된 분쟁 당사국들이 무장 강화에 나설 것이며 한반도의 경우엔 그 영향이 보다 첨예하게 나타날 것으로 보인다.

미·일 동맹을 근간으로 지역 안정을 추구하는 미국의 아·태 안보정책이 미·일·중의 경제·군사적 추이를 감안할 때, 장기적으로 현상 유지가 어려울 수 있다. 그럼 우리는 어떻게 해야 하나.

먼저 '방어적 충분성'에 기초한 전력 건설이 필수적이다. 군사적 대비 측면에서 향후 한국군은 소규모 분쟁 가능성에 대한 대응 능력 및 도발을 거부할 수 있는 최소한의 자체적인 억지력을 확보해야만 한다.

단기적으론 영해상의 소규모 분쟁에 대비한 해·공군력을 보유해야 하며 장기적으론 대규모 무력 도발을 거부할 수 있는 효과적인 방어력을 구축해야 한다. 효과적 방어력엔 독자적 정보수집 능력, 첨단 군사기술력, 차세대 공군력 및 잠수함 전력 등이 포함된다.

국제사회엔 '중국의 군사력이 언제쯤 미국을 따라잡을까' 등과 같은 호기심을 자극하는 논의가 분분하다. 한데 중요한 건 중국의 미국 추월 여부가 아니다. 왜? 중국은 그런 목표에 도달하지 않더라도 한국을 포함 역내 국가들에 이미 커다란 도전과 문제로 부상했기 때문이다. 그게 오늘을 사는 우리가 부딪히고 있는 현실이다.

◆**김태호** 한림국제대학원대학교 교수◆
한림국제대학원대학교 정치외교학과 교수 겸 현대중국연구소/한림대만연구소 소장. 국방부 및 해군 발전 자문위원, 한국해양전략연구소 이사로도 활동 중이다. 전공 분야는 중국의 '3사(人事, 外事, 軍事)'. '동아시아 주요 분쟁과 중국의 군사력: 남사군도, 대만해협, 센카쿠/댜오위다오 및 한반도'(2015) 외 150여 건의 논문과 단행본이 있다.

6

중국이라는 나라

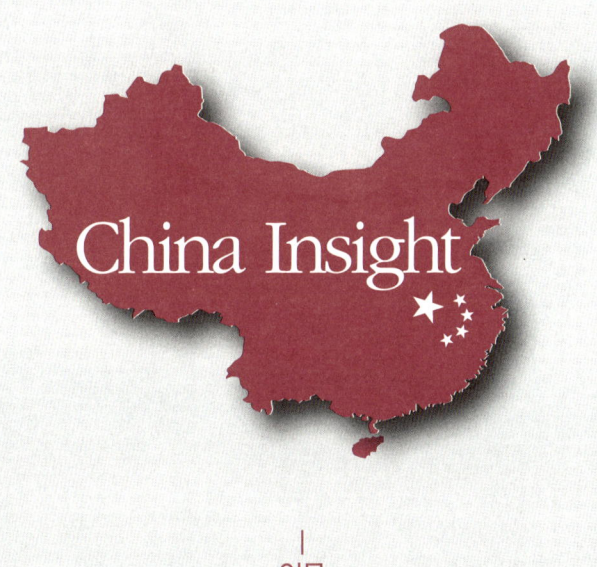

— 인문 —

중국 제대로 알려면
세 개 렌즈 있어야

한중이 이념과 체제의 장벽을 뛰어넘어 수교한 지 25년이 됐건만 '봄은 왔으나 봄 같지 않은' 상황을 보내고 있음에 절로 탄식이 나온다. 사드 체계의 배치를 둘러싼 갈등은 양국 모두 서로의 이해에 빈틈이 많았음을 적나라하게 보여준다. 그러나 손 놓고 지나기엔 양국 관계가 너무 중요하다. 특히 우리로선 이번 사태를 계기로 앞으로 중국 연구에서 무엇을 어떻게 할 것인지에 대한 고민과 자기 점검이 절실하다.

한중 사드 갈등은 "물이 줄어드니 돌이 나타나듯" 양국 관계의 민낯을 그대로 보여줬다. 양국 관계가 동상이몽일 수 있으며, 한국의 중국 이해가 약점과 한계를 지녔다는 엄혹한 현실이 여지없이 드러난 것이다. 문제는 중국이 단순치 않다는 데 있다. 중국의 상징인 용은 그 뿔은 사슴을, 머리는 낙타를, 눈은 도깨비를, 목은 뱀을, 배는 이무기를, 비늘은 잉어를, 발톱은 매를, 발바닥은 호랑이를, 귀는 소를 닮은 복합 동물이다.

그동안 우리가 용처럼 복합적인 중국을 개별적·단편적·편향적인 방법으로 접근하지 않았는지 반성이 필요하다. 따라서 중국 연구의 향후 과제는 무엇을 어떻게 해야 할 것인가를 고민하고 실천하는 일이 돼야 한다. 이와 관련해 연구 시스템의 구축, 대상 분야의 확장, 다양한 시야의 확보라는 세 가지가 필요하다.

가장 시급한 건 연구 시스템 구축이다. 여기엔 인재 양성과 활용, 정보 수신과 발신, 제도와 체제 정비가 포함된다. 어떤 분야든 거기에 종사하는 인재의 전문성은 성패의 관건이다. 따라서 우수한 인재의 양성과 활용이 최우선 과제다. 무엇보다 사람만이 사람을 키운다는 점을 명심해야 한다.

정보 수신과 발신에서 일차적 과제는 분야별 중국 전문사서의 양성이다. 동시에 국내외 도서를 비롯한 각종 매체의 정보와 데이터를 체계적으로 수집하고 정리해야 한다. 서평과 번역 등의 방식으로 주요 성과를 전파하는 작업이 필요하다. 서둘러야 할 것은 5년 뒤 30주년을 대비해 분야별로 '수교 이후 한국의 중국 연구(1992~2022)' 보고서를 준비하는 작업이다.

전문가를 제대로 활용하려면 그들이 활발하게 활동할 수 있는 환경을 제공해야 한다. 제도와 체제 정비는 이를 위한 것이다. 시급한 과제는 현재의 각 연구기관이 분야별로 특성화를 이루고 나아가 상호 연계를 구축하도록 하는 것이다. 국가적 차원에서는 중국연구원,

중국의 상징 용은 복합 동물

1 뿔 = 사슴	2 머리 = 낙타	3 눈 = 도깨비
4 목 = 뱀	5 배 = 이무기	6 비늘 = 잉어
7 발톱 = 매	8 발바닥 = 호랑이	9 귀 = 소

미륵을 통해 본 한중 차이

한국 조화와 균형 지니고 우아하며 세련된 모습의 반가사유상 생각

중국 중국 비만한 체구와 올챙이배에 잡동사니 가득 찬 포대 짊어진 포대화상 떠올려

향후 중국 연구의 3대 과제

1. 연구 시스템의 구축

- 인재 양성과 활용, 정보의 수신과 발신, 제도와 체제의 정비

2. 대상 분야의 확장

- 전문가 없는 분야 의외로 많아

3. 다양한 시야의 확보 필요

- 소범위 렌즈로 지역, 민족, 계층, 주제 따라 중국 내부 세부적으로 관찰해야
- 중범위 렌즈로 홍콩, 대만, 싱가포르 등 중화권과 교류 강화해야
- 대범위 렌즈로 중국과 외부 세계에 대한 연구 또한 시급해

도서관, 전문 정보센터 등의 설립을 고려해야 한다.

둘째, 현재 상황에서 특히 아쉬운 점은 대상 분야의 확장이다. 전문가가 없는 분야가 의외로 또 여전히 많기 때문이다. 중국문학의 경우 아동문학 전문가는 없으며, 무협소설을 제외하고는 여타 대중문학의 경우 전멸에 가깝다. 대중문화 분야도 영화는 박사가 수십 명이지만 TV드라마나 대중음악은 찾아보기 어렵다. 게임과 패션처럼 현장의 실무자는 많지만 전문 연구자가 미비한 분야도 적지 않다.

국가적·사회적 요구에 비해 기존의 연구자들이 적절히 대응하지 못하는 사례도 종종 보인다. 예컨대 현대 중국의 종교는 종교학과 중국학 사이의 사각지대다. 하지만 문명으로나 제국으로나 중국을 이해하는 데 종교는 불가결한 요소이며, 도교는 물론 기독교와 이슬람도 주목해야 한다. 영토 문제와 밀접히 연관된 역사지리학도 연구가 매우 시급하다.

중국의 현재와 미래를 파악하려면 정치학·경제학도 중요하지만 중국식 심리학이나 경영학·법률학의 과거와 현재를 연구해야 한다. 또한 20세기 이후 중국의 과학기술이 어떻게 전개돼 왔고 지금 어떤 상태이며 장기적 비전이 무엇인지 아는 일은 비단 삼성전자와 현대자동차에만 필요한 과제가 아닐 것이다.

셋째, 현재의 중국 연구가 비약하려면 다양한 시야의 확보가 필요하다. 크게 대·중·소 세 차원의 렌즈가 요구된다. 먼저 소범위의 렌즈로 지역·민족·계층·주제 등에 따라 중국 내부를 세부적으로 관찰해야 한다. 특히 성(省)과 시(市)별 접근을 위해 각 연구 단위가 역할을 분담하는 것을 고려해야 한다. 소수민족에 대한 관심, 계층과 세대에 따른 미시적 접근도 필요하다.

다음으로 대중화권과 동아시아라는 중범위의 렌즈가 필요하다. 대륙만이 아니라 홍콩·대만, 나아가 싱가포르 등의 연구 성과도 주목하고 교류를 강화해야 한다. 또한 동아시아적 시각에서 중국과 일본 사이의 매개자 및 중개자로서 한국의 역할에 대한 자각과 활용이 요청된다. 아울러 러시아라는 변수 또한 망각해선 안 될 것이다.

마지막으로 전 지구적 관점의 거대 렌즈로도 접근해야 한다. 중·미 관계에 대한 연구는 물론 중요하지만 중국과 동남아, 중국과 인도, 중국과 아프리카 등 '일대일로(一帶一路)'를 중심으로 한 중국과 외부 세계의 관계에 대한 연구도 시급하다. 요컨대 중국 전문가와 미국 전문가가 필요하지만 동시에 중·미 관계에 대한 전문가도 필요한 것이다.

이상 세 가지 중점 사항에 대해 적절히 대응한다면 한국적 특색을 지닌 중국학의 정립이 가능할 것이다. 쉬운 과제는 아니나 전통시대의 자원, 상이한 배경의 연구자 집단, 다양한 사회적 관심이란 강력한 잠재력이 있어 불가능한 것만은 아니다.

전통시대의 자원이란 『열하일기』, 『표해록』, 『논어고금주』, 『동의보감』 등이 상징하는 과거의 우수한 성과를 말한다. 현재 한국은 국내 출신과 대만 유학파, 중국 유학파, 미국과 일본 유학 출신 등 다양한 배경의 연구자 집단이 혼재돼 분열과 혼란의 우려도 있지만 동시에 상호 보완적인 관점과 방법의 가능성을 지니고 있다. 그리고 양국의 밀접한 관계 때문에 한국의 중국학은 미세먼지의 사례처럼 인문학·사회과학만이 아니라 과학기술, 나아가 예술과 체육 등 전방위에 걸친 다양한 사회적 관심과 요구에 직면해 있는데 이는 위기이자 기회다.

미륵이라고 하면 한국인은 조화와 균형을 지니고 우아하며 세련된 모습의 반가사유상을 생각한다. 하지만 중국인은 비만한 체구와 올챙이배에 잡동사니로 가득 찬 포대를 짊어진 모습의 포대화상(布袋和尙)을 떠올린다. 비슷하지만 다른 한국과 중국의 차이를 이해하고 인정하면서 공존과 조화를 모색하는 것이야말로 한국의 중국학이 근거해야 할 토대일 것이다.

◆ **이동철** 용인대 중국학과 교수 ◆
고려대에서 『황제사경』 연구로 철학 박사학위를 받았다. 『고전, 고전번역, 문화번역』 등의 저서 외 『문사공구서개론』 등의 역서가 있다. '고전과 미래' 연구소를 운영하고 있으며, 경제인문사회연구회의 정책연구과제 보고서인 「중국의 인문학정책」을 작성했다.

중국의 중화주의 제국몽은 우리에게 어떤 의미인가

중국의 사드 보복은 왜 이렇게 거친가. 사드가 중국의 전략적 이익을 해치기 때문에, 또 한국의 결정이 중국과 충분한 상의 없이 이뤄졌기에, 시진핑 중국 국가주석의 세 차례에 걸친 요청을 한국이 외면했기에 등 다양한 해석이 나온다. 그게 다일까. 더 중요한 원인은 없을까. 혹시 사드의 한국 배치가 21세기 중화제국 재건에 나선 시진핑의 '중국의 꿈(中國夢)'을 깨뜨리는 시발점이 되기 때문은 아닐까.

중국의 제국, 해체에서 복원으로

중국은 오랫동안 제국이었다. 우리는 역사상 중국에 존재한 제국을 통칭해 중화제국이라 부른다. 중화제국은 당송(唐宋) 변혁기를 경계로 전기 중화제국과 후기 중화제국으로 나뉘며 전자는 한(漢)과 당

(唐)을, 후자는 명(明)과 청(淸)을 전형으로 삼는다. 이들 왕조를 제국이라 일컫는 것은 단순히 황제에 의해 통치되는 국가라서가 아니다. 제국은 광활한 영토, 공간의 조직화 능력, 언어 및 종교의 다양성, 문명의 헤게모니 등과 같은 특징을 갖는다.

제국은 관료제에 의존한 직접 지배와 기미(羈縻)지배 등의 수단을 활용한 간접 지배를 통해 광대한 영역을 하나의 정치적 단위로 통합했다. 또한 언어, 종교, 문화 등의 다양성을 통합하는 독자적 메커니즘을 작동시켜 제국을 안정시킬 수 있는 능력을 보유했다. 물론 압도적인 군사력과 경제력 그리고 강력한 조세 장악력(재정)이 이와 같은 통합 메커니즘을 지탱하는 가장 핵심적인 요인이다. 진시황이 만들고 한(漢)에서 그 전형이 완성된 중국의 제국체제 근간은 20세기 초까지 유지됐다.

중화제국은 독특한 역사적 경험을 갖고 있다. 그것은 하나의 제국이 붕괴되면 또 다른 제국이 이어서 등장했다는 사실이다. 중화제국은 제국으로서의 복원력을 지니고 있었던 것이다. 그런 중국 제국이 20세기 벽두에 붕괴했다. 중국인들은 이를 '수천 년 동안 일찍이 존재하지 않았던 변화'라고 했다. 청의 몰락은 역사상 여러 차례 경험한 여느 제국의 그것과는 차원이 달랐다. 제국이 가진 패권의 상실 혹은 왕조 교체란 차원을 넘어 중국 제국의 연속을 가능하게 했던 가치와 문화의 몰락을 수반했기 때문이다. '복원 불가능한 해체'로 여겨졌다.

그런데 그런 중국 제국이 복원되고 있다. 시진핑 시대를 맞이하면서다. 그는 이제 중국이 동아시아 지역 질서의 주도자를 넘어 미국과 함께 세계질서를 만드는 주체자임을 천명하고 있다. 중화민족의 위대한 부흥을 실현한다는 중국의 꿈 제창이 그것이다.

시진핑은 "중국의 꿈은 반드시 중국의 길(中國道路)을 걸어야 하고, 중국의 정신(中國精神)을 선양해야 하며, 중국의 힘(中國力量)을 결집해 실현해야 한다"고 주장한다. 그의 말은 중국이 이제 글로벌 표준(Global Standard)이 아닌 중국적 표준(Chinese Standard)에 따라 대국의 내실을 다져야 한다는 점을 강조한 것이다. 여기서 우리는 중국의 '제국화', 즉 중국의 제국 만들기가 본격화되고 있음을 읽을 수 있다.

중국적 표준, 제국의 소프트파워가 될까

20세기는 중화문화에 대한 '부정'의 시대였다. '부정'을 통해 새롭고 강한 중국을 만들고자 했던 중국의 열망은 문화대혁명에서 정점을 찍었다. 문혁은 마르크스-레닌주의와 마오쩌둥(毛澤東) 사상이라는 또 다른 보편 가치로 유교적 보편 가치에 뿌리를 둔 전통 중화문화를 전면적으로 부정하려는 거대한 문화적 실험이었다.

중국 현대 사상가 리쩌허우(李澤厚)의 말을 빌리면 '문화심리구조'로 중국 문화 속에 착근된 유교는 중국의 정체성 그 자체인데, 문혁은 유교가 배제된 중국의 정체성을 창조하려 했던 것이다. 그러나 유교가 빠진 새로운 중국성(中國性)을 통해 '강국몽(强國夢)'을 실현하려던 마오의 실험은 중화문화의 무게를 돌파할 수는 없었다.

그런데 21세기에 접어들면서 중국의 문화담론이 '부정의 역사'에서 '긍정의 역사'로 전환됐다. '중화'를 부정함으로써 강한 중국을 건설하려 했던 20세기 실험이 종언을 고하고 이제 '중화'를 자산으로 미래를 기획하는 지식 패러다임의 반전이 펼쳐지고 있는 것이다.

그리고 중화를 자산화하는 작업 한가운데 유교의 부활이 자리 잡고 있다. 유학이 최근 중국에서 전개되는 거의 모든 문화담론의 사상적 자원으로 활용되고 있는 것이다. 자연히 중국에선 유학치국론(儒學治國論)이 유행하고 중국의 사유방식과 개념으로 중국과 세계를 사유하고, 질서를 만들어야 한다는 문화 보수주의가 주류 담론으로 부상했다.

한국, 중국의 '제국몽'에 직면하다

시진핑의 중국은 바로 유교와 같은 전통문화를 자산으로 21세기 중화제국 건설에 나서고 있다. 그것이 패권과 보편가치를 겸비한 제국으로의 복원일지, 아니면 단순히 패권의 부활에 그칠지는 아직 가늠할 수 없다.

과거 중국 중심의 천하질서는 패권(억압)과 포용(관용)을 두 축으로 했다. 새로운 중화제국 건설에 나선 시진핑의 중국이 패권과 포용 둘 사이에서 어떤 측면을 더 드러낼지는 시간이 말해 주겠지만 관용 속에 내재된 제국의 억압성을 완전히 제거할 수는 없을 것이다. 이게 바로 21세기 중화제국의 부상을 가장 가까이에서 지켜보며 또 실제 몸으로 부딪쳐야 하는 우리에게는 큰 도전이다. '중국적인 길'을 걷겠다는 오늘날의 중국은 한국의 미래를 만드는 데 반드시 고려해야 할 상수(常數)다.

냉전 시대에 우리는 중국을 '타자(他者)'로, 경계하고 멀리해야만 하는 대상으로 인식했다. 그러나 긴 역사 속에서 우리에게 중국은 결

중화제국의 특징	중화제국의 독특한 역사적 경험
황제가 통치	하나의 제국이 붕괴하면 또 다른 제국이 이어서 등장
광활한 영토	
공간의 조직화 능력	현대 중국 엘리트가 주목하는 쑨원의 구상
언어 및 종교의 다양성	• 중화 중심의 평화질서 • 패도가 아닌 왕도의 대동세계 • 단순 부강의 나라가 아닌 도덕적·문화적으로 부강한 나라 • 세계의 가치를 이끌어 나가는 대국
문명의 헤게모니	

코 '타자'로만 존재했던 적이 없었다. 냉전 시대의 현상은 극히 예외적인 경우였고 이제 냉전 시대가 만든 중국에 대한 인식 패러다임은 그 짧은 생명을 다했다.

가시화되는 중국의 제국화를 보며 우리는 두 가지 측면을 고려해야 한다. 하나는 패권의 이동, 즉 세력전이다. 중국적 세계질서가 아편전쟁과 청일전쟁을 거치며 해체되고 서구 주도의 새 지역질서가 구축된 게 첫 번째 세력전이었다면 최근엔 신형대국 중국의 부상으로 두 번째 세력전이가 진행되고 있다.

이는 지역질서의 구조 변동이다. 동아시아 지역질서가 중국 중심으로 재편될 가능성이 큰 것이다. 시진핑은 이미 '중국의 꿈' 제창으로 시동을 걸었다. 패권 장악을 위한 중국과 미국의 씨름이 본궤도에 올랐다. 중국의 사드 반대는 그 연장선에 있다. 미·중의 대립에서 한반도는 대단히 중요한 전략적 위치에 있다. '한국의 사드 배치=미국 주도의 미사일방어(MD) 체계 편입'으로 중국은 이해한다. 이는 한국이 미국의 중국 견제 전략에 합류한다는 이야기다. 중화제국 건설에 나선 시진핑으로선 중국과 가장 가까이 있는 울타리가 무너지는 사태는 어떻게든 막으려 할 것이다. 중국이 사드 배치에 격렬히 반대하는 것은 이 때문이다.

중국의 부상으로 동아시아에서 중국 중심의 지역질서가 구축될 것이란 전망은 우리에게 중국이 만들어왔던, 그리고 만들려는 세계, 즉 천하가 무엇인지에 대한 냉철한 분석과 전망을 요구한다. 우리가 중국의 제국성에 주목해야 하는 건 이 때문이다.

다른 하나는 세력전이가 문명의 표준이 바뀌는 문명사적 전환을 수반한다는 사실이다. 유교적 가치가 보편이었던 동아시아에 인권, 민주, 자유, 평등 등 근대 유럽이 창안한 가치를 보편으로 수용하는

현대 중국을 재정의할 때 고려해야 할 두 측면

1. 세력전이(패권의 이동)
- 첫 번째 세력전이: 중국적 세계질서 해체와 서구 주도 지역질서 구축
- 두 번째 세력전이: 신형대국 중국의 부상으로 지역질서에 구조 변동 발생

2. 문명 표준의 변화
- 첫 번째 세력전이: 유교적 질서 중심이 민주, 자유 등 유럽이 창안한 가치로 변화
- 두 번째 세력전이: 유가 중심의 '중화(中華)'를 자산화하는 작업 진행 중

문명사적 전환이 첫 번째 세력전이 과정을 통해 확립됐다.

한데 두 번째 세력전이 과정에서 문명의 표준과 상식이 바뀌는 현상이 과연 발생할 것인가 하는 점이다. 현재 중국의 권력 엘리트와 지식인 엘리트 모두 중화제국의 유산을 어떻게 계승해 현재와 미래의 보편 이념을 제시할 것인가를 깊이 고민하고 있다. 우리가 중국의 문명담론과 문화논쟁에 주목해야 하는 이유가 여기에 있다.

그렇지만 아직까지 중국이 전 지구적 차원에서 미국과 유사한 제국을 구현할 만한 충분한 정치적, 사상적 역량을 갖췄다고 보이지는 않는다. 더욱이 중국 주위의 국가와 국민들이 '보편성 있는 중국의 가치'나 소프트파워를 공유하고 인정할 수 있겠는가 하는 점 역시 회의적이다. 또한 중국은 이웃 나라들과 분쟁이 있을 때마다 방대한 경제적 자원을 무기로 주위 국가들을 드세게 몰아붙인다. 시진핑의 중국이 포용과 관용은 부족한 채 억압과 패권의 제국으로 성장하는 게 아닌가 하는 우려는 그래서 나온다.

◆**전인갑** 서강대 사학과 교수◆
서울대에서 중국 현대사 연구로 박사학위를 취득했다. 인천대 중국학과 교수를 거쳐 서강대 사학과 교수와 인문과학연구소 소장으로 있다. 동전의 양면과 같은 중국의 '장기 안정성'과 '격동성'에 대한 연구를 지속적으로 진행 중이다. 『현대 중국의 제국몽—중화의 재보편화 100년의 실험』 등 다수의 저작이 있다.

부처는 코끼리 타고 왔는데
예수는 대포 타고 중국 왔나

1920년대 중국 베이징대 총장을 지낸 장멍린(張夢麟)은 "부처는 흰 코끼리를 타고 중국에 왔지만 예수 그리스도는 대포를 타고 날아왔다"고 말했다. 기독교를 서구의 무력 위협에 빗댄 것이다. '대포 위의 예수'란 비유엔 기독교가 중국의 주권을 위협하는 외래 종교란 인식이 담겼다. 그러나 세월을 이기는 건 없나 보다. 최근 바티칸과 중국의 수교가 임박했다는 관측이 나오니 말이다. 베이징의 하늘엔 얼마나 많은 신들이 거닐고 있는 걸까.

　미국 국제종교자유위원회(USCIRF)는 '2016년도 종교 자유 보고서'에서 중국을 '특별관심대상국'으로 지정했다. 중국은 즉각 "종교 문제를 악용해 중국 내정에 간섭하는 걸 중단하라"고 반발했다. 중국이 종교 탄압국으로 이름을 올린 건 어제오늘의 일이 아니다. 중국이 종교에 관대할 수 없는 이유로 크게 세 가지를 들 수 있다.

종교는 민중의 아편?

첫 번째는 종교에 대한 중국 공산당의 부정적 인식이다. "종교는 민중의 아편"이란 마르크스의 유명한 언설은 중국과 종교의 불화가 필연적일 것임을 암시한다. 마르크스주의적 관점에서 볼 때 종교란 지배계급의 착취를 용이하게 하는 도구일 뿐이다.

고단한 현실을 견뎌내게 하는 아편으로서의 종교, 이는 현실의 고난이 사라지면 자연스레 소멸할 존재다. 억압이 끝나는 날 종교는 무의미해지기 때문이다. 이 때문에 사회주의와 종교의 타협은 본질적으로 불가능하다.

무신론 정당이 통치하는 중국에서 유신론의 종교란 과연 용인될 수 있는 걸까. 1954년 제정된 중국 헌법은 "중국 공민은 종교 신앙의 자유가 있다"고 천명했다. 마오쩌둥은 사람들에게 종교를 믿지 않도

마테오 리치(1552~1610): 중국에 최초로 천주교를 전파한 예수회 출신 선교사
프란치스코 교황(1936~): 중국과의 수교를 추진 중인 예수회 출신의 첫 번째 교황

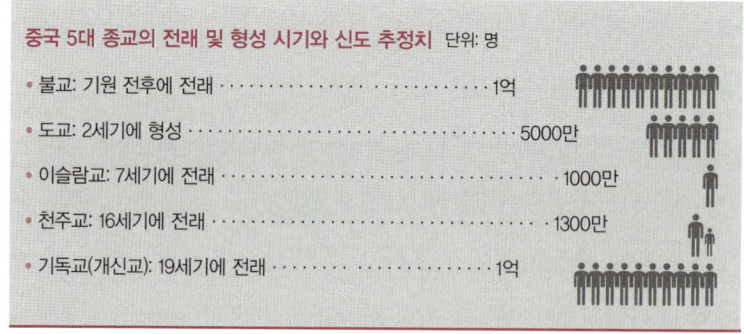

중국 5대 종교의 전래 및 형성 시기와 신도 추정치　단위: 명
- 불교: 기원 전후에 전래 ······························ 1억
- 도교: 2세기에 형성 ······························ 5000만
- 이슬람교: 7세기에 전래 ······················ 1000만
- 천주교: 16세기에 전래 ······················ 1300만
- 기독교(개신교): 19세기에 전래 ················ 1억

종교 관련 주요 발언과 규정

- 마르크스: 종교는 민중의 아편이다
- 중국 헌법(1954년 제정): 중국의 공민은 종교 신앙의 자유가 있다
- 중국 헌법(1978년 개정 헌법): 무신론을 선전할 자유가 있다
- 장멍린 전 베이징대 총장: 부처는 흰 코끼리를 타고 중국에 왔지만 예수 그리스도는 대포를 타고 날아왔다
- 시진핑: 공산당원은 마르크스주의에 입각한 무신론자가 돼야 하며 자신의 가치와 신념을 결코 종교에서 찾으면 안 된다

록 강제할 수는 없다고 생각했다.

그러나 장기적 관점에서 종교 제거란 과제를 방기한 건 아니었다. 봉건 시대의 잔재인 미신을 타파한다는 명분으로 무신론 교육을 강화하고 종교단체의 재산을 몰수했다. 57년의 반우파 투쟁과 문화대혁명의 극좌 노선을 걸으며 종교 탄압을 자행했다. 종교는 궤멸의 위기에 처한 반면 공산주의는 최고의 신앙으로 등극했으며 마오는 신격화됐다.

종교는 외세의 침략 도구?

두 번째는 종교가 외세의 침략 도구로 이용됐던 역사의 트라우마 때문이다. 중국이 외세의 종교 개입을 극도로 경계하게 된 건 아편전쟁으로 상징되는 서양 제국주의 세력의 침략에 기인한다.

서구 열강의 함포에 문호를 개방한 중국은 기독교 포교의 자유를 허락할 수밖에 없었다. 이후 반기독교운동인 교안(敎案)이 잇따랐다. 아편전쟁이 일어난 1840년부터 의화단운동이 터진 1900년까지 무려

종교계에 대한 중국 공산당의 요구 사항

"조국을 뜨겁게 사랑하라"
"사회주의제도와 공산당의 영도를 옹호하라"
"국가의 법률과 정책을 수호하라"
"국가와 민족의 이익에 복종하며 힘쓰라"

400건 이상의 교안이 발생했다.

반제국주의 애국운동으로 규정되는 의화단운동은 바로 천주교·개신교를 겨냥한 반기독교운동이었다. 중국인에게 기독교의 전파는 민족 자존을 폭력적으로 침해하는 부당한 것이었다. 장명린의 '대포 위의 예수'란 말이 나오게 된 배경이다.

이 때문에 기독교가 중국에서 용인되려면 무엇보다 '외세'로부터의 독립이 필요했다. 중화인민공화국이 세워진 뒤 중국 교회가 내세운 '삼자(三自)' 원칙도 여기서 도출된 것이다. '삼자'란 교회 운영의 독립인 자치(自治), 경제적 독립인 자양(自養), 전도의 독립인 자전(自傳)을 가리킨다. 중국 개신교와 천주교는 이 삼자 원칙에 따라 바티칸이나 해외 선교회에 종속되지 않는다.

종교는 분리독립운동의 진앙?

중국과 종교의 불화엔 소수민족의 분리독립운동에 대한 중국 당국의 우려가 복합적으로 얽혀 있기도 하다. 티베트자치구의 불교와 신장위구르자치구의 이슬람교는 티베트족과 위구르족 정체성의 근원이다.

이 때문에 중국 정부는 더더욱 이들 지역의 종교를 완전히 통제 가능한 상태로 두고자 한다. 달라이 라마의 방문을 허용한 나라에 대한 보복, 중국의 화약고로 불리는 신장위구르자치구에 대한 반테러 조치 등은 중국에서 종교란 바로 정치의 영역임을 말해 준다.

개혁개방 물결로 회생한 종교

중국에서 종교가 기사회생한 것은 개혁개방 바람을 타고서다. 중국이 달성해야 할 목표가 '계급투쟁'에서 '경제건설'로 바뀌며 종교에 대한 억압이 완화된 것이다. 덩샤오핑 정권은 현대화된 사회주의 강국을 건설하기 위해선 신도와 비종교인의 연합이 중요하다고 봤다.

또 기존 가치관이 붕괴하면서 혼란과 두려움에 사로잡힌 이들에게 종교가 파고들 여지가 많아진 점이 크게 작용했다. 공산주의를 위해 분투한다는 도덕 체계는 물질주의와 실용주의 앞에서 처참히 무너졌다.

사회구조의 전환기에는 으레 종교가 각광을 받게 마련이다. 시대가 불안할수록 사람들은 위안과 안정감을 절실히 필요로 한다. 그러자 중국 공산당은 "종교를 적극적으로 인도해 사회주의 사회에 부합하도록 한다"는 명제를 내놓았다.

물론 중국 공산당은 공산당원이 종교를 믿어선 안 된다는 원칙을 고수하고 있다. 이 원칙이 어긋나면 당의 전투력이 약화되고 당의 종교 정책을 관철시키기 어렵다는 이유에서다.

시진핑 중국 국가주석 역시 "공산당원은 마르크스주의에 입각한 무신론자가 돼야 하며 자신의 가치와 신념을 결코 종교에서 찾으면

> **중국 5대 종교 주요 조직: 전국적 규모. 애국 종교단체임을 표방**
> - **불교**: 중국불교협회(1953)   **도교**: 중국도교협회(1957)
> - **이슬람교**: 중국이슬람교협회(1953)   **천주교**: 중국천주교애국회(1957)
> - **기독교**: 중국기독교삼자애국운동위원회(1954) · 중국기독교협회(1980)
>
> **종교의 자유 명문화한 중화인민공화국 헌법 제36조**
> "중화인민공화국의 공민(公民)은 종교 신앙의 자유가 있다."

안 된다"고 강조한 바 있다. 그러고 보면 공산주의는 종교적 색채를 띤 신앙이라 할 수 있다.

신학자 파울 틸리히는 '궁극적 관심에 붙잡힌' 상태를 종교로 정의했다. 그는 국가주의와 사회주의를 유사종교로 규정하면서, 유사종교는 유신론적 종교와 마찬가지로 추종자들의 충성과 숭배를 요구한다고 지적했다.

이런 의미에서 본다면 종교와 공산주의는 유신론과 무신론의 대립이라기보다는 서로 다른 신앙과 신앙의 대립이다. 공산주의에 대한 확신은 메시아의 약속에 대한 확신과 같은 성질의 것이기 때문이다.

바티칸과 중국 수교 임박했나

'중국 특색의 사회주의'란 용어에서 보듯 중국은 모든 것을 '중국화(sinicization)'하고자 한다. 종교도 예외가 아니다. 불교의 중국화, 이슬람교의 중국화, 기독교의 중국화처럼 모든 종교의 중국화를 내세운다.

어떤 외래 종교도 중국화하지 않으면 뿌리내리기 어렵다. 명나라에 가톨릭을 전파한 예수교 선교사 마테오 리치가 중국 지식인을 매료시킬 수 있었던 건 그가 중국 문화 특히 유교를 잘 알았기 때문이다. 그는 수염과 머리카락을 기르고 유학자가 입는 옷을 입으며 중국어를 배웠다. 유교 경전에 나오는 상제(上帝) 개념을 통해 천주를 설명하는 식으로 유교와 가톨릭 교리의 유사성을 찾고자 했다. 훗날 로마 교황청이 중국의 의례를 우상 숭배로 간주하며 바티칸과 중국의 관계가 틀어지긴 했지만 말이다.

최근 전 세계 12억 신도를 이끄는 프란치스코 교황의 바티칸과 13억 인구인 중국의 수교가 임박했다는 관측이 나온다. 관심은 주교 임명 문제를 어떻게 해결할 것인가에 쏠린다. 중국은 교황의 고유 권한인 '주교 서품권'마저 독자적으로 행사해 왔다. 시작은 58년이다. 자체적으로 주교를 선출했다가 교황청이 꺼내 든 '파문' 카드에 부닥치기도 했다.

이에 대한 해법과 관련해 현재 '베트남 모델'이 거론된다. 이는 주교 후보자 명단을 바티칸에 제출하면 바티칸이 주교를 선출하고 이를 다시 정부의 동의를 거쳐 최종적으로는 교황이 서품하는 방식이다.

중국과 바티칸 수교엔 대만 문제도 걸려 있다. '하나의 중국' 원칙을 주장하는 중국이 대만과의 단교를 수교 조건으로 내세우고 있는 것이다. 따라서 바티칸-중국 수교를 위해선 바티칸이 대만과 단교해야 한다.

문화상품화하는 종교

21세기 중국에선 제도종교와 민간신앙 모두 부흥하고 있다. 동력은 종교의 문화상품화다. "생산력이 발전하고 문명이 진보하며 사상이 제고되면 종교가 존재할 기반이 사라지면서 결국 종교는 소멸할 것"이라고 시진핑은 말했지만 종교는 이미 중국에서 든든한 기반을 마련한 듯하다.

문화상품이라는 외피를 걸친 종교는 결코 사라지지 않을 것이다. 종교가 억압받는 것보다 더 위협적인 건 종교가 상품화되는 것이다. 물론 중국에만 국한된 일은 아닐 터이다. 신성성을 잃은 종교를 과연 종교라 할 수 있을까. 베이징 하늘에도 신은 존재하는가. 지구에도 신은 존재하는가. 존재한다면 그 신은 과연 어떤 신일까.

◆**이유진** 연세대 인문학연구원 연구원◆
연세대에서 '중국 신화의 역사화'를 주제로 박사학위를 받았다. 신화의 상징성 및 신화와 역사의 얽힘에 지속적인 관심을 갖고 있다. 『한 손엔 공자 한 손엔 황제』, 『상식과 교양으로 읽는 중국의 역사』 등을 썼다.

사드가 드러낸 중국의 민낯

 한류가 내우외환(內憂外患)을 만났다. 사드 사태 직후 취해진 중국 당국의 '한한령(限韓令)'으로 아직도 수렁을 헤매고 있다. 한한령이란 말 그대로 '한류를 제한하는 명령'이란 뜻이다. 한국의 사드 체계 배치 결정에 따른 중국의 보복으로 풀이하는 이가 많다. 그러나 그게 다는 아니다. 이는 중국이 그동안 한류를 어떻게 봐 왔는지 그 민낯을 적나라하게 보여주는 좋은 예다.
 한한령은 사드 배치 공식화 이후 시작됐다. 2016년 8월 초부터 관련 소식이 날아들었다. 「함부로 애틋하게」에서 호흡을 맞춘 김우빈과 수지의 중국 팬미팅이 취소됐다. 중국판 「나는 가수다」를 통해 승승장구하던 황치열은 중국 쇼 프로그램에 출연했다가 통편집을 당했다.
 아이유와 이준기가 주연을 맡은 「보보경심 려」가 9월 중국 당국의 심의를 통과했지만 그게 마지막이었다. 송중기는 중국 스마트폰 VIVO의 모델 자리에서 내려왔다. 김수현과 송혜교 등도 중국 화장품 광고모델에서 교체될 것으로 보인다.

소문으로만 떠돌던 한한령은 11월 중순 중국 매체가 일제히 보도하며 사실로 굳어졌다. 중국 외교부 대변인은 "그런 말 들어본 적 없다"고 부인했지만 현장 분위기는 사뭇 달랐다. 한 중국 문화계 인사는 "당분간 한국과의 이벤트는 전면 금지"란 지시를 받았다고 전했다.

중국의 중간 관리자들이 '알아서 기는' 상황까지 생겼다. 한국 측에선 억울하다는 분위기가 대세다. 왜 사드와 한류를 연계시키느냐는 것이다. 중국이 대국(大國)답지 못하다는 푸념도 적지 않다.

우리가 할 일은 뭔가. 우선 이럴 때일수록 냉정해야 한다. 차분하게 중국 입장을 따져볼 필요가 있다. 사실 그동안 벌어진 일련의 사태는 '돌출'적이긴 하지만 '돌발'적인 게 아니란 점을 유념할 필요가 있다.

사드 문제로 상황이 악화되긴 했어도 그것이 한류에 대한 중국 정부의 태도 돌변을 뜻하는 건 아니다. 한류에 대한 중국 당국의 입장은 일관된 것이었다. 한류의 중국 진입은 중국 문화산업 발전에 도움을 주는 선에 머물러야 한다는 점이다. 그 수준을 넘어 과도하게 중국 문화 영역을 침범한다고 생각되면 가차 없이 제재 조치를 취했다.

한국 TV드라마가 황금 시간대에 방영되며 인기몰이를 하자 황금 시간대 방영을 제한했고, 비인기 시간대에도 여전히 위력을 떨치자 공중파 방영 금지란 카드를 꺼냈다. 한국 예능 프로그램이 인기를 끌자 역시 방영을 제한했고, 이에 맞서 예능 포맷 수출이 활성화되자 이마저도 제한하는 조치를 취했다. 중국의 제한에 맞서 한국 문화 콘텐트가 새로운 수출 모델을 만들어내면 뒤쫓아와 다시 제한하는 릴레이식 규제가 이어져온 셈이다. 드라마와 예능 프로그램이 인터넷 방영으로 무대를 옮기자 역시 관련 웹사이트에 대한 규제 조치를 시행했다.

한한령은 바로 이런 흐름의 연장선 위에서 사드라는 문제를 만나 돌출된 것이다. 중국은 한류가 좋아서 용인한 게 아니다. 한류가 들어와 중국 문화산업이 미국을 넘어설 수 있는 힘을 키우는 데 도움이 될 정도만 역할을 해 주길 기대하는 것이다.

아무리 중국 입장이 그렇다고 하더라도 안보 문제인 사드를 문화 교류의 상징인 한류와 뒤섞어 처리하는 건 옳지 못하다는 시각이 우리 사회에 있다. 우리가 알아야 할 건 중국은 원래 그런 나라라는 점이다. 우리가 가끔 중국을 오해하는 곳이 바로 이 지점이다.

우리는 문화가 자율적이고 창의적이어야 한다고 본다. 그러나 '사회주의' 중국은 그렇지 않다. 중국은 2009년 국무원이 '문화산업 진흥계획'을 발표하면서 문화 콘텐트 산업 진흥을 위한 국가적 지원에 뛰어들었다.

그러나 문화에 대한 중국 당국의 기본 관점은 '문화사업' 1순위, '문화산업' 2순위다. 문화사업이란 중국 공산당과 정부가 통치 이데올로기 전파를 위해 수행하는 비영리 활동이다. '사업'은 우리말로 '공익활동'쯤에 해당한다.

건국 이후 중국은 문화를 '사업'으로 간주했다. 출판이나 영화, 미술, 음악 모두 '공산당 영도'와 이데올로기 전파를 위해 존재했다. 그러다 자국 문화의 해외 진출과 대중화를 위해 '문화산업' 개념을 받아들였다. 하지만 우선순위는 여전히 '문화사업'에 있다.

아무리 잘나가는 문화산업이라 하더라도 문화사업을 위협하면 가차 없이 제재한다. 한류는 바로 그 덫에 걸렸다. 따라서 이번 사태의 핵심은 중국이 대국이니 아니니 하는 문제가 아니다. 중국 입장에선 자국 체제가 위협을 받았다고 생각하는 것이다.

이런 일을 주도하는 기관으로 국무원 산하의 신문출판광전총국이 지목된다. 그러나 광전총국 뒤엔 선전부가 있다. 선전부는 공산당 산하 기구로 중국 내 문화, 이데올로기에 대한 전반적인 통치 방향을

한국 문화 콘텐츠 대중국 수출입 현황
※2014년 기준, 홍콩 포함

수출(달러)	구분	수입(달러)
3854만 1000	출판	5472만 5000
124만 1000	만화	112만
5279만 8000	음악	112만
9억 5733만 1000	게임	5916만 1000
1961만	영화	394만 6000
184만 8000	애니메이션	11만 8000
1억 962만 9000	방송	1381만
1억 223만 6000	캐릭터	7545만
4235만 6000	지식정보	-
2428만 7000	콘텐츠솔루션	-

자료: 2015년 콘텐츠산업 통계조사, 한국콘텐츠진흥원

결정한다.

중국은 당-국가(party-state) 시스템으로 공산당이 곧 국가다. 국가 운영의 최종 권한은 공산당에 있다. 광전총국이 선전부 의중에서 벗어나 독자적으로 한한령 같은 중대 결정을 할 수 없다. 따라서 이번 사태를 정확히 읽으려면 공산당 선전부의 입장과 역할을 정교하게 들여다봐야 한다.

한한령은 중국 당국이 한류에 대한 일각의 반감(反感)을 반영한 측면도 있다. 중국 내 한 전문가에 따르면 「별에서 온 그대」이후 김수현이 중국에서 촬영한 광고만 35개에 이른다고 한다. 광고당 출연료는 최소 수억 위안을 넘었을 것으로 추정된다. 한국 연예인이 왜 그렇게 많은 돈을 중국에서 가져가야 하나에 대한 반감도 퍼져 있는 것이다.

박보검이 한 스포츠 브랜드 광고에서 '만리장성'이란 이름의 상대와 바둑을 뒀다. 하필 '만리장성'이 작고 뚱뚱한 외모였던 데다 바둑의 승리도 박보검이 차지했다. 중국 매체는 박보검이 '중국을 비하했다'고 비난했다.

두 사례 모두 '혐한(嫌韓)' 정서에 기인해 그 악순환을 조장하고 있는 전형적인 패턴을 보여준다. 중국 당국의 이번 한한령 역시 이 같은 중국 내부의 목소리에 부응하는 측면도 있는 것이다.

한류는 우리 국민의 자존심이다. 한국인에게 '민족적' 자긍심을 심어준 현상이다. 중국을 대국으로 섬겼던 지난 역사를 생각하면 중국에서 한류가 저토록 사랑받는 건 가슴 뿌듯한 일이 아닐 수 없다.

따라서 한류 공격이 한국이 가장 아파하는 부위에 대한 일격이라는 걸 중국은 잘 알고 있는 것이다. 한한령은 바로 사드라는 도전에 맞서 중국이 한국의 급소를 공략하는 셈이다.

물론 이번 사태로 중국도 잃는 게 적지 않다. 양국이 공동 투자해 제작한 다양한 문화상품이 타격을 입고 있다. 또한 이제 한류를 보는 중국의 시각과 입장이 무엇이었는지, 그 바닥과 민낯이 그대로 드러났다. 양국의 문화적 동질성을 강조하던 기존 입장은 설 자리가 어렵게 됐다. 이제 우리는 중국이 '문화적'으로도 매우 다른 나라임을 직시해야 한다.

이번 사태를 계기로 한국 문화산업은 각고의 노력을 지속해야 하는 처지에 놓이게 됐다. 우선 중국이 받아들이지 않을 수 없는 고품질의 콘텐트를 만들어야 한다는 과제를 안았.

또 한중 문화 교류의 균형을 확보하기 위한 노력이 필요하다. 현재 두 나라 사이 문화산업 교역은 약 10분의 1 격차를 보여준다. 우리 상품만 사달라고 할 수는 없다. '진출'은 언제나 '진입'을 전제로 하기 때문이다.

중국은 중요한 '시장'이지만, '시장'으로만 간주해선 안 된다. 문화는 산업이면서 동시에 정신이기 때문이다. 우리 역시 중국 문화를 이해하기 위한 노력을 기울여야 한다. 한국에 선보이는 중국 영화와 공연, 전시에 더 많은 관심을 가져야 한다.

우리 문화 콘텐트의 해외 시장을 다변화하는 노력도 게을리해선 안 된다. 지금 중국은 한국 문화 콘텐트의 가장 큰 시장으로 전체의 25%를 차지한다. 가장 큰 시장이 위기를 맞으면 산업 전체의 위기로 직결될 수밖에 없다. 이젠 동남아와 중동, 라틴아메리카, 아프리카

등 시장 다변화를 통해 중국 리스크를 줄여 나가야 한다.

◆**임대근** 한국외국어대 글로벌문화콘텐츠학과 교수◆
한국외국어대 글로벌문화콘텐츠학과 및 중국어통번역학과 교수. 중국영화포럼 사무국장. 한국외대에서 중국 영화를 주제로 박사학위를 받았다. 중국 대중문화, 문화콘텐트, 아시아 대중문화의 초국적 이동과 전파 등을 연구하고 있다. 지은 책으로 『중국영화의 이해』(공저) 등이 있고, 논문으로 「문화콘텐츠 연구의 학문적 위상」, 「중국영화발전사를 넘어서: 중국영화사 기술이 직면한 몇 가지 의제」 등 다수가 있다.

국경 없는 신화,
중국 신화도 우리 창의력의 원천

중국이 2016년 9월 15일 실험용 우주정거장인 '천궁(天宮) 2호' 발사에 성공했다. 천궁 2호는 우주 궤도에 머물면서 14가지 실험을 진행할 예정이다. 중국은 달 탐사위성을 달의 여신인 '항아(姮娥)'라 부르더니 우주실험선 이름으로는 항아가 원래 살던 곳으로 하늘의 궁전이란 뜻을 지닌 '천궁'을 갖다 붙였다. 중국 신화 속 세계가 21세기의 우주에 재현되고 있는 셈이다. 신화와 과학이 만나고 있는 중국의 현실은 우리에게 무얼 시사하나.

신화의 문화적 역량 – '이야기'의 힘

신화는 보통 상상력의 원천으로 일컬어진다. 그러나 『산해경(山海經)』을 비롯한 중국 고대 문헌에 기록된 신화들은 그 확장성에 한계가 있었다. 허구적 상상력보다는 역사적 사실을 중시하는 게 고대 중국을 비롯한 동아시아 주류 사회의 지식 전통이었기 때문이다. 그런데 최근 중국에선 소수민족의 신화가 관심을 끌고 있다. 소수민족 신화는 오랜 세월 운문의 형식으로 전승돼 왔기에 대부분 길고 흥미로운 이야기 구조를 갖고 있다. 그런 소수민족의 문화적 힘에 주목해 괄목할 만한 성과를 일궈낸 최초의 인물이 영화감독 장이머우(張藝謀)다.

그는 2004년 광시좡족(廣西壯族)자치구의 구이린(桂林)에서 〈인샹류싼제(印象劉三姐)〉라는 대형 야외공연을 연출했다. 구이린의 아름다운 산과 물을 무대로 삼은 공연의 형식도 독특했지만, 더 중요한 것은 소재였다. '류싼제'는 좡족 전설에 등장하는 노래의 여신이다. 류싼제의 전설을 중심으로 그 지역에 거주하는 여러 소수민족의 문화를 작품 속에 집어넣은 것이다. 공연은 큰 성공을 거뒀고, 이후 이어지는 〈인샹〉 시리즈의 신호탄이 됐다.

물론 이후에 전국적으로 비슷한 공연들이 생겨나면서 비판의 목소리도 나왔다. 소수민족 문화를 소재로 했지만 여러 민족의 신화나 습속을 섞어 오락적 요소를 강조하다 보니 소수민족 고유의 특징은 살리지 못한 채 상업화에만 몰두한다는 비판이 나왔다. 그러나 장이머우가 신화나 전설을 포함한 소수민족의 문화를 산업의 영역으로 끌어들여 사람들의 폭발적 관심을 이끌어낸 첫 인물이라는 점은 부정하지 못한다. 소수민족 신화가 가진 '이야기'의 힘에 주목해 다양한 문화적 요소들을 끄집어내고, 거기에 상상력을 덧붙여 중국을 대표하는 공연작품을 만들어낸 건 그가 창의적인 감독이었기에 가능했던 것이다.

신화의 세계엔 저작권이 없다

중국 소수민족들이 갖고 있는 신화의 양은 엄청나다. 그 안에는 수많은 영웅의 신화, 반짝이는 상상력이 돋보이는 창세신화, 자연과 더불어 살아가는 사람들의 지혜가 들어 있는 자연신화 등 다채로운 신화가 전승되고 있다. 게임이나 드라마, 영화를 막론하고 탄탄한 서사구조, 즉 '이야기'는 모든 것을 이끌어 가는 가장 기본적인 힘이다. 그런 면에서 본다면 장편 서사구조를 가진 중국 소수민족들의 신화는 상당한 문화적 역량을 보유하고 있다고 할 수 있다. 마음만 먹으면 우리는 그 안에서「해리포터」나「반지의 제왕」보다 더 풍성한 '스토리'들을 이끌어 낼 수 있다.

그렇다면 이쯤에서 하나 생각해 볼 문제가 있다. 중국에 거주하는 한족의 신화를 비롯해 소수민족들의 신화를 우리는 뭉뚱그려 '중국 신화'라고 말한다. 그런데 사실 신화의 세계에는 국경이 없다. 중국에 거주하는 여러 민족이 전승하고 있는 그 많은 신화의 저작권이 '중국'이라는 나라에만 있는 것은 아니다.「반지의 제왕」이나「해리포터」, 미야자키 하야오의 애니메이션,「아바타」나「토르」,「퍼시잭슨」시리즈에 이르기까지 그리스 신화의 모티브들은 곳곳에서 튀어나온다. 그런데 그리스 신화라고 해서 그리스 사람들만 그것을 가공할 수 있는 건 아니다. 전 세계의 수많은 예술가, 작가들이 그리스·로마 신화를 소재로 해 작품 활동을 하며, 문화산업에 응용하고 있다. 마찬가지로 '중국 신화'라고 해서 중국 사람들만 그것을 가공할 권리를 갖는 것은 아니다. 고대로부터 전승돼 온 신화에는 저작권이 없기 때문이다.

중국 신화의 특징

다민족 국가라 민족별로 전승되는 신화가 풍부
한족의 문헌신화는 기록이 단편적이며 전설과 연결
한족 신화의 경우, 신화와 역사의 경계가 모호
여신들의 신화가 특히 풍부
소수민족 신화는 '지혜'를 바탕으로 새로운 담론을 형성

중국에 거주하는 다양한 민족의 신화를 '우리 것'이 아니라는 이유로 관심의 대상에서 배제하는 것은 우리 스스로 상상의 공간을 축소시키는 행위다. 우리 것은 물론 소중한 것이지만 우리 것만이 소중한 것은 아니다. 눈을 들어 유라시아 대륙 전체를 봐야 한다. 오래된 교역로인 육상 실크로드와 해상 실크로드 등을 통해 일찍부터 물자가 오고 갔지만 그 길을 통해 사람도, 이야기도 오고 갔다. 버드나무 여신의 신화는 주몽의 어머니 유화(柳花)의 이름에도, 만주의 삼신할머니 신화에도, 페르시아의 여신 아나히타의 신화에도 두루 나타난다. 그러니까 그 오래된 교역로들은 '신화의 길'이기도 했던 것이다. 그 많은 신화들을 국가라는 경계 안에 가둘 필요가 없다. 경계를 뛰어넘으면 그 안에는 찬란한 신들의 세계가 펼쳐진다. 거대한 문화 콘텐트의 보고가 그곳에 있는데 우리 스스로 문을 잠가버릴 하등의 이유가 없는 것이다.

신화는 과학이자 철학이다

신화는 인류의 지혜가 집약된 과학이자 철학이다. 신화와 과학은 아주 거리가 먼 것 같지만 사실은 놀라울 정도로 가깝다. 예를 들어 어둠과 빛, 즉 흑과 백의 대립을 보여주는 신화에서 강력한 힘을 먼저 보여주는 것은 빛의 신이 아니라 어둠의 신이다. 생각해 보라. 할리우드 블록버스터에서 영화가 시작하자마자 정의의 사도가 이기는 경우를 봤는가? 강한 어둠의 세력에 의해 온갖 고생을 다하던 주인공이 마지막에 가서야 겨우 승리하지 않는가. 영웅신화에서도 영웅은 언제나 어둠의 세력에 의해 고초를 당하다가 마지막에야 이긴다. 왜 그렇게 어둠의 세력은 힘이 강한 것일까? 우주를 구성하는 96%가 차가운 '암흑물질'과 '암흑에너지'라는 사실을 알게 되면 신화에 등장하는 어둠의 세력이 그렇게 힘이 강한 이유를 이해하게 된다.

신화는 또한 철학이다. 문자의 세계에 매몰돼 살아가는 우리는 문자가 없는 세계의 사람들이 전승하는 서사시나 신화 등을 '고전'이라고 생각하지 않는다. '고전'은 언제나 문자로 쓰인 '문헌'이어야만 한다는 선입견을 갖고 있다. 그러나 세상에는 문자를 갖지 않은 채 살아가는 오래된 민족들이 있고, 그 민족들은 눈빛이 형형한 사제들의 입을 통해 언제부터 시작된 것인지 알 수 없는 오래된 서사시를 전승한다. 그 민족의 역사와 신화·종교·법률·경제·문화 등 모든 것이 그 안에 들어 있다. 그것은 그들의 '고전'이다.

그리고 그 안에는 환경 문제로, 경제적 불평등 문제로, 지나친 성장 추구로 방향을 잃어버린 채 깊은 병을 앓고 있는 지금의 우리에게 해결의 실마리를 제공하는 메시지들이 들어 있다. 고대의 지자(智者)

들이 들려주는 낮은 목소리가 그 안에서 여전히 큰 울림을 준다. 특히 국가를 이루지 않은 채 마을 단위로 살아온 여러 소수민족이 전승하고 있는 신화에는 그 오래된 지혜가 고스란히 들어 있다. 그것은 새로운 담론의 구축을 가능케 한다. 길 너머를 보여줄 수 있는 대안을 담고 있는 철학, 중국을 포함한 동아시아 여러 민족들의 신화에서 우리가 궁극적으로 길어올려야 할 것은 바로 그것이다.

4차 산업혁명에 영감 줄 동아시아 신화

중국을 포함한 동아시아 신화는 다양한 얼굴을 갖고 있다. 풍성한 상상력의 원천으로서 작가에게 영감을 주기도 하고, 문화상품으로 가공돼 막대한 경제적 이익을 창출해내기도 한다. 역사학이나 고고학과 결합되면서 민족이나 국가의 기원을 끌어올리는 수단으로 이용되기도 하며, 때론 기업문화에 적용돼 창의적 경영을 가능케 하기도 한다.

그러나 중국을 포함한 동아시아 여러 민족들의 신화는 궁극적으

중국의 지역별 신화 특징

동쪽	아무르강과 다싱안링산맥 일대에 거주하는 민족들은 곰 신화, 만주족들은 버들여신 신화
서쪽 끝	위구르족은 민족의 시조가 나무에서 나왔다는 신화, 타지크족은 독수리 신화
서남쪽	다양한 민족이 살고 있는 윈난성은 창세신화. 이곳에는 여신들의 신화가 많다
남부	좡족이 거주하는 이곳엔 벼농사와 관련해 비를 잘 내리게 해준다는 개구리 신화

로는 지혜의 결정체다. 풍성한 '이야기' 속에 들어 있는 그 오래된 '지혜'를 톡톡 튀는 상상력과 창의력으로 IT의 틀에 담아낼 수만 있다면 그것은 문화적으로 엄청난 부가가치를 창출해 낼 수 있을 뿐만 아니라 인간과 자연의 관계에, 인간과 인간의 관계에 대해 깊은 성찰을 할 수 있게 해주는 담론의 형성을 가능케 할 것이다. 그리고 그렇게 형성된 새로운 담론은 4차 산업혁명 같은 것에도 깊은 철학적 영감을 주게 될 것이다. 증강현실이 눈앞에 펼쳐지는 지금 인간과 동식물, 심지어 사물까지 동등한 가치를 지닌 주인공으로 등장하는 동아시아 신화의 세계는 필연적으로 과학 및 철학과 만나게 돼 있기 때문이다.

◆ **김선자** 연세대 중국연구원 전문연구원 ◆
중국신화학자. 연세대 중국연구원 전문연구원. 신화와 역사의 관련성에 관한 연구와 더불어 동아시아 여러 민족의 신화가 갖고 있는 다양한 문화적 맥락에 대한 연구와 강연을 하고 있다. 『만들어진 민족주의 황제신화』, 『오래된 지혜』, 『김선자의 이야기 중국 신화』, 『중국 소수민족 신화 기행』 등의 저서가 있다.

중국에 이웃 나라는 협상의 대상이 아니다

국내 중국 연구자가 가장 많이 받는 질문은 아마도 "중국은 도대체 어떤 나라인가?"가 아닐까 싶다. 모호함이 중국의 대명사로 작용하는 경우가 많기 때문이다. 중국은 북핵에 반대해 국제사회의 대북제재엔 동참하면서도 북핵을 막기 위한 사드 체계의 한반도 도입엔 반대 목소리를 아끼지 않는다. 지극히 이중적이다. 무엇이 중국의 본심인가. 불확실성으로 가득한 중국의 외교 행태는 어떻게 읽어야 하나.

시진핑 중국 국가주석이 2016년 6월 25일 블라디미르 푸틴 러시아 대통령과 베이징에서 만나 한목소리를 냈다. 사드의 한반도 배치에 "강력하게 반대한다"는 것이었다. 그런 중국이 닷새 앞선 20일께는 대북제재 이행보고서를 유엔에 제출했다. 여느 때보다 빠른 행보란

평가를 낳았다. 북한 문제에 대한 명(明)과 암(暗)을 동시에 보여준다.

중국의 주변국 외교는 '친·성·혜·용(親·誠·惠·容)' 네 글자로 요약된다. 이웃과 친하게 지내고, 성실하게 대하며, 혜택을 주고, 포용하겠다는 것이다. 그러나 중국은 남중국해 문제를 놓고 필리핀·베트남 등과 대립하고 있다. 시진핑의 친·성·혜·용 선언은 공허한 메아리처럼 들린다. 이런 중국의 행동을 어떻게 이해해야 하나.

오랜 기간 중국과 중국인에게 나타나는 반복적 행위 패턴을 관찰

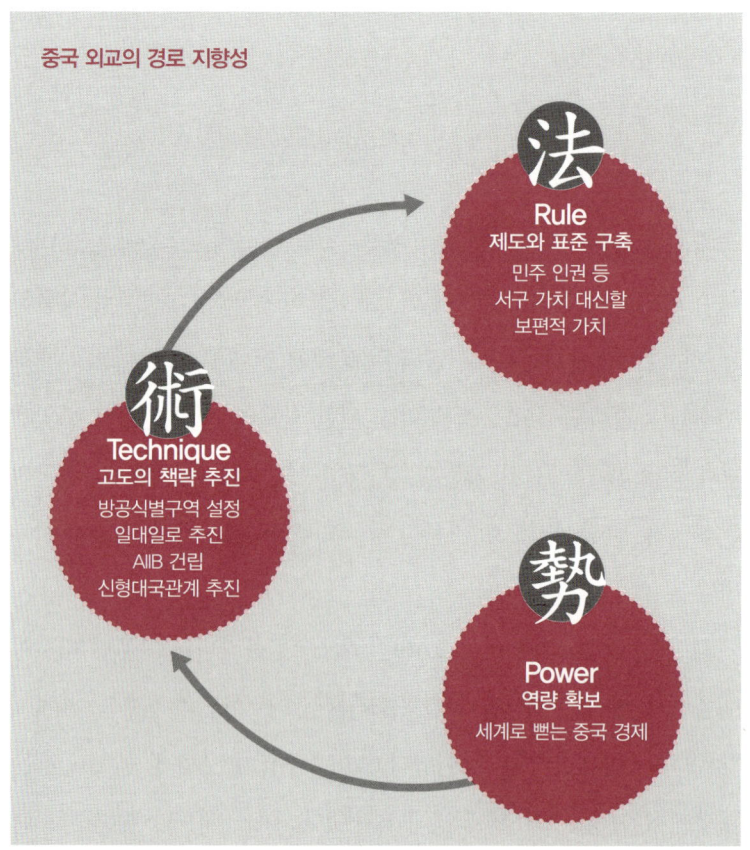

중국 외교의 경로 지향성

한 결과 크게 세 가지 요소가 중국의 외교 행태를 결정하고 있는 것으로 보인다. 중화사상과 현실주의, 그리고 이익 추구가 바로 그것이다. 우선 중화사상을 보자. 이는 수천 년 중국 역사 속에서 중국인의 머릿속에 일관되게 흐르고 있는 사상이다. 중국은 자신을 '중화(中華)' 혹은 '화하(華夏)'라 해 스스로를 높였던 반면 주변의 다른 민족은 '이적(夷狄)'으로 천시했다. 이를 중화사상 또는 화이(華夷)사상이라 한다.

'화(華)'와 '하(夏)'는 중원 지역의 한족(漢族)을 지칭하며 문화적으로 우월한 민족임을 뜻한다. 반면 '이(夷)'는 문화 수준이 낮은 주변 민족을 이르는 말로 동서남북의 방향을 통해 구별됐다. 화이사상은 철저한 한족 중심주의다. 그 결과 이민족을 대하는 수단으론 오랑캐로서 오랑캐를 물리치는 이이제이(以夷制夷)의 방법이 곧잘 이용되곤 했다.

이런 한족 중심주의는 주변국과의 관계에서 독특한 특징을 보여준다. 중국은 표면적으로는 이웃과 선하게 지내고 이웃과 동반자로 지낸다(與隣爲善 以隣爲伴)는 점을 강조한다. 그러나 중화사상이 몸에 밴 중국은 이웃 나라를 협상의 대상으로 보지 않는다. 협상은 지위가 대등할 때 이뤄지는 것이다. 중국의 지위가 우월하다고 보는 중화사상의 인식 속에서는 주변국과의 협상이란 가당찮은 것이다. 주변국은 협상이 아닌 관리의 대상일 뿐이다. 최근 우리는 사드의 한반도 배치와 관련해 중국 고위층이 서슴없이 토해 내는 말들에서 이웃을 협상이 아닌 관리의 대상으로 대하려는 중화사상의 편린을 엿볼 수 있다.

중국 외교 행태에 영향을 주는 두 번째 요소는 그 역사가 오랜 중국인의 현실주의다. 이는 '현실 적응(adaptation)'이라고도 말할 수 있다. 중국의 그 많은 제자백가(諸子百家) 중 왜 유가와 법가는 소멸되지 않고 발전할 수 있었나. 이들 사상이 현실을 가장 적극적으로 반

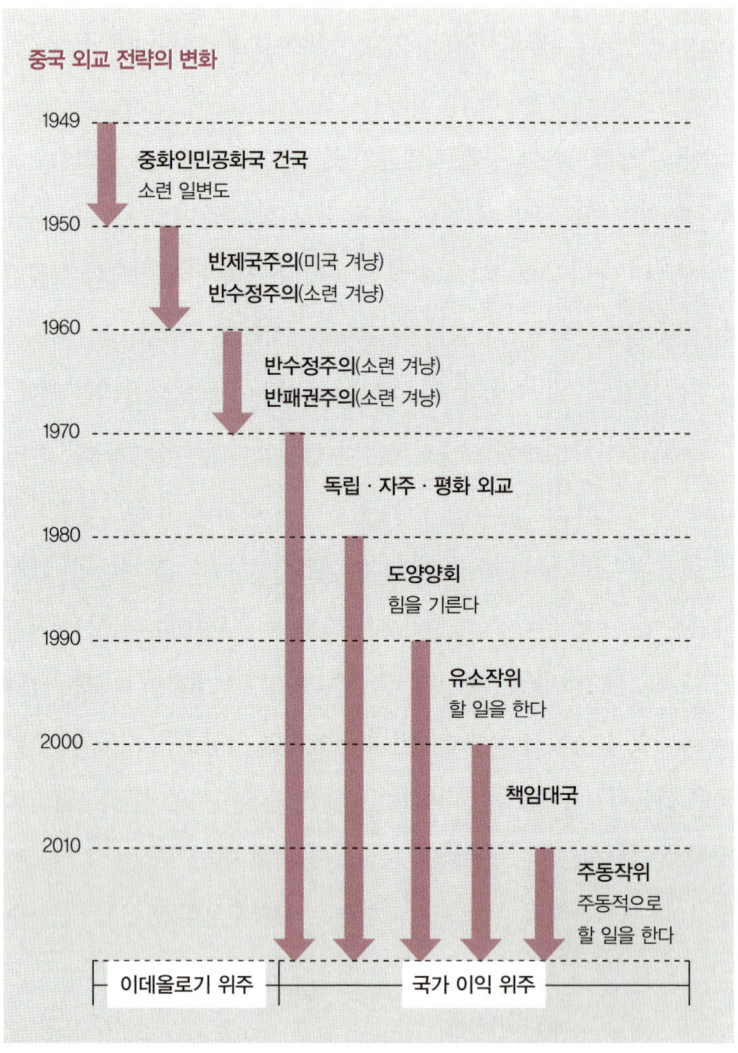

영하고 또 현실에 가장 잘 적응했기 때문이다. 공자가 '귀신을 말하지 않았다(不語怪力亂神)'는 말에서 현세에 집중했던 유가와 법가의 전통을 읽을 수 있다. 이런 전통을 이어받은 중국 외교의 판단 잣대는 항상 바로 현재 상황에서 어떻게 움직이는 게 최선일까에 맞춰져 있다.

1949년 중화인민공화국 건국 이후 마오쩌둥(毛澤東)은 왜 소련에 일방적으로 기우는 '일변도(一邊倒)' 정책을 폈을까. 또 70년대 말 개혁개방에 나선 덩샤오핑(鄧小平)은 왜 '2등 전략'이라고 할 수 있는 '도광양회(韜光養晦·어둠 속에서 조용히 실력을 키움)'를 강조했나. 이 모두 그 당시 중국 국력의 부족을 절감한 결과다. 반면 장쩌민(江澤民) 시대에 중국도 이젠 필요한 역할은 하겠다는 '유소작위(有所作爲)'를 말하고 후진타오(胡錦濤)가 중국의 평화적 부상(和平崛起)을 주장하게 된 건 모두 부쩍 커진 중국 국력의 현실을 반영한 것이다. 그리고 G2(미·중) 시대라 불리는 오늘날엔 시진핑이 '중국꿈'이란 원대한 야망을 거침없이 드러내기에 이르렀다. 현 국제질서는 중국에 의해 이룩된 게 아니다. 그럼에도 중국이 현 국제체제의 최대 수혜자라는 말이 나오는 건 중국이 그만큼 현실을 정확히 진단하고 이에 잘 적응했기 때문이다.

중국 외교 행태를 결정짓는 세 번째 요소는 이익 추구다. '불의는 참아도 불이익은 못 참는 게 중국'이란 우스갯말이 돌 정도로 중국은 이익 추구에 올인한다. 중국은 자신을 '제3세계 국가'로 자처한다. 그러나 이념과 체제의 공유보다는 자국의 이익 확대만을 꾀하는 경우가 다반사다. 대량학살이 일어난 남수단에서 중국은 '정치'와 '경제'

를 분리하겠다는 정책을 표방하며 자국의 이익(석유 수급) 확보를 위해 안간힘을 썼다. 이는 '북핵 문제'와 '북한 문제'를 분리해 접근하겠다며 유엔의 대북제재엔 동참하면서도 '북한 인민의 복지'를 내세워 북한과의 거래를 계속하고 있는 중국의 이중적 행태를 연상케 한다. 북한 복지 운운은 중국의 전략적 이익을 지키기 위해 내건 구실에 불과하다는 인상을 지울 수 없다.

중국 전국(戰國)시대 진(秦)의 명장이었던 사마착(司馬錯)은 "나라를 부유하게 하려는 이는 힘써 그 땅을 넓히고 군대를 강하게 하려는 자는 힘써 그 백성을 부유하게 한다(欲富國者 務廣其地 欲强兵者 務富其民)"고 했다. 정치와 경제, 군사 등을 모두 국력의 주요 토대로 봤던 중국 사상가의 지혜를 엿볼 수 있다. 너른 땅에 백성 또한 부유해지고 있는 시진핑의 중국이 이제 외치고 있는 중국꿈은 '중화민족의 위대한 부흥을 실현하겠다는 것'으로서 다시 세상의 중심이 되고자 하는 중국의 포효에 다름 아니다. 한비자(韓非子)는 "항상 강한 국가도, 또 항상 약한 국가도 없다(國無常强 無常弱)"고 말했다. 세력전이는 언제든 일어날 수 있음을 말하는 것이다.

이처럼 세상의 중심으로 거듭나려는 중국의 외교는 현재 일정한 경로를 따라 발전하고 있다. '세(勢)→술(術)→법(法 또는 制)'의 경로가 그것이다. 세(勢)는 역량이다. 중국은 개혁개방 이래의 고속 성장을 통해 이룩한 경제적 성과를 토대로 이제는 G2로 인정받고 있다. 이미 세를 확보했다고 말할 수 있다. 중국의 주요 경제정책을 제시하는 3중전회(中全會) 보고서의 핵심어를 78년부터 2008년까지 분석해 보면 경제가 161회로 가장 많았고 이어 발전이 160회, 개혁이 159회였

중국의 주요 외교정책

강대국 외교
- 대상: 미국, 러시아 등 강대국
- 전략: 신형대국관계 구축
- 방침: 불충돌·불대항·상호존중·호혜공영

주변국 외교
- 대상: 한국, 인도네시아 등 이웃 국가
- 전략: 이웃을 동반자로
- 방침: 친밀·성의·혜택·포용

다. 이는 중국이 앞으로도 지속적으로 역량 쌓기에 나설 것임을 말해준다.

그다음 단계는 고도의 책략을 뜻하는 '술(術)'의 추진이다. '술'은 중국의 국력 상태에 맞추어 펴나가는데 예측불허, 합법적, 국제사회로부터 별다른 저항을 받지 않을 내용 등으로 나타나는 특징이 있다. 예측불허는 효과를 극대화하기 위해서다. 갑작스러운 동중국해 방공식별구역 선포나 아시아인프라투자은행(AIIB) 건립, 일대일로(一帶一路) 정책 등이 대표적 사례들이다. 이 같은 '술'은 적용 대상엔 일종의 '스트레스 테스트(stress-test)'로 작용한다. 중국의 정책을 거부하기도 또 대응하기도 쉽지 않은 상황이 일정 기간 연출되기 때문이다. 우리는 이미 중국으로부터 이런 테스트를 지속적이고 반복적으로 받고 있다. 2015년 박근혜 대통령의 중국 전승절(戰勝節) 참석도 그렇고 사드 문제 또한 그렇다. 중국은 이미 '세'의 단계를 지나 '술'의 단계에 진입해 있다.

중국 외교 경로의 마지막 단계는 '법(法)'으로 이는 중국 주도의 '제도와 규범, 표준의 구축'을 말한다. 중국은 하루빨리 이 단계에 진입하기를 바라겠지만 쉽지 않은 일이다. 제도화 과정은 상당한 시간을 요하기 때문이다. 더 중요한 문제는 현 국제체제를 구성하는 '민주'와 '자유', '인권' 등과 같은 가치를 대체할 수 있는 사상과 이념을 중국이 제시해야 하는데 중국이 과연 그런 새로운 보편적 가치를 내놓을 수 있느냐는 점이다.

중국을 상대할 때 과대나 과소 평가 모두 금물이다. 우리로선 중국의 반복적 행동에서 보이는 중국의 독특한 행태를 냉정하게 분석한 뒤 이에 맞춰 우리의 국익을 극대화할 수 있는 방안을 찾는 지혜가 필요하다.

◆ **전가림** 호서대 교양학부 교수 ◆
정치학 박사. 베이징대 국제관계학원을 졸업했다. 국방부 정책자문위원, 충남경제비전위원회 위원, 대륙전략연구소 이사로 활동 중. 홍콩 주재 한국총영사관 선임연구원 및 호서대 중국산동성웨이하이 창업보육센터 사장 등을 역임했다.

중국의 인간관계는 평등하지 않다

많은 한국인이 중국을 잘 안다고 생각한다. 『삼국지(三國志)』도 중국인 못지않게 읽었고 공자(孔子) 말씀 또한 중국인보다 더 잘 이해한다고 여기는 이가 적지 않다. 그러나 유비(劉備)나 공자에 익숙하다고 해서 현대 중국과 현대 중국인까지 잘 안다고 할 수 있나. 중국 전통과 현대 사회주의가 결합해 묘한 이중주를 내는 중국의 독특한 현실에 대한 이해 없이 중국 비즈니스에 뛰어드는 건 위험천만한 일이 아닐 수 없다.

중국 산둥(山東)성 칭다오(靑島)에서 조금 떨어진, 우리로 치면 읍에 해당하는 곳에서 공장을 운영한 우리 기업인이 겪은 일이다. "현지 법인 사장이 형광등을 사러 동네 가게에 갔다. 얼마냐고 물으니 주인이 16위안이라고 한다. 그 뒤 조선족 직원을 보냈더니 14위안에 사 왔다. 다음엔 산둥성 출신 종업원을 시켰더니 10위안이면 됐다. 마지막으로 그 지역 토박이 직원에게 부탁했더니 8위안이면 족했다." 이런 이야기를 들으면 반응은 대개 이렇다. "중국 비즈니스는 조심해야 해. 걸핏하면 속인다고", "중국이 글로벌 스탠더드에 이르려면 아직 멀었어. 가격을 믿을 수 없는데 어떻게 거래를 하나."

중국은 평등이 아닌 차등의 사회

그러나 이 사례를 가만히 들여다보면 가격을 달리 부르는 주인의 행태에 일정한 규칙이 있음을 알 수 있다. 여기에 주목하면 해석이 달라진다. 주인이 엿장수 마음대로 아무렇게나 가격을 부르고 있는 건 아니다. 같은 동네 사람에겐 가장 싸게 받았고 이후 같은 성(省) 출신, 중국인 순으로 가격이 높아지기 시작해 외국인인 한국 사람에게 제일 비싸게 받았다. 가게 주인을 기준으로 삼아 자기로부터 거리가 멀어질수록 가격은 올랐다. 이것이 가게 주인이 가격을 정한 원칙이다.

이런 가격 책정을 불합리하다고 말할 수는 있다. 그러나 가게 주인과 이 동네 사람에겐 지극히 합리적이다. 같은 마을 사람, 아는 사람에겐 당연히 싸게 팔아야 한다. 여기서 가격은 단순히 상품의 가치만을 반영하는 게 아니다. 인간관계까지 반영하고 있는 것이다.

중국의 저명한 인류학자 페이샤오퉁(費孝通)은 중국 사회와 중국 문화의 원형을 설명한 『향토 중국』이란 책에서 중국인의 인간관계를 포함해 중국 사회는 차등적 서열 구조에 토대를 두고 있다고 지적했다. 모든 네트워크는 자기를 중심에 두고 차등 원리에 따라 서열을 구분하는 가운데 이뤄지는 것이다. 마치 수면에 돌을 던졌을 때 생긴 동심원(同心圓)의 파문이 점차 밖으로 퍼져나가면서 작아지는 것처럼 인간관계도 중심에서 주변으로 나아갈수록 낮아진다는 설명이다. 이 동심원의 중심은 개인이고, 동심원의 파문이 퍼져나가는 것에 따라 개인의 네트워크가 만들어진다.

이 분석에 따르면 중국인이 그렇게 소중하게 생각하는 '관시(關係)'란 것도 결국엔 동심원의 바깥에서 안쪽으로 들어오려는 끊임없는 노력과 다름없다.

이를 한 개인의 인간관계 차원에서 보자. 나를 중심으로 동심원의 가장 안쪽에 친구가 있다. 중국인들은 친구란 말을 입에 달고 산다. 진정한 친구관계가 아니더라도 친구란 말을 쓴다. 아이에게도 뒤에 친구를 붙여 '어린 친구(小朋友)'라고 한다. 친구가 인간관계의 최고 경지여서 그렇다. 하지만 친구도 다 같은 친구는 아니다. 친구 안에서도 '좋은 친구(好朋友)' → '오래된 친구(老朋友)' → '마음을 나누는 친구(眞心朋友)'의 순으로 서열이 있다.

친구 다음으로는 '아는 사람(熟人)'에서 '낯선 사람(陌生人)'의 순서로 동심원의 서열구조가 이루어진다. 『좌전(左傳)』에 '하늘에는 10개의 태양이 있고, 사람에게는 열 개의 등급이 있다(天有十日 人有十等)'고 했는데 중국인의 네트워크는 자신을 기준으로 삼아 자기 주위 사람을 등급으로 나누는 데서 출발하는 것이다.

중국인은 모든 사람을 똑같이 동등한 개인으로 대하지 않는다. 순자(荀子)의 말처럼 먼저 차등을 분명히 한 뒤 이를 바탕으로 조직이나 집단을 이루는 '명분사군(明分使群)'의 원리가 인간관계의 토대를

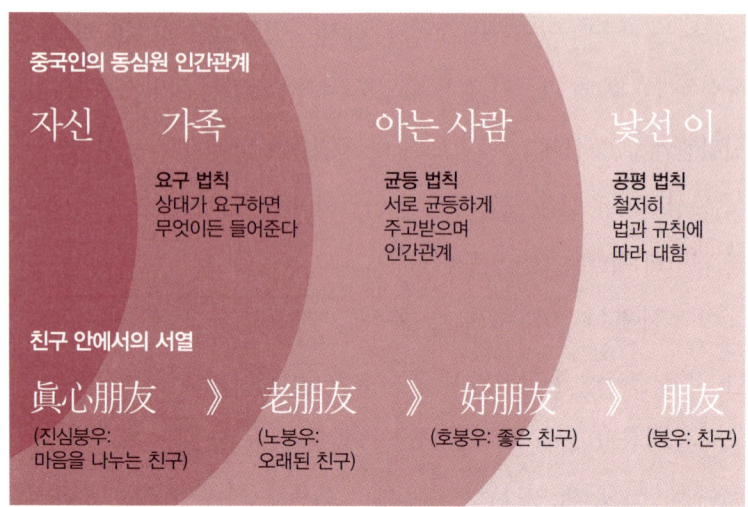

이룬다. 이는 차등의 원리다. 사람을 구분하고 차등을 둬 대하는 것이다. 서구 기독교 사회에서는 신 앞에 모두가 동등하고 평등하지만 중국에선 다르다. 모든 사람은 평등하지 않다. 중국인들이 흔히 하는 말에 따르면 '나면서부터 서로 연결돼 있지만 평등하지는 않다(生而關聯 非生而平等)'.

이런 차등의 원리는 유교 중심의 전통사회에서만 적용된 게 아니다. 사회주의 정권이 들어선 이후에도 차등의 원리는 작동했다. 출신과 사상에 따라 우선 홍색·회색·흑색 세 그룹으로 나눈 뒤 그 안에 각기 다섯 부류를 포함시켰다. 혁명군과 빈농 등 다섯 부류가 속한 홍오류(紅五類), 지식인과 도시민 등이 포함된 회오류(灰五類), 지주와 부농 등을 망라한 흑오류(黑五類) 등이 그런 것이다. 분류에 따라 대우를 달리했다. 전통사회의 차등 원리가 사회주의식으로 변용돼 작동한 것이다.

> ### 중국은 평등이 아닌 차등의 사회
>
> **天有十日 人有十等** (천유십일 인유십등)
> 하늘에는 10개의 태양이 있고 사람에게는 10개의 등급이 있다— 좌전(左傳)
>
> **生而關聯 非生而平等** (생이관련 비생이평등)
> 나면서부터 서로 연결은 돼 있지만 평등하지는 않다

이렇게 주변 사람을 구분 지은 뒤에는 각기 다른 원리에 근거해 해당 그룹에 속한 사람을 다르게 대한다. 예를 들어 개인을 중심으로 한 동심원 네트워크의 가장 안쪽에 있는 사람은 가족과 친구다. 이 부류에 속하는 사람에겐 상대가 요구하면 무엇이든 들어줘야 하는 '요구 법칙(need rule)'이 적용된다. 가족과 친구 사이에 법이 무시되는 부작용이 생기는 것은 이 때문이다. 이런 인간관계의 원리는 중국인이 자랑하는 인정(人情)이 최고로 빛을 발하는 지점을 만들기도 하지만 다른 한편으론 중국 사회의 고질병과 부패의 원천이 되기도 한다.

그런가 하면 '아는 사람(熟人)' 사이에는 '균등 법칙(equality rule)'이 작동한다. 상대가 한 번 밥을 사면 다음엔 내가 꼭 밥을 한 번 사는 것처럼 서로 균등하게 주고받으면서 인간관계가 형성된다. 사회에서 이뤄지는 대부분의 인간관계가 여기에 해당한다. 내가 하나를 받았는데 거기에 상응하는 것을 상대에게 주지 않으면 인간관계가 성립할 수 없다. 그것이 돈이든 은혜든, 선물이든 뇌물이든 왔으면 반드시 가야 한다. 상대가 나의 체면을 세워 주었으면 나도 상응해 상대의 체면을 세워 줘야 한다. 그래야 인간관계가 맺어지고 친구관계로 발전할 수 있다.

이에 비해 동심원의 가장 바깥쪽인 남과의 사이, 즉 모르는 관계에선 '공평 법칙(equity rule)'이 움직인다. 이 경우 상대를 비교적 냉담하게 대하면서 철저히 법과 규칙에 따른다. 일방적으로 주지도 않고, 오고 갈 필요도 없는 관계다. 규정과 법이 가장 철저하게 지켜지는 지점이 여기다. 중국 사회의 장단점이 이런 인간관계에 고스란히 들어 있다.

만일 산둥성의 가게 주인이 친구를 외국인과 같이 대했다면 그 사람은 동네에서 인간 이하 취급을 당할 것이다. 마찬가지로 외국인이 그 가게 주인에게 친구처럼 대해 달라는 것도 무리한 요구다. 가게 주인을 사기꾼이라고 단정하기 전에 중국인의 인간관계 원리가 중국인의 비즈니스에 얼마나 뿌리 깊이 박혀 있는지를 절감해야 옳다.

중국이 세계의 공장이던 시절엔 중국 문화를 이해하느라 밤을 새울 필요까지는 없었다. 제품을 중국이 아니라 세계 시장에 팔았기 때문이다. 하지만 중국이 이제 세계의 시장으로 변했고 중국인들을 상대로 내수를 개척해야 하는 현 시점에선 중국 문화와 중국인의 생각·행동을 이해하고 이런 것에 접속하는 문화적 현지화 노력이 절실하다.

중국에 진출한 우리 기업 중에서 문화적 현지화에 성공한 기업의 사례가 늘고 있는 건 고무적이다. 오리온 초코파이가 중국 문화의 핵심인 '인(仁)'이라는 개념을 이용해 중국인의 마음에 접속하는 데 성공한 게 대표적 예다. 초코파이는 제품 포장에 '인'을 한자로 새기고, '인이 있는 곳에 친구가 있다(有仁有朋友)'란 광고 문구로 중국 소비자의 마음을 사로잡았다. 또 신라면은 마오쩌둥의 '장성에 가보지 않으면 대장부가 아니다(不到長城非好漢)'는 말을 빌려 '매운 맛을 모르면 대장부가 아니다(吃不了辣味非好漢)'는 광고로 중국인의 감성을 자극했다.

많은 한국인이 같은 유교 문화권인 중국을 잘 안다고 생각한다. 그러나 지금의 중국과 중국인에 대해 잘 안다고 말하긴 어렵다. 서로 다른 길을 걸어 왔기 때문이다. 우리는 자유민주주의 체제 속에서 서구 문화를 빠르게 흡수했고, 중국은 전통과 사회주의가 독특하게 결합된 체제에서 살아 왔다. 그만큼 한국과 중국 사이엔 거리가 생겼다. 중국 진출을 꾀하는 우리 기업이 중국 문화가 우리와 다르다는 걸 인식하고 중국인의 마음에 접속하는, 즉 문화적 현지화에 전력을 기울여야 할 이유가 여기에 있다.

◆**이욱연** 서강대 중국문화학과 교수◆
서강대 중국연구소 소장을 겸하며 현대 중국문학과 문화를 연구하고 있다. 현대중국학회 부회장으로 미 하버드대 페어뱅크중국연구소 방문교수를 지냈다.

유럽은 분열하는데
중국은 분열하지 않는 이유는?

홍콩이 영국에서 중국으로 반환되기 전의 일이다. 홍콩의 마지막 총독 크리스 패튼은 매일 아침 잠에서 깨면 측근에게 묻곤 했다. 덩샤오핑이 무사하냐고. 행여 고령의 덩이 사망하면 중국이 분열되고 그런 혼란이 일면 홍콩을 중국 품에 넘겨줘도 되지 않겠느냐는 기대가 있었기 때문이었다. 그런 중국은 현재 건재한데 영국은 유럽연합(EU)에서 탈퇴하는 '브렉시트'의 길을 밟고 있다. 유럽보다 더 큰 중국이 쪼개지지 않는 이유는 뭔가.

  1991년 12월 25일 소련이 해체되자 서구의 시선이 중국으로 쏠렸다. 마지막 남은 동방의 공산주의 대국 중국의 운명은 과연 어찌 될까. 그런 눈길에는 중국 또한 붕괴하지 않을까, 붕괴하면서 몇 개의 나라로 나뉘지 않을까, 그것도 한 자릿수가 아닌 두 자릿수가 되지 않을까 등 갖가지 억측이 깔려 있었다. 이 같은 중국 분열의 시나리오는 천하대란에서 민족별 분열, 지역별 연방화에 이르기까지 각양각색이었다. 이후 덩샤오핑 사망 등 중국에 불길한 사건이 생길 때마다 서구에선 중국 붕괴론이 고개를 들었다.

중국 분열은 픽션, 유럽 분열은 다큐

그러나 웬걸, 91년부터 쪼개지기 시작한 건 중국이 아니라 유럽 남동부에 자리한 유고슬라비아연방공화국이었다. 그해 6월 슬로베니아와 크로아티아가 연방으로부터 분리 독립한 후 마케도니아도 독립의 길을 걸었다. 93년엔 유럽 중부의 체코슬로바키아가 체코와 슬로바키아로 나뉘었다. 2016년 6월 말 영국의 유럽연합 탈퇴 결정은 또 다른 유럽 분열의 신호탄이 될 공산이 크다. 영국의 스코틀랜드와 스페인의 카탈루냐 등이 분리 독립을 추진할 움직임을 보이고 있기 때문이다. 이젠 유럽연합의 붕괴 정도가 아니라 유럽 각국의 분열을 걱정해야 할 처지다. 그렇다면 유럽 분열은 현실인 다큐에 해당하고, 중국 분열은 허구인 픽션이라고 말할 수 있겠다.

중국이 분열되지 않는 이유는 무얼까. 관성과도 같이 중국의 역대 지도자들에 면면히 흐르고 있는 '천하통일(天下統一)'의 정신을 꼽을 수 있다. 유비와 관우, 장비가 복숭아 꽃밭 아래서 의형제를 맺으며 굳게 다짐한 게 하나 있었다. 바로 '천하통일'이다. 제갈공명이 유비에게 바친 '천하 3분(天下三分)'의 계략 또한 천하통일을 도모하기 위해서가 아니었나. 공명이 후세 사람들로부터 추앙받는 이유도 그가 못다 이루고 죽은 천하통일이란 목표에 있었다. 천하통일이라는 이

중국	중국과 유럽연합(EU) 비교	EU
약 960만	면적(㎢)	약 432만
약 13억 5000만	인구(명)	약 5억 1000만
한족 등 56개 민족	구성	독일·프랑스 등 28개 국가
1949년 10월 1일	출범	1993년 11월 1일
약 11조 3830억	GDP(달러)	약 15조 4518억

룰 수 없는 꿈을 꾸었고, 천하통일을 위해 이길 수 없는 적과 싸웠던 공명의 초인적 의지와 충심이 후인의 심금을 울리는 것이다.

천하통일은 진시황이 기원전 221년 처음으로 일궈 낸 핵심어이자 중국의 시공을 통째로 꿰뚫는 모노레일이다. 진시황 이후 2016년 오늘날까지의 중국 역사 2237년을 계량화하면 통일 기간은 1633년으로 약 73%를 차지하고 분열기는 604년으로 약 27%가 된다. 통일 시기가 압도적으로 길었다. 진(秦)에서 한(漢)과 수(隋), 당(唐), 송(宋), 원(元), 명(明), 청(淸), 그리고 현대 중화인민공화국을 관통하는 제1의 국시(國是)는 천하통일의 유지와 발전이었다. 삼국 시대와 남북조 시대, 5대10국의 분열기는 물론 20세기 군벌 할거 시기에도 모두 자신을 중심으로 한 통일을 외쳤지 분리 독립을 주장하지는 않았다. 이처럼 천하통일은 중국의 시공을 일관하는 가장 뚜렷한 흐름이다.

서양에서 동양의 『삼국지』에 맞먹을 만큼 환영받는 고전은 실러의 『윌리엄 텔』이라 할 수 있다. 유럽 여러 나라 학생이 반드시 읽어야 할 필독서다. 윌리엄 텔은 자기 아들의 머리 위에 올려놓은 사과를 화살로 쏘아 맞힌다. 명사수였던 그가 아들의 생명을 담보 삼아 쟁취하고자 했던 건 다름 아닌 스위스의 '분리 독립'이었다. 어찌 보면 분리 독립은 서기 286년 로마황제 디오클레티아누스가 로마를 동서로 분할한 이래 최근의 브렉시트에 이르기까지 유럽을 하나로 꿰뚫고 있는 키워드다. 유럽에서의 통합과 분리 시대 비율은 중국과 정반대다.

로마의 기독교와 진시황의 법가사상

원래 하나가 아니었던 여러 개를 하나로 합치는 것은 통합이다. 로마의 통합이 한 예다. 반면에 원래 하나였던 게 여러 개로 나뉘어졌다가 다시 하나가 되는 것을 통일이라고 한다. 진시황의 통일이 그렇다. 통합은 동화시키는 것이고, 통일은 일치시키는 것이다. 로마는 세계를 세 번 통합했다. 첫 번째는 군사력, 두 번째는 법률 특히 사법(私法)으로, 세 번째는 종교(기독교)로 지중해 연안 각지를 통합했다. 진시황은 천하를 세 번 통일했다. 첫 번째는 역시 군사력으로, 두 번째는 법률 특히 공법(公法)으로, 세 번째는 사상(법가)으로 7국을 통일한 것이다. 군사력이 하드파워라면 법률과 종교, 사상은 소프트파워다. 이 소프트파워의 차이가 바로 유럽과 중국의 현재 차이를 낳고 있다.

로마는 개인의 이익에 관한 법, 사법으로 유럽을 통합시켰다. 반면에 중국은 국가의 조직에 관한 법, 즉 공법으로 대륙을 통일시켰다. 법을 부국강병과 국가의 조직력 강화에 쓰는 도구로 집중 활용하려는 중국에 비해 로마의 국가 조직력은 느슨할 수밖에 없었다. 로

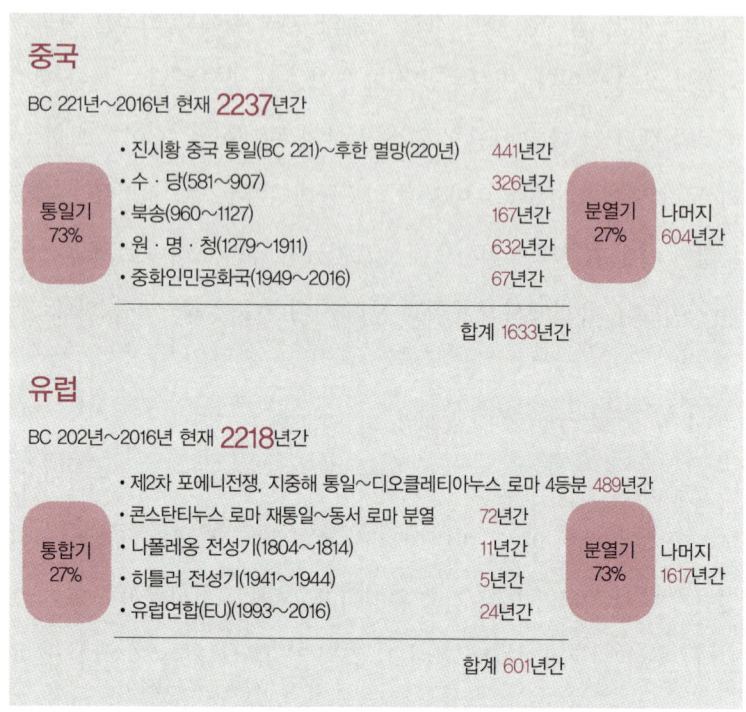

마는 통일제국이긴 하지만 도시연방 국가 성격이 짙다. 도시마다 경찰권과 사법권을 비롯해 공공 토목공사와 사회복지사업, 종교 문제 등에서 자율권을 가졌다. 로마제국은 많은 도시가 블록을 연결시켜 세팅한 거대한 레고의 집합체 같은 것이었다. 그러나 진시황은 통일과 부국강병을 위한 도구로서의 공리주의적인 법률관에 입각해 전국을 36개의 군(郡)으로 나눈 뒤 다시 그 아래 여러 개의 현(縣)을 두는 군현제(郡縣制)를 실시했다. 중앙에서 직접 관리를 파견해 다스림으로써 지속적인 통일체제를 유지할 수 있었다. 이런 중앙집권적 지방 행정조직은 21세기 중국에까지 거의 그대로 이어지고 있다. 2016년 말 현재 중국의 행정구역은 성(省)급 31개, 지(地)급 333개, 현(縣)급 2853개다.

누비이불의 중국과 레고 세트의 유럽

유럽의 통합은 동화시키는 것이다. 동화는 같아지는 건데 부단한 동일화 과정이 필요하다. 그 동일화 과정은 국가 시스템만으론 어렵다. 종교가 필요하다. 유럽인은 이제까지 두 가지 세계의 지배를 받아 왔다. 그들은 삶의 외피에선 국가의 지배를 받고 내면의 세계에선 종교의 지배를 받아 온 것이다. 유럽 사회는 교회 제도가 국가 안에 녹아들었다. 유럽은 기독교라는 종교적 통합이 있었기에 정치적 통일은 그만큼 절실하지 않았다. 반면에 공자는 "삶도 모르는데 죽음을 어찌 아느냐"고 말했다. 유럽 문화는 현재와 내세가 대립하는 세계를 창조했지만 중국 문화에선 현세와 이승만 있을 뿐 내세와 피안 따위엔 흥미를 느끼지 못한다.

진시황은 인간을 교화시키기 위해선 예나 도덕만으론 부족하다고 보고 엄격한 기준에 기대는 법가를 채택했다. 진시황 이래 중국의 전통적인 지배층, 즉 문사(文士)의 생애 사이클은 유가와 법가, 도가의 순으로 이어진다. 문사들은 우선 관리가 되기 위해 유가 경전을 읽었다. 관리가 되고 나면 조직과 활동에 의해 법가가 되지 않을 수 없었다. 퇴직 후엔 자연으로 돌아가 도가를 좇았다. 진시황이 법가사상에 기반해 구축한 법제는 내란으로 분열되더라도, 또 다른 민족에게 정복당해 붕괴되더라도 다시 통일의 구심력을 회복할 수 있는 저력을 갖고 있었던 것이다. 그러므로 중국에선 군주를 바꾼 일은 있어도 국가의 조직법, 즉 정치제도를 폐지한 적은 없다. 로마제국이 게르만족을 비롯한 야만인의 공격으로 국어나 국법, 풍속이 파괴돼 결국은 멸망하고 여러 나라로 분열된 것과 비교된다.

유럽의 시공에선 '분리 독립'이 오늘날의 유럽을 하나로 관통하는 핵심어인 반면 천하통일은 중국의 시공을 일관하는 모노레일에 해당한다. 또한 개인의 권익 중심인 사법과 영혼의 평온을 위한 종교로 통합한 유럽의 각국이 붙였다 뗐다가 가능한 레고 세트와 같다면 국가의 조직법과 법가사상으로 뭉쳐진 중국은 억지로 찢어내지 않고선 분리시킬 수 없는 누비이불과 같다. 14억에 가까운 인구와 한반도 40배가 넘는 영토를 하나로 묶는 중국의 힘은 천하통일이라는 구심력에 근거한 포용성의 제도화에서 나온다.

21세기 우리의 국가 과제는 국가 통합과 민족 통일이다. 거대 중국이 도대체 어떤 접착제를 마련해 통일을 유지하며 발전하는지에 대한 연구가 통일을 추구하는 우리에게 절실한 시점이다.

◆**강효백** 경희대 법무대학원 중국법학과 교수◆
대만 국립정치대학에서 법학 박사학위를 받았다. 주중 한국대사관에서 12년 동안 외교관으로 근무 했다. '학문은 세상의 모든 마침표를 물음표로 바꾸는 데서 시작한다'는 좌우명을 갖고 있다. 『중국의 슈퍼리치』 등 중국 관련 18권의 저서가 있다.

중국 굴기의 힘은
어디에서 나오나

아편전쟁 이전 세계 최강이던 중국의 영광을 어떻게 되찾을 것인가. 20세기 초엔 과학을 뜻하는 '새선생(賽先生 · science)'과 민주주의를 말하는 '덕선생(德先生 · democracy)'이 거론됐다. 그러나 1978년 개혁 개방 이후엔 과학과 교육을 통해 나라를 일으켜 세우자는 '커자오싱궈(科敎興國)' 전략이 강조되고 있다. 이에 따라 중국은 교육을 우선적으로 발전시키는 정책을 추진 중이다. 중국은 어떻게 교육을 발전시키고 있나.

사례 1. 베이징대의 한 교수가 교정에 좌판을 벌여놓고 셴빙이란 만두를 팔았다. 그러자 언론에서 찬반 양론이 일었다. 교수의 권위가 손상된다는 지적과 누구든 장사를 할 수 있다는 지적이 동시에 나왔다.

사례 2. 11세 소년이 길에서 닭을 팔았다. 담임선생이 부모에게 소년을 학교로 보내 달라고 요청하자 부모는 "선생님은 한 달에 얼마를 버시나요? 이 아이는 아마 선생님보다 훨씬 더 많은 돈을 벌 것입니다"라고 말했다.

두 사례 모두 개혁개방 직후의 일로 중국 교육계에선 한동안 공부보다는 돈을 중시하는 풍조가 유행했다. 독서무용론도 나왔다. 그러던 중국이 2016년 QS 아시아대학 평가에선 '아시아 350위 대학' 안에 가장 많은 82개 대의 이름을 올렸다. 그런가 하면 세계 3대 학술지 중 하나인 네이처(Nature) 최신호가 네이처 인덱스 상승률 상위 그룹을 발표했는데 1~5위 모두를 중국 대학이나 연구소가 차지했다. 한국은 기초과학연구원이 11위에 올랐을 뿐이다.

중국 교육이 약진하고 있다. 중국 저장(浙江)성 항저우(杭州)의 한 초등학교에 가면 3D 프린터로 수업을 하고 한쪽 교실에선 로봇 조립을 한다. 이 학교는 항저우에서 평균 수준이다. 자식을 둔 중국 부모의 꿈은 곧잘 '망자성룡(望子成龍)'으로 표현된다. 비록 개천에서 태어났을지라도 열심히 공부해 훌륭한 인물이 되기를 바라는 것이다. 국가 또한 나라의 미래가 교육에 달렸다고 보고 교육 강화에 열을 올리고 있다. 교육을 잘 받아야 좋은 직업을 얻을 수 있고, 직업은 소득을 결정하며, 소득은 또 생활을 좌우할 것이라고 믿기 때문이다. 현재 중국의 고등교육은 세 개의 정교한 계획에 따라 진행되고 있다.

우선 이념의 토대를 놓지 않고 있다. 우리는 중국을 볼 때 중국이 사회주의 국가라는 사실을 간혹 잊곤 한다. 자본주의 요소가 많기 때문이다. 따라서 교육도 그럴 것이라 생각하기 쉽다. 그러나 한 꺼풀 벗기고 들어가면 중국 교육의 밑바탕엔 사회주의 체제를 유지하기 위한 이념과 철학이 단단히 자리하고 있음을 알 수 있다.

중국의 국가 교육철학은 '우홍우전(又紅又專)'이라 할 수 있다. 홍(紅)과 전(專)을 겸비해야 한다는 것이다. '홍'은 사회주의 정치노선과 마르크스의 입장, 관점 등을 말한다. 그 핵심은 '사회주의 노선, 무산계급 독재, 공산당 영도, 마르크스–레닌 및 마오쩌둥 사상' 등 네 가지를 견지하라는 4항 기본원칙이다. 반면에 '전'은 전문적인 지식을 뜻한다. 홍은 이념 표준이고 전은 업무 표준인 셈이다.

홍과 전의 관계에 대해 개혁개방을 주창한 덩샤오핑은 "전은 홍과 동급이 아니다. 그러나 홍은 반드시 전이 있어야 한다"고 말했다. 양자는 서로 보완적인 것이며 어느 하나가 다른 하나를 대체할 수 없다고 본 것이다. 이에 따라 중국은 학교 교육에서 사상정치 교육을 매우 중시한다. 이유는 간단하다. 사상정치 교육만이 사회주의 사회를 이끌 후계자를 양성할 수 있다고 보기 때문이다.

중국 교육 3대 키워드

1 **우홍우전(又紅又專)**
중국 교육이념. '홍'은 사상, '전'은 전문성

2 **커자오싱궈(科敎興國)**
과학과 교육으로 국가를 부흥시키자는 전략

3 **선택과 집중(重點學校)**
지역, 학교를 선택해서 집중 투자하는 전략

우홍우전으로 교육의 이념 토대를 쌓은 뒤 중국이 외치는 건 '커자오싱궈'다. 이는 과학과 교육을 통해 국가를 발전시키자는 전략이다. 중국을 발전시키려면 과학의 발전이 필요하고 과학을 발전시키려면 교육을 발전시켜야 한다는 논리다. 바로 이 논리에 따라 중국 정부는 교육을 우선 발전시키는 전략을 취해 왔다. 중국 대학들의 순위 급상승은 바로 대학에 대한 중국 당국의 대규모 투자에 있다. 중국 유수 대학의 연간 운영비는 조(兆) 단위를 상회한다. 칭화대나 저장대의 경우 2조 원을 웃돈다. 커자오싱궈는 외면적으로 보기엔 과학과 교육 발전이란 명제를 내세우고 있지만 내면적으론 교육의 혁신 능력과 지식, 인재 등을 무엇보다 중시한다는 사고를 담고 있다.

커자오싱궈가 중국 교육의 체질 개선에 큰 역할을 했다면 '선택과 집중'은 중국 교육이 세계와 겨룰 수 있도록 해주는 든든한 지원군이다. 중국엔 2016년 기준으로 약 53만 개의 학교가 있다. 이를 모두 한꺼번에 발전시킬 수는 없다. 그래서 덩샤오핑이 일부 지역을 먼저 발전시키는 선부론(先富論)을 제창했듯이 중국 정부는 일부 학교를 우선 발전시키는 전략을 채택했다. 그런 선택과 집중의 대표적 사례가 '중점(重點)학교 제도'다. 우수한 초·중·고교를 집중 지원해 최고의 학교로 육성하는 것으로 현(縣) 중점학교, 시(市) 중점학교, 성(省) 중점학교 등 다양하다. 지역별로 일류 학교를 키우는 전략이다.

대학의 경우엔 세 개의 공정(工程·프로젝트)이 작동하고 있다. '211 공정'은 100개 정도의 대학과 1000개 정도의 학과를 세계 선진 수준으로 육성하겠다는 정책이다. 한걸음 더 나아간 '985 공정'은 211 공정 대학 중에서 일부를 선별해 세계 일류 대학으로 키운다는 것이다. 또 '111 공정'은 세계 100위권 대학에서 1000명의 인재를 초빙해 중국 100개 대학에서 연구하도록 한다는 것이다. 물론 중점학교 제도는 교육의 불평등을 초래한다는 비판을 받기도 하지만 짧은 시간 내 중국이 선진국 수준으로 올라갈 수 있는 사다리 역할을 하는 것은 분명하다.

개혁개방 초기 중국은 시장경제가 뭔지 잘 몰랐다. 당연히 교육도 백지 위에 새로운 그림을 그리는 형국이었다. 그래서인지 중국 대학의 발전은 이것저것 마구 시도하는 다양한 실험을 통해 이뤄지고 있다. 학교 기업도 그중 하나다. 중국의 실리콘밸리로 불리는 베이징 중관춘(中關村)에 가면 팡정그룹(方正集團)이 있다. 3만 5000여 직원을 거느린 이 회사의 대주주는 베이징대로 70%의 지분을 보유 중이다.

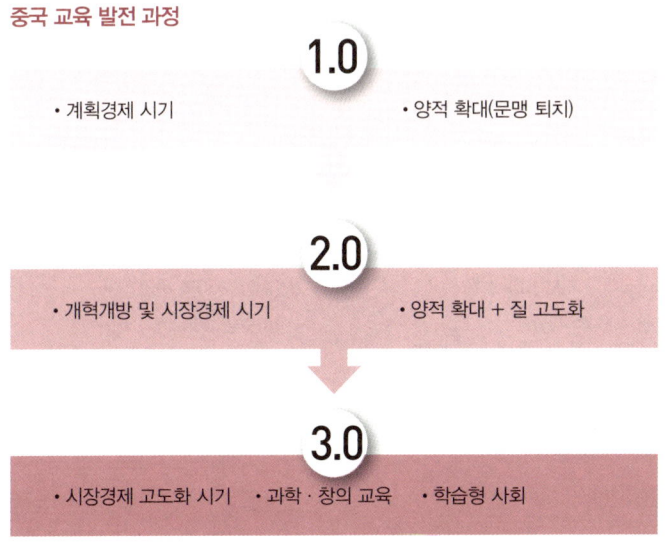

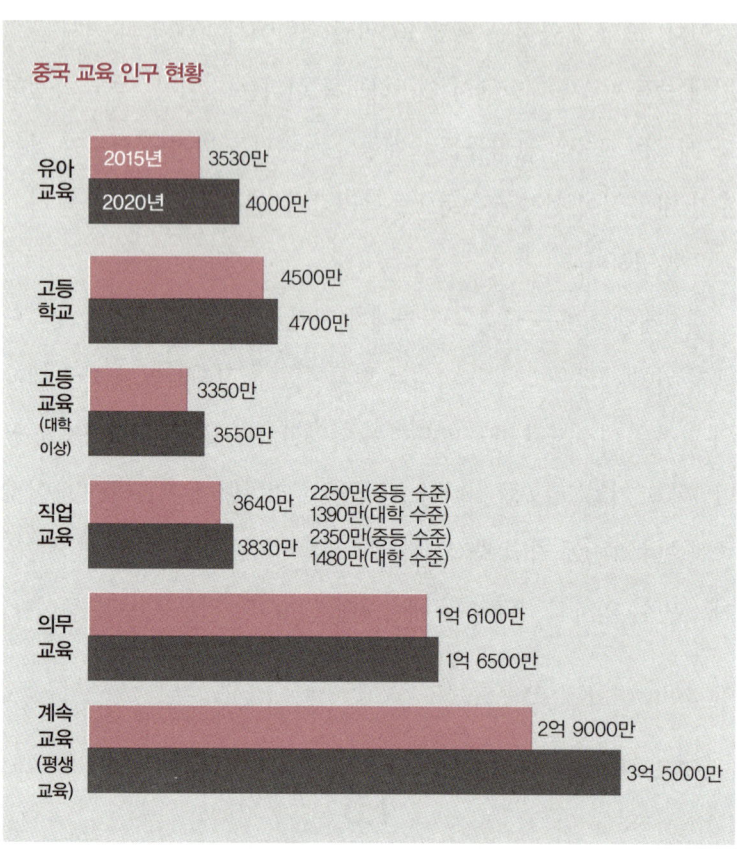

팡정그룹(方正集團)

- 직원: 3만 5000명
- 베이징대가 지분 70% 소유
- 자산: 1966억 위안
- 연수입: 805억 위안

통팡그룹(同方集團)

- 총자산: 570억 위안
- 연수입: 300억 위안
- 특허출원: 2500개
- 해외특허: 1000개안

칭화대가 만든 퉁팡그룹(同方集團)은 연 300억 위안의 수입을 올리며 해외특허만 1000개를 가지고 있다. 이런 학교 기업은 모두 정보기술과 에너지, 환경, 바이오 등 선진 기술 분야에 종사하고 있다.

  중국엔 교육과 기업, 연구소를 결합한 모델도 있다. 선전의 가상대학원(Shenzhen Virtual University Park)이 그것이다. 80년대만 해도 선전은 가내수공업 중심으로 홍콩의 생산기지 역할을 했다. 첨단산업에 필요한 인재는 턱없이 부족했다. 이에 선전 시정부는 고급 인재 육성을 위해 국내외 유명 이공계 대학을 유치하는 정책을 추진했다. 99년 세워진 선전 가상대학원에는 중국의 유수 대학과 독립법인 성격의 연구원, 인큐베이터 기업 등이 입주해 이제는 산(産)·학(學)·연(硏)·관(官)·자본의 새로운 협력 모델로 자리 잡았다. 현재 14개 외국 대학을 포함해 57개의 대학과 240개의 연구개발기구, 967개의 인큐베이터 기업이 입주해 있다. 중국 전역엔 이런 대학원(national university science park)이 62개나 된다.

  저장성 닝보(寧波)에 가면 모든 학교 경영이 학생 중심으로 이뤄지는 대학이 있다. 학생의 요구는 3일 이내에 해결된다. 저장완리(萬里) 학원과 영국 노팅엄대가 합작해 세운 닝보노팅엄대가 주인공이다. 교수진은 모두 영국에서 파견하고 모든 수업이 영어로 이뤄지며 영국 노팅엄대의 학위가 수여된다. 졸업생 취업률은 98% 이상이다.

  중국은 학문적 발전이나 기술 개발이 필요한 영역의 경우엔 외국 대학들에 문을 활짝 열어놓고 있다. 이에 따라 중국 내 외국과의 합작 대학이 540개나 된다. 주로 컴퓨터과학, 국제경제, 기계, 바이오 등 중국이 꼭 필요한 분야다.

중국엔 현재 세계의 다양한 학교와 교육 방법, 첨단 교육 시스템이 모두 들어온 상황이다. 마치 중체서용(中體西用)의 정신을 구현하듯 사회주의란 이념을 튼튼히 해 놓은 상태에서 외국의 선진 경험을 모두 다 갖다 쓰고 있는 모양새다. 중국의 교육은 아직 세계 수준과는 격차가 있다. 그러나 중국 대학 중 일부는 이미 아시아를 넘어 세계 수준에 육박하고 있다. 세계적 수준의 대학 탄생도 머지않아 실현될 전망이다.

중국은 교육대국, 교육강국을 넘어 인재 수출 국가를 지향하고 있다. 이제 우리가 주목해야 할 건 중국의 하드파워뿐 아니라 중국 굴기의 원동력이 되고 있는 소프트파워, 즉 중국 교육의 힘이다.

◆**구자억** 서경대 인성교양대학장◆
교육학 박사. 베이징사범대 국제비교교육연구소를 졸업했다. 한국교육포럼 회장을 역임했고 현재 사단법인 한중교육교류협회장과 한중유학교우총연합회장으로 활동 중이다. 2014년 국민훈장 석류장, 2015년 대한민국교육산업대상을 받았다.

중국 공산당은
중국 공자당이 될 것인가

최근 중국의 한 지식인이 CCP가 20년 내 또 다른 CCP가 될 것이라고 유머 섞인 말을 한 적이 있다. 중국 공산당(Chinese Communist Party)이 중국 공자당(Chinese Confucianist Party)으로 변할 것이란 이야기였다. 실제로 시진핑 중국 국가주석 등장 후 가장 눈에 띄는 것 중 하나는 유가사상의 약진이다. 마오쩌둥도 자신이 죽으면 유가가 다시 살아날 것이라고 예언하지 않았던가.

중국의 한 유명 학자가 중국 지식계는 앞으로 유가 좌파, 유가 우파, 유가 마오파, 유가 자유주의파 등으로 사상 분화가 일어날 것이라고 전망한 적이 있다. 이제 중국에서 마르크스주의는 껍데기에 불과할 뿐 유가사상이 통치이념으로 자리 잡을 것이란 말이었다.

개혁개방 정책 이후 마르크스주의는 껍데기만 남아

실제로 이런 전망이 실현될 수 있다는 것은 다음 네 가지 사례를 통해 알 수 있다. 첫 번째, 시진핑이 2013년 11월 산둥(山東)성 취푸(曲阜)에 있는 공자묘를 참배하고 또 공자연구원에서 연설했다. 공산당 창당 이래 처음 있는 일이다. 두 번째, 시진핑은 2014년 5월 베이징대의 대유학자 탕이제(湯一介) 교수를 예방했다. 세 번째, 시진핑이 2014년 9월 공자 탄생 2565주기를 기념하는 회의에 참석해 담화를 발표했다. 네 번째, 천라이(陳來) 칭화대 국학연구원 원장이 2015년 7월 중공중앙기율검사위원회와의 인터뷰에서 "유가 문화가 중국 공산당원의 수양에 중요하다"고 말했다. 그는 중국 공산당 중앙정치국의 학습에도 초청을 받아 강연했다.

시진핑이 주창하는 '중국꿈(中國夢)'과 더불어 위의 네 사건은 '공산당의 유학화' 예고편이라 할 수 있다. 이에 대한 대륙 신유학자들의 반응은 다양하다. 중국 정부가 유학을 존중하겠다는 신호로 보는가 하면 전통 사상에서 통치의 정당성을 찾으려는 시도로 해석하기도 한다. 또 '중국꿈' 제시를 탈(脫)서구 프레임이 가동한 것으로 보는

시진핑 시기 중국 공산당의 유학화 행보

23013년 11월	시진핑, 취푸(曲阜)의 공자묘 참배 및 공자연구원에서 연설
2014년 5월	시진핑, 베이징대로 대유학자 탕이제 예방
2014년 9월	시진핑, 공자 탄생 2565주기 기념회에 참석해 담화 발표
2015년 7월	천라이 칭화대 국학연구원장, "유가가 공산당 당원 수양에 중요하다" 발언

시각도 있다. 대륙 신유학의 대표자 격인 베이징사범대 천밍(陳明) 교수는 '중국꿈'을 자유주의와 공산주의로부터의 탈피로 설명한다. 반면에 간춘쑹(干春松) 베이징대 교수는 조금 다른 의견을 내놓는다. 국가와 신유가는 여전히 긴장 관계에 있다는 것을 강조한다. 공산당이 유가를 이용하려 한다면 유가는 공산당을 교화하려고 한다는 것이다.

중국 정부가 유교에 관심을 갖게 된 것은 1978년 덩샤오핑의 개혁개방 정책 채택 이후다. 80년대 중국 정부는 근대화에 성공한 '아시아의 네 마리 용(한국·홍콩·대만·싱가포르)' 모두가 유가 문화권 국가라는 점에 주목했다. 90년대엔 유가를 근대화뿐 아니라 마르크스주의를 대신할 국가 통합 이데올로기로 내세울 수 있다고 생각했다. 2000년대 들어서는 경제발전의 토대 위에서 조화사회론(和諧社會論)을 제시했다.

2008년 베이징 올림픽 때부터는 공자 띄우기에 나섰다. 올림픽의 찬란한 개·폐회식은 중국이 이제 경제대국을 이뤘으니 앞으론 공자를 근간으로 하는 소프트파워를 구상할 단계가 됐음을 세계 만방에 알리는 계기가 됐다. 올림픽의 성공적 개최는 100년 전 옌푸(嚴復)나 량치차오(梁啓超)가 말했던 '부강의 꿈(富强夢)'이 성공했음을 뜻한다. 이른바 '부'와 '강' 중 '부'에서는 일단 '역전의 역전'이 이뤄진 셈이다.

시진핑이 중국꿈에서 제시한 '중화민족의 위대한 부흥'은 이제 '부강의 꿈'의 성공으로 '서양 따라잡기'는 끝났다는 것이며 이를 토대로 '중국의 길(中國道路)'을 가겠다는 의지의 천명이다. 이 같은 시진핑 노선은 학계에서 마오쩌둥의 '계급중국', 덩샤오핑의 '현대화' 노선에 이은 제3의 노선으로 받아들여지고 있다. 자오펑(趙峰) 중국 공산당 중앙당교 교수는 시진핑 노선이 중국 공산당의 세 번째 담론 체계로 구축될 것임을 시사했다.

마오의 계급중국, 덩의 현대화, 그리고 시진핑의 중국꿈으로의 일대 흐름은 전통 시기 중화제국 시스템의 기틀이 만들어졌던 진시황(秦始皇)에서 한무제(漢武帝)에 이르기까지의 일련의 흐름과 유사한 점이 많다. 마오는 혁명을 통해 군벌과 국민당 세력을 몰아내고 천하통일을 이뤘다. 이는 진시황이 전국 7웅을 물리치고 처음으로 통일제국을 탄생시켰던 것과 비유된다. 실제로 마오는 생전에 자신을 진시황에 비유한 적이 있다.

덩샤오핑은 '무위(無爲)'정책을 통해 문혁으로 파괴된 것들을 바로 잡고 기술관료 지식을 동원해 경제를 발전시켰다. 하지만 그 결과 빈부격차가 심화됐다. 덩은 서한 시기 노자의 무위사상을 정책으로 실행한 두태후(竇太后)에 비유된다. 무위정책의 결과 경제는 발전했지만 격차가 생기고 각지의 제후가 위세를 떨치게 됐다. 한무제는 동중서(董仲舒)의 천하사상에 의거한 중화제국의 통치 이데올로기를 수용함으로써 이러한 문제를 해결하려 했다. 중화제국의 내러티브로 유학이 제시되면서 중화제국의 통치 시스템이 완성됐다고 볼 수 있다. 현재 시진핑 정부가 한무제처럼 유가사상을 전면에 내세우는 것도 덩샤오핑 이후 신자유주의 노선에서 비롯된 다양한 사회문제에서 벗어나려는 시도와 맞물려 있다. 중국이 경제대국일 뿐만 아니라 문화대국이라는 이미지를 창출해 명실상부하게 제국의 면모를 갖췄음을 대내외에 과시하려는 노력의 소산이다.

중화제국 시스템 형성과 중국 공산당 담론의 유사성 비교

진시황 — 전국 7웅 물리치고 천하통일

마오쩌둥 — 국민당·군벌 몰아내고 중국 통일

두태후 — 서한 시기 노자의 무위(無爲)정책 실행으로 경제 발전했으나 빈부격차 발생

덩샤오핑 — 무위정책 통해 문혁의 폐해 바로잡고 기술관료 동원해 경제발전 이뤘으나 빈부격차 심화

한무제 — 동중서 중용해 유가에 의한 중화제국 통치 이데올로기 확립

시진핑 — 중국몽 제시로 경제대국뿐 아니라 문화대국 이미지 창출하며 제국의 면모 세계에 과시

사회주의 정권이 수립된 이후 중국 통치 엘리트의 성격 변화는 이러한 흐름이 우연히 이뤄진 것이 아님을 보여준다. 2007년께부터 고위 당정 간부가 기술관료형에서 사회관리형, 즉 인문사회 계열 출신으로 바뀌었다. 전체적으로 '혁명가→노동자·농민간부→기술관료→사회관리인' 순으로 변했다. 중국은 현재 인문학 지식인이 상종가를 치고 있다. 국가주석이 유학자를 직접 찾아가 만났다는 사실 자체가 놀라운 일이다. 문화대혁명 시기 유학을 대표했던 펑유란(馮友蘭)이 체육관의 수많은 군중 앞에서 목숨을 부지하기 위해 어쩔 수 없이 공자를 봉건을 옹호한 반동이라고 비판해야 했던 광경과 비교하면 실로 격세지감이다.

환영할 수만은 없는 중국의 변화

하지만 우리가 이런 중국의 변화를 마냥 환영할 수만은 없다. 유학의 통치이념화와 관련해 중국사·몽고사의 세계적 권위자인 오언 라티모어가 오래전 일본에서 한 발언에 주목해야 한다. "공산당 역사를 회고해 보면 그 정권은 흔히 권위주의적인 것이었다. 따라서 이제 만약 중국에서 유교가 갖는 권위주의적 전통과 마르크시즘 정당에서 찾아볼 수 있는 일당독재적 권위주의가 겹치게 된다고 하면 이것은 아마도 세계에서 그 유례를 찾기 어려운, 아주 엄준한 전제적(專制的)인 공산당을 탄생시킬 가능성도 있다. 반면에 공자가 가졌던 회의주의와 분석적인 경향, 또는 합리적·지성적으로 사물을 해결해 가는 경향이 강하게 표면에 나타날 경우에는 이것 또한 세계에서 유례가 없이 인간적인 어떤 것이 되리라 생각한다. 중국 공산당과 그

정치의 역사가 일천한 까닭에 장래 그 어느 쪽으로 향할지는 아직 단정할 수 없다."(이영희 편저, 『8억 인과의 대화』)

라티모어의 두 예측 중 어느 것이 중국에서 현실화될지 아직은 단정할 수 없다. 하지만 현재 '사상 통제'가 나타나고 있는 여러 정황을 볼 때 전자의 방향으로 갈 확률이 후자보다는 높아졌다고 할 수 있다. 이처럼 다시금 유학이 체제유학화되고 그것이 공산당의 권위주의적 통치와 결합될 경우의 가공할 결과를 심각하게 우려하는 지식인도 중국에는 여럿 있다.

왜 '인문 중국'이 필요한가

이제 중국의 부상과 관련해 유교제국화(儒敎帝國化)를 야심적으로 기획하고 있는 상황에서 인문학자들이 가장 분주해지고 있다. 이러한 세기적 변화에 대응하기 위해 일본에서는 다양한 움직임이 있다. 대표적으로 진보를 자처하는 잡지 「현대사상」에서는 '지금 왜 유학인가'라는 특집을 마련해 15꼭지를 다뤘다. 그런데 한국에서는 진보든 보수든 이웃 대국이 무슨 생각을 하고 있는지에 대해 관심이 없는 듯하다. 설마 아직도 중국을 실용이 아닌 공산주의 이념과 가치에 의해 움직여지는 곳이라고 착각하고 있는 것은 아닌지 걱정이다.

또 이번 사드 체계 사태에서 보듯이 이젠 '실용 중국'만으로는 중국에 대응하는 데 한계가 있으며 '인문 중국'에 대해 관심을 기울이지 않으면 안 되는 지경에 이르렀다. 중국과의 관계 맺기를 피할 수 없는 상황에서 지금까지 경제 교류에만 치중해 왔던 것을 사회와 문화 영역으로 넓혀 중국의 가치관이나 규범에 대해서도 알려고 노력해야 한다. 중국의 굴기가 문화적으로 어떤 의미를 가지는가를 정확히 이해해야 한국의 입장을 정할 수 있기 때문이다.

◆**조경란** 연세대 국학연구원 교수◆
성균관대에서 중국의 사회진화론으로 철학 박사학위를 받았다. 『국가, 유학, 지식인』, 『현대 중국 지식인 지도』, 『20세기 중국 지식의 탄생』 등 여러 저서가 있다. 아산서원 외래교수로도 활동 중이며, 홍콩 중문대학 및 중국사회과학원 방문학자를 역임했다.